제2판

지속가능한 사회를 위한

부모교육

지옥정 · 권이정 · 정재은 · 최미순

창지사

머리말

"아유, 아유! 우리 아기 잘 걷는다~~~!!! 이리로, 이리로!"

이제 14개월째로 접어든 아기의 발짝 떼기가 주위를 환히 밝힌다. 막 걷기 시작한 아기나 그 모습을 바라보는 엄마, 아빠의 얼굴에 순수한 기쁨이 꽃처럼 피어난다. 한 발 뒤에서 그 모습을 바라보는 할머니, 할아버지 마음에 말로 형용하기 어려운 감사가 차오른다.

서로 사랑하는 가족의 모습은 보는 것만으로도 든든한 느낌을 준다. 흔들리지 않는 반석 위에 세워진 안전한 집 같아서이다. 세상 모든 아기들이 이렇게 안전하고 복된 가정에서 행복하게, 무럭무럭 잘 자라났으면 좋겠다. 이런 바람으로 저자 4명은 『지속가능한 사회를 위한 부모교육』을 집필하였다. 저자 모두 결혼하여 자녀를 낳아 키우고, 또한, 유아교육 현장에서 오래 일하는 동안 영유아기의 중요성과 그 시기 부모의 절대적 중요성을 절감했던 것은 또 다른 집필 동기이다.

초판과 마찬가지로 제2판도 책의 내용을 크게 4 Part로 구성하였다. Part 1은 '현대사회에서의 부모됨과 부모교육의 지향 방향'으로, 제1장: 배우자 만남과 부모됨, 제2장: 부모교육의 개념 및 발달 과정, 제3장: 현대사회의 특성에 따른 부모교육의 지향 방향에 대해 다루고 있다. 이 책의 첫 시작점을 제1장의 배우자 만남과 부모됨으로 한 것은, 바른 부모란 아기를 낳고나서부터가 아니라 배우자를 만나기 전부터라는 점에 저자 모두 동의하였기 때문이다. 제2장의 부모교육 개념 정의에서는 광의와 협의의 개념 정의를 소개하는 한편, 이 책에서는 광의의 부모교육 개념 정의를 취하고 있음을 밝히고 있다. 제3장 부모교육의 지향 방향에서는 현대사회의 여러 특성들에 비추어 향후 부모교육의 내용이나 방법이 어떤 식으로 가야 할지 가늠해 보고 있다. 이외 부모교육의 지향 방향을 결정짓는 학문적 근거, 인간에 대한 이해 등은 Part 2, Part 3에서 심층적으로 다루고 있다.

Part 2는 '가족이해와 영유아기 자녀의 부모교육'으로, 제4장: 가족에 대한 다면적 이해와 체계이론, 제5장: 가족생활주기와 부모역할, 제6장: 영유아기 부모역할 특성과 양육 유형, 제7장: 다양한 가족 유형에 따른 부모교육에 대해 다루고 있다. 제4장에서는 가족을 체계 안에서 보아야 할 필요성과 체계이론을 사용하여 가족을 이해하는 대표적인 이론 2가지를 소개하고 있다. 제5장에서는 결혼을 통해 형성된 가족이 시간 흐름에 따라 확대, 축소, 해체되는 가족생활주기를 소개하고, 가족생활주기 단계에 따른 부모의 역할에 대해 살펴보았다. 이어 제6장에서는 영유아기 자녀의 부모역할에 대해 정리해 보고, 자녀양육의 개념과 유형을 소개하였다. 그리고 제7장에서는 다양한 가족 유형에 따른 부모교육과 지원에 대해 다루었다.

Part 3은 '부모교육의 이론과 프로그램'으로, 제8장: 부모교육이론, 제9장: 부모교육 프로그램에 대해 다루고 있다. 제8장에서는 현대 부모교육 프로그램의 근간 이론으로 활용되고 있는 5가지 부모교육의 이론을 다루었으며, 제9장에서는 제8장에서 다루었던 부모교육이론이 부모교육 프로그램에서 어떻게 구현되고 있는지를 살펴보는 것에 중점을 두었다. 이를 위해 외국의 부모교육 프로그램 중 우리나라에서 가장 활발하게 운영되고 있는 3가지 프로그램과 우리나라의 부모교육 프로그램 중 클로버 부모교육 프로그램을 소개하였다.

Part 4는 '영유아교육기관에서의 부모교육 실제'로, 제10장: 부모와의 일상적 의사소통, 제11장: 집단 부모교육, 제12장: 부모상담, 제13장: 부모참여를 다루고 있다. 이 각각에 대해 크게 온라인 교육과 오프라인 교육으로 나누어 그 구체적 사례와 함께 소개하였다.

책의 집필 과정은 저자들의 공동 기획 후 1, 2, 3장은 지옥정, 4, 8, 9장은 권이정, 5, 6, 7장은 정재은, 그리고 실제 부분인 10, 11, 12, 13장은 최미순이 각각 나누어 집필하였다. 이때 이론 부분에도 관련 활동을 넣어 독자들이 직접 참여하며 내용을 이해하도록 하자고 하였다. 1차 집필 후에는 서로 돌려보기를 통한 검토, 정기적인 회의를 통한 수정·보완 작업을 여러 차례 되풀이하였다. 마무리 단계에서는 이론 쪽을 임미선 교수님이, 실제 쪽을 김영수 원장님, 김경수 원장님이 검토해 주셨다. 표지 그림도 수차례 논의 끝에 윤이준 어린이의 '가족 그림'으로 넣었다. 그럼에도 불구하고 아직 부족한 부분이 많지만, 열심히 공부하는 학생들, 현장의 선생님들, 부모들을 떠올리며 일단 출판에 임하였다. 미진한 부분은 차후 시간을 두고 보완해 나가고자 한다.

여러 가지로 어렵고 혼란스러운 시대임에도 불구하고 유아교육의 발전을 위해 한결같은 마음으로 출판에 임해 주신 창지사의 나기영 부사장님, 언제나 세심한 정성과 열정으로 책을 빛나게 해 주신 편집장님과 직원 분들의 노고에 깊이 감사드린다.

2022년 2월

이 땅의 모든 아이들과 부모들의 웃음소리가 늘 꽃처럼 피어나길 소망하며.

저자 일동

차례

I 현대사회에서의 부모됨과 부모교육의 지향 방향

P-A-R-T

III 부모교육이론과 프로그램

P-A-R-T

IV 영유아교육기관에서의 부모교육 실제

P-A-R-T

I

P-A-R-T

현대사회에서의 부모됨과 부모교육의 지향 방향

현대사회를 살아가며 결혼을 하고,
또 부모가 되고…

Parent Education

CHAPTER 01

배우자 만남과 부모됨

우리는 살아가며 많은 사람을 만난다. 그중 하나가 배우자와의 만남이다. 그 어떤 만남보다도 중요하고 특별한 만남이다. '만남의 철학자'로 유명한 부버(Martin Buber, 1878~1965)는 인생에서의 다양한 '만남'에 대해 진정한 인격적 만남인 '나와 너(I and You)'의 만남과 도구적 만남인 '나와 그(것)(I and It)'의 만남으로 대별하였다(Buber, 2001). 두 종류의 만남 중 인생의 평생 동반자가 될 배우자와는 당연히 '나'와 '너'의 만남이 되어야 한다. '유일한 나'와 '대체 불가능한 너'와의 만남에서만 서로를 인격적으로 존중하고, 참다운 대화를 나누며 살아갈 수 있기 때문이다. 이런 만남은 일시적이고 도구적인 만남인 '나'와 '그(것)'의 만남과는 질적으로 다르다. 이런 만남을 통한 부모 되기를 누구나 기대한다. 자, 그럼 첫 단계부터 시작해 보자.

1. 배우자 만남과 결혼

가. 만남 및 배우자 선택

1) 배우자 선택 기준

나는 어떤 배우자를 만나고 싶은가? 어떤 사람이면 내 배우자로서 적합하고 내가 사랑할 만 하다고 생각하는가? 가장 중요하다고 생각하는 선택 기준부터 5가지만 적어 보자.

활동해보기 '이런 배우자를 만나고 싶어요.'

1.

2.

3.

4.

5.

과연 여러분은 어떤 것들을 배우자의 선택 기준으로 적었는가? 옆 친구가 적은 기준들과 일치하는 점이 있는가? 나만의 독특한 기준도 있는가? 관련하여 정호승 시인(1998)은 '내가 사랑하는 사람'이란 시에서 '한 그루의 그늘이 된 사람', '다른 사람의 눈물을 닦아주는 사람'을 사랑한다고 하였다. 그런가 하면 필자가 생각하는 기준–내가 사랑하고 싶은 사람–은 다음과 같다.

내가 사랑하고 싶은 사람

지옥정

맑은 영혼을 가진 사람이었으면 좋겠다.
깔깔 소리 내어 자주 웃고
신비로운 라일락 향에 눈물 흘릴 줄도 아는
그런 사람이면 좋겠다.

몸과 마음이 건강한 사람이면 좋겠다.
생명의 활기로 계획하고, 진실하게 실천하여
알록달록 예쁜 열매 주렁주렁 맺는
그런 사람이면 좋겠다.

내 있는 것 그대로 사랑해 주는 사람이면 좋겠다.
더 나은 내가 되라고 다그치지 말고
그저 지금의 나를 온전히 사랑해 주는
그런 사람이면 좋겠다.

일상을 함께할 수 있는 사람이면 좋겠다.
함께 걷고, 함께 장 보고, 함께 요리하여
둘이 살아갈수록 이야깃거리가 더 많아지는
그런 사람이면 좋겠다.

오늘을 감사하고 내일을 소망하는 사람이면 좋겠다.
겸손히 고개 숙여 주신 오늘 감사하고
기도로 주실 내일을 소망하는
그런 사람이면 좋겠다.

정호승 시인이나 필자의 기준과 나의 기준은 어떤 점에서 같고, 어떤 점에서 다른가? 다시 한 번 나의 기준을 수정하거나 보완한다면 어떻게 하고 싶은가?

활동해보기 수정된 '이런 배우자를 만나고 싶어요.'

1.
2.
3.
4.
5.

참고로, 1996~2016년까지 종단연구로 진행된 '한국인의 의식·가치관 20년의 추이 및 전망 연구(이근형 외, 2017)'를 보면, 한국인들에게서 배우자 선택 기준으로 20년간 변하지 않은 절대적 1위는 '성격'이었다. 마지막에 행해진 2016년 조사 결과로 나온 것을 보면 배우자 선택 기준의 1위는 성격, 2위는 가정환경, 3위는 장래성/직업, 4위는 경제력/재산의 순(〈그림 1-1〉 참조)이었다.

Q. 배우자 선택에 있어 중요한 것은 무엇이라고 보십니까? (1순위)

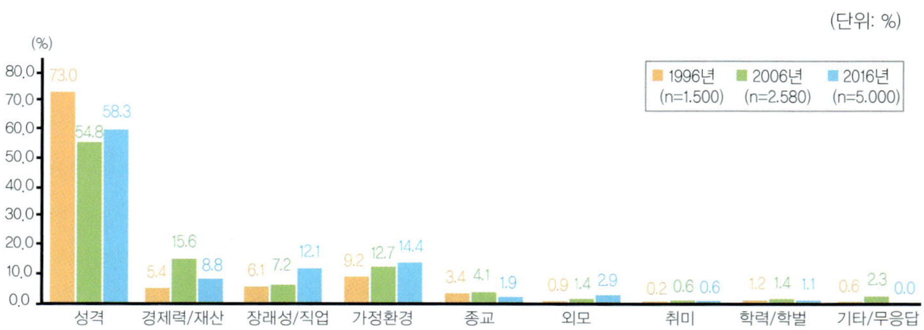

출처: 이근형 외 6인(2017, p. 37).

〈그림 1-1〉 한국인의 배우자 선택 기준

앞에서 내가 만나고 싶은 배우자의 조건을 구체적으로 생각해 보았다. 여기서 한 걸음 더 나아가 그럼 나는 '바람직한 배우자로서의 기준'을 갖추고 있는지 스스로 점검해 보자. 배우자로서 나의 '장점'과 '보완해야 할 점'을 세 가지씩만 적어 보자. 장점은 더 살리고 보완해야 할 점은 더 노력하기 위해서이다.

활동해보기 배우자로서의 나의 모습 점검하기

번호	장점	보완해야 할 점
1		
2		
3		

2) 결혼 배우자 선택 방법

'내가 만나고 싶은 배우자의 기준'과 '배우자로서의 나의 모습'을 성찰해 보았다. 이제 다음으로 결혼 배우자 선택 방법을 살펴보자. 그 준거를 무엇으로 하느냐에 따라 다양한 분류가 가능하겠으나 여기서는 배우자 선택의 '결정 주체'를 준거로 생각해 보기로 하자.

가) '본인 자신'이 배우자 선택의 결정 주체인 경우

'누구를 배우자로 선택할 것인지' 결정하는 주체가 '자기 자신'인 경우이다. 이 범주에 속하는 사람들은 '운명의 상대로 느껴지는 대상'을 만났다 싶으면 다른 조건이 좀 부족하다 싶어도 결혼을 결정한다. 여기서 '운명의 상대'라는 느낌은 바꿔 말하자면, 상대방이 나의 모든 필요를 충족시켜 주리라고 생각하는 비현실적인 기대감이라 할 수 있다. 딕스(Dicks, 1967)는 이러한 기대를 그의 저서 *Martial Tensions*에서 '이상화'란 단어로 표현한 바 있다. 이는 '결혼관계에서의 주요한 방어기제'이다. '사랑에 푹 빠졌다'는 표현이 있을 만큼 이러한 이상화는 상당히 강력하고 불가항력적으로 작용하면서 사랑을 '맹목적으로' 만드는 역할을 한다(정사라, 2018, 재인용).

십 년 전, SBS 스페셜 '짝 3부: 미워도 다시 한 번'(2011.1.16. 방영)에서 '한국인의 배우자 만남 유형'으로 패밀리형, 맞춤형, 감성형을 제시한 바 있는데, 이 중 감성형이 여기에 해당한다. 즉, 집안의 수준이나 배우자의 조건보다 사랑과 정서적 교류를 가장 중요하게 생각하는 유형으로, 한국인에게서 가장 높은 비율로 나타난 배우자 만남의 유형이다. 이와 같은 감성형의 문제는 결혼 후 그 환상이 깨지면서 현실에서 더 이상 자신의 정서적 욕구가 충족되지 않을 경우, 구속의 감정만 남을 확률이 높다는 점이다. 그리고 그렇게 되면 좀비형 부부로 살아가게 될 위험이 커진다. 좀비형 부부란 '움직이는 시체'라는 '좀비' 뜻 그대로, 서로에 대한 관심이나 애정 없이, 의미 있는 대화는 단절된 채 그저 형식적으로인 부부로 살아가는 것을 말한다.

자기 주도적으로 배우자를 결정한다는 점에서 어떤 식으로 배우자 감을 만나고, 또 그 만남을 지속할 것인가는 상당히 중요한 문제이다. 그런데 최근 다음과 같은 만남의 방법도 소위 선진국이라는 여러 나라에서 퍼지고 있다. 처음 이런 만남을 소개한 네덜란드 방송국에 이어 미국 케이블 TV 채널 VH1의 리얼리티 쇼 '데이팅 네이키드(Dating Naked)'에서도 2014년 7월 17일 첫 방송을 했다. 이어 비슷한 유형의 프로그램들이 다른 나라에서도 편성된 바 있다. 프로그램의 주 내용을 보면, '배우자 만남'이라는 동일한 의도를 가진 두 출연자가 나체로 만나 하루 동안 해변에서 여러 가지 활동을 함께하고 대화도 나누며 서로에 대해 알아가는 시간을 갖는 것이다. 단, 상대방의 몸을 직접 만지는 것은 허용되지 않는다(동아일보, 2014.4.3.). 이런 만남의 방법에 대한 나의 생각은 어떠한가? 더불어 내가 생각하는 '배우자 감 만남의 바람직한 방법'은 무엇인가? 간단히 적어 본 후 옆 친구와 함께 토론해 보자.

활동해보기

<table>
<tr>
<td>
Dating Naked Program
출처: Common Sense Media
(Network: VH1, 2014).</td>
<td>1) Dating Naked Program과 같은 만남의 방법에 대한 나의 생각은?

2) 내가 생각하는 '배우자 감 만남의 바람직한 방법'은?</td>
</tr>
</table>

나) 부모나 집안 어른 등이 배우자 선택의 결정 주체인 경우

배우자 결정 과정에서 자신의 의견보다 부모나 집안 어른들의 의견이 더 중요하게 작용하는 경우이다. 즉, 본인에게 다른 마음이 있다 하더라도 결국은 집안 어른들의 결정에 따르거나 또는 반 강제적으로 그 방향으로 몰려간다. 조선시대나 유럽 왕조시대에만 국한된 이야기가 아니다. 현대에도 이런 경우를 종종 볼 수 있다. 가끔 뉴스로 다루어지곤 하는 재력가 집안, 정치가 집안 간의 정략적 결혼도 이런 경우이다. 특별히 대단한 집안 간 혼사가 아니더라도 결혼 적령기에 있는 많은 사람들이 결혼 전에 누구와 어떤 만남을 가졌는지와 상관없이 막상 결혼할 사람은 집안 간의 여러 조건을 따져 정하기도 한다. '한국인의 짝 찾기 유형' 중 비슷한 수준의 집안 간에 혼사를 맺는 '패밀리형'이나 여러 외적 조건에 맞추어 배우자를 찾는 '맞춤형'이 여기에 속한다.

한편, 최근 우리나라나 일본 등에 나타난 새로운 현상 중 하나는 결혼에 소극적이거나 심지어 결혼할 뜻이 없는 자녀들을 위해 부모들이 적극적으로 자녀의 짝 찾기에 나서고 있다는 점이다. 부모가 자녀보다 더 자녀의 배우자 감 찾기에 열과 성을 다하고 있다. 〈네 짝은 내가 정한다〉(SBS 스브스 뉴스, 2015.10.15.)

는 그 구체적 사례이다. 동일 맥락에서 SBS 스페셜로 방영(2018.12.23.)된 바 있는 〈결혼은 사양할게요〉도 자녀 대신 부모들끼리 대리 맞선을 보는 일본 사회의 새로운 현상을 보여주고 있다. 심지어 이런 자리를 보다 더 효과적으로 해 나가기 위한 '부모 맞선회' 모임까지 만들어졌을 정도이다. 관련 사진을 보면 다음과 같다.

네 짝은 내가 정한다: 결혼 설명회장에 결혼 적령기 자녀를 둔 부모들이 대거 참석

출처: SBS 뉴스(2015.10.15.).

결혼은 사양할게요-부모들이 자녀의 배우자 감이 될 만한 사람들의 프로필을 1차 점검

출처: SBS 스페셜(2018.12.23.).

또 다른 특별한 현상은 결혼에 소극적인 사람들도 '내 아이는 갖고 싶다'고 바라는 경우가 늘고 있다는 점이다. "남편은 모르겠고, 아이는 낳고 싶어… '비혼모' 사유리의 용기"(한겨레, 2020.11.17.)는 그런 사례이다. 사별이나 이혼이 아니더라도 우리나라에서 향후 한부모가족이 더 늘어날 수 있음을 유추해볼 수 있는 대목이다.

이상에서 배우자 선택 방법에 대해 간략하게 살펴보았다. 각각의 방법이 갖는 장단점은 무엇일까? 이와 같은 방법들을 절충, 보완할 수 있는 나만의 방법이 있을까? 배우자 선택 방법에 대한 바람직한 방법을 한 번 생각해 보자.

활동해보기 배우자 선택 방법의 장단점은?

	장점	단점
본인 자신의 선택		
부모나 집안 어른들의 선택		
결론적으로, 배우자 선택으로 내가 생각하는 가장 바람직한 방안은?		

나. 결혼의 의미와 결혼식

배우자를 선택하면 '결혼식'을 하는 것이 아직까지는 우리 사회의 일반적 통념이다. 여기서 '결혼'이 하나의 사회제도라면, '결혼식'은 두 사람의 결혼 관계를 사회적으로 공인하는 역할을 하는 예식이다. 법적으로 인정하는 제도적 결혼이 갖추어지지 않은 사회에서는 결혼식을 통해 두 사람의 결혼을 선언하고 알림으로써 혼인관계를 공인받게 된다. 비교해 볼 때 제도적 결혼이 존재하는 나라인 경우, 결혼식을 올리지 않아도 혼인 신고만 하면 결혼관계가 공인된다(위키백과, namu.wiki). 우리나라는 제도적 결혼이 존재하는 나라로서 혼인신고라는 명시적 방법에 의해 부부관계를 인정하는 법률혼주의를 채택하고 있다(「민법」 제812조 제1항). 따라서 혼인신고를 하지 않으면 사실혼 상태의 부부라고 해도 법률혼에서 인정되는 부부로서의 권리와 의무가 일부 제한된다(easylaw.go.kr).

1) 결혼의 의미

결혼의 의미는 무엇일까? 다양한 의미가 있겠으나 여기서는 세 가지 측면에서 살펴보고자 한다. 법적·사회적 측면, 경제적 측면, 성적 측면이다.

가) 법적·사회적 측면

혼인신고를 함으로써 법률이 정한 부부로서의 권리와 의무를 가지게 된다. 결혼 사실을 시·구·읍·면의 장에게 신고하는 혼인신고를 거치면 명실공히 부부가 되는 것이다. 근거법령은 「가족관계의 등록 등에 관한 법률」(제71조)이다(정부 24시. https://www.gov.kr). 법적·사회적으로 공인하는 브부관계는 본인들뿐만 아니라 태어날 자녀에게도 영향을 미치기 때문에 관계를 공시하는 제도가 필요한 것이다. 혼인신고가 바로 이런 공시 제도로서의 역할을 한다.

나) 경제적 측면

부부가 되면서 경제적 측면을 공유하는 것이다. 원칙적으로 부부가 되면 평등한 경제 공동체가 되는 것으로 간주하는 것이다. 최근 들어 20~30대 신혼부부들은 결혼 후에도 서로 각자의 경제권을 지키고 싶어 하는 경향이 늘고 있다. 경제권을 차지하려고 한동안 심하게 신경전을 벌이는 것이다. 그러다 50대 정도에 이르면 아내 주도형, 또는 아내가 주도하는 부부 협력형으로 가는 경향이 높다고 한다(조선일보, 2019.8.10.).

다) 성적 측면

결혼의 성적 측면은 부부 상호 간에 성적 소유를 선언하는 데 있다. 부부는 서로 정조를 지킬 의무가 있다는 의미이다. 이것은 단지 윤리적 측면에만 그치는 문제가 아니다. 우리나라 「민법」(법률 제11300호, 2012.2.10., 일부개정) '제840조 재판상 이혼 원인' 제1항은 '배우자의 부정한 행위가 있었을 때'이다. 즉, 부부가 혼인 관계를 유지하려면 성적 순결 의무를 지켜야 한다. 참고로, 2015년 2월 26일, 우리나라 헌법재판소에서는 형법상 간통죄를 폐지했다. 간통죄 조항이 생긴 지 110년 만이다(경향신문, 2015.2.26.). 이에 따라 기혼자의 부정행위는 형사상 책임과는 무관하게 되었다. 단, 민사상 손해배상 책임은 져야 한다. 다시 말해 부정행위 시 간통죄로 형사상 처벌을 받지는 않더라도 이혼의 귀책사유가 되므로 민사상 손해배상 책임은 져야 하는 것이다.

참고로, 우리나라 사람들의 결혼 및 가족 형성에 대한 인식은 근래 들어 급격한 변화 양상을 보이고 있다. 그 증거로 최근 20년 간 차이를 살펴보면, 1998년에는 결혼에 대한 긍정적 응답(반드시 해야 한다, 하는 것이 좋다)이 남성과 여성 각각 75.5%와 52.1%였으나, 2018년에는 각각 38.4%와 23.5%로 절반 가까이 줄어들었다(통계청, 2020). 우려스러운 점은 남성보다 여성의 결혼에 대한 긍정적 인식이 2010년 이후 계속 더 약화되고 있다는 사실이다(〈그림 1-2〉 참조).

결혼에 대한 인식의 이런 변화는 해가 갈수록 줄어들고 있는 혼인 건수로도 증명되고 있다. 일례로 통계청에서 발표한 바에 의하면, 2019년 혼인 건수는 총 239,200건인데, 이는 전년 대비 7.2% 감소한 것이다. 대비해 볼 때 이혼 건수는 110,800건으로 전년 대비 2.0% 증가하였다(통계청, 2020.3.19.). 관련 원인과 대책에 대한 심도 있는 연구와 해결을 위한 장기적인 접근이 필요함을 확인할 수 있다.

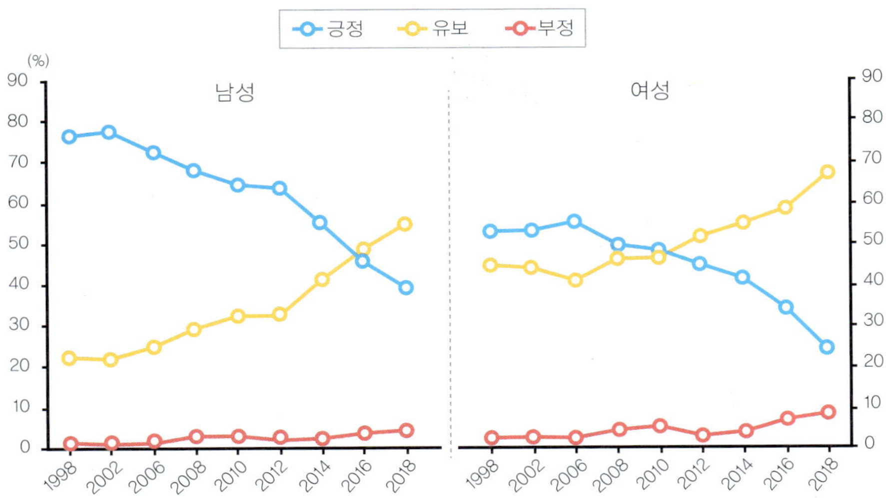

〈그림 1-2〉 우리나라 미혼 청년의 성별 결혼에 대한 태도(1998~2018)

출처: 통계청(2020). 2019년 혼인 · 이혼통계 보도자료.

2) 결혼식하기

배우자를 결정하게 되면 대체로 결혼식 절차를 거침으로써 주변에 부부가 되었음을 공표한다. 관련하여 켈러 부부(Timothy Keller & Kathy Keller, 2020)는 『결혼의 의미』라는 저서에서 '부족한 두 사람–세상에 어떤 부류의 다른 인간은 없다–이 결혼하면 두 사람 다 포기하고 싶을 만큼 힘든 때가 당연히 있을 것'이라고 단언하였다. 바로 이때, 결혼 서약은 마치 '율리시즈가 자기 부하 선원들에게 자신의 몸을 돛대에 단단히 묶고 사이렌 섬을 다 통과할 때까지 절대 풀어주지 말라고 했던 것'[1]처럼 어려운 때에 서로를 굳게 묶어 주는 역할을 한다고 하였다.

그런데 최근 우리나라의 경우 전술한 바와 같이 2030 청년층의 비혼 선택이 높아지고 있을 뿐 아니라 결혼식의 의미 역시 축소되고 있다. 결혼식이라는 절차 없이 동거로 들어가는 비율의 증가가 이를 증명해준다. 그렇긴 하지만 배우자 선택 후 결혼식을 한다는 것이 아직 보편적 현상이므로, 결혼식에 대해 간단히 살펴보도록 한다.

가) 대규모 결혼식 하기

우리나라에서 아직까지는 결혼식의 일반적 형태란 일가친지들에게 결혼식에 대해 널리 알리고 다 같이 모여 하는 대규모 결혼식이다. 최근 코로나 19로 인해 이런 결혼식 형태가 반 강제적으로 대폭 줄긴 하였지만, 여전히 일반 사람들 의식 속에는 대규모 결혼식이 보편적인 형태로 남아 있다. 이렇게 할 때, 결혼식을 집안 대 집안이 맺어지는 '대사 중의 대사'로 보기 때문에 혼수 준비나 예식 절차 등 결혼식 전 과정에서 양가 부모와 신랑, 신부가 챙겨야 할 것들이 대단히 많고 복잡하다. 그 준비과정에서 신랑, 신부 외에 양가의 부모들 또한, 주인공으로 등

1) 그리스 신화에 나오는 율리시스는 자신의 배가 사이렌 섬에 다가가면 사이렌의 노래에 홀려 스스로 합리적 사고를 할 수 없으리라는 것을 알았다. 그래서 그는 선원들을 시켜 돛대에 자신의 몸을 묶게 한 후–선원들은 밀납으로 귀를 막아 노래를 듣지 못하게 하고–섬을 통과해 자신이 제 정신을 찾을 때까지 어떤 말을 해도 무시하라고 지시했다. 결혼서약도 결혼 생활에 자신을 꼭 묶어 두는 역할을 한다. 갈등이 생기고 흔들릴 때 그 시간을 견뎌내고 통과할 수 있게 하는 방법이 되기 때문이다.

장하게 되면서 문제들은 더욱 복잡하게 얽힌다. 그러다 보니 미묘한 신경전이나 갈등이 발생할 확률이 높고 심한 경우 결혼식을 얼마 남기지 않고 파혼하는 경우도 있다. 어렵게 결혼식까지 가더라도 결혼식 당일에는 또 양가에 얼마나 많은 손님들이 오는지, 주로 어떤 부류의 손님들이 오는지 비교당할까 염려하여 결혼 하객 아르바이트를 동원하기도 한다. 이런 갈등이 증폭될 경우 신혼 여행지에서 신랑, 신부가 각자 짐 싸들고 따로따로 돌아오는 어처구니없는 상황도 발생한다.

이런 여러 가지 이유로 최근에는 신랑, 신부 당사자가 의미 있고 간소한 소규모 결혼식을 기획, 진행하는 경우가 늘어나고 있다. 이제 소규모 결혼식에 대해 살펴보자.

나) 소규모 결혼식하기

최근 소규모 결혼식이 점차 늘고 있다. 소규모 결혼식이 '결혼의 신풍속도'라는 말까지 생길 정도이다. '코로나 19'라는 특수 상황 때문만은 아니다. 결혼의 진정한 의미를 생각하며 모든 복잡한 절차를 없애고 결혼 본래 의미를 살리자는 취지에 대한 공감대가 젊은 세대를 중심으로 확산되고 있기 때문이다. 이때 참석 수를 직계 가족만으로 제한하거나 양가 인원을 합쳐 정해진 몇 명 이내로 하기도 한다.

소규모 결혼식의 가장 큰 특징은 주례·폐백 등 기존의 결혼식 틀에서 벗어나 예비부부가 직접 결혼식을 기획한다는 점이다. 때문에 기존의 대규모 결혼식에 익숙한 하객들에게 이상하게 비쳐질 수도 있고, 하객 수를 조정하는 과정에서 갈등을 빚을 가능성도 있다. 그럼에도 불구하고 2017년 잡코리아가 직장인 743명을 대상으로 조사한 결과에 따르면 미혼 직장인 중 87.6%가 '작은 결혼식을 할 생각이 있다'고 응답하였다. 이는 결혼적령기 사람들에게 대세가 되어 가고 있다는 증거라 할 수 있다. 소규모 결혼식을 선호하는 이유를 분석해 보니 '비용 문제(33.4%)'뿐 아니라 '즐기면서 누리는 결혼식을 하고 싶어서(22.6%)', '기존 결혼식이 허례허식처럼 느껴져서(18.3%)'의 응답 비율(JTBC 뉴스, 2017.5.8.)이 높았다. 최근 신세대의 경향을 짐작할 수 있는 부분이다. 이런 경향은 유명 연예인들의 소규모 결혼식에 대한 소개를 통해 더욱 확산되고 있다. 예를 들면 연예인 원빈과 이나영은 2015년 5월 30일에 원빈의 고향인 강원도 정선 밀밭에서 소규모 결혼식을 하였고(연합뉴스 2015.5.31.), 그 사실이 매체를 통해 일반에게 널리 소개되었다. 이런저런 이유로 우리나라에서 앞으로 소규모 결혼식은 더욱 늘어날 것으로 보인다. 다음 사진은 소규모 결혼식 사례로, 신랑 신부의 의도가 소규모 결혼식의 중요 요인임을 알 수 있다.

서울연구원 뒤뜰 야외 결혼식: 대관료 무료, 1일 1예식–공원 작은 결혼식 신청하세요.

출처: brunch(2020.2.18.).

2. 가정 형성과 부모됨

가. 가정 형성과 건강한 가정 유지

1) 가정 형성

먼저 '가족'과 '가정'의 정의를 정확하게 살펴보자. 이를 위해 「건강가정기본법」(법률 제14440호, 2016.12.20. 일부개정)에서 정의해 놓은 '가족', '가정' 그리고 '건강가정'까지 살펴보면 다음과 같다.

「건강가정기본법」(법률 제14440호, 2016.12.20., 일부개정)

제3조(정의) 이 법에서 사용하는 용어의 정의는 다음과 같다.

1. "가족"이라 함은 혼인 · 혈연 · 입양으로 이루어진 사회의 기본단위를 말한다.
2. "가정"이라 함은 가족 구성원이 생계 또는 주거를 함께하는 생활공동체로서 구성원의 일상적인 부양, 양육, 보호, 교육 등이 이루어지는 생활단위를 말한다.
3. "건강가정"이라 함은 가족 구성원의 욕구가 충족되고 인간다운 삶이 보장되는 가정을 말한다.

'가족', '가정', '건강가정'이 무엇을 뜻하는지 「건강가정기본법」을 통해 살펴보았다. 더 나아가 이 법의 제7조 '가족가치', 제9조 '가족해체 예방 제1항'[2]에서는 가족 구성원 모두가 건강한 가정이 유지되도록 노력해야 함을 명시하고 있다. 그렇다면 건강한 가정을 지키기 위해 가족 구성원은 어떤 노력을 해야 할까? 다음으로 '건강한 가정 유지'에 대해 살펴보자.

2) 건강한 가정 유지

이 세상의 모든 가정이 건강하고, 모든 부모들이 자식을 사랑으로 잘 양육하면 가장 바람직하고 좋겠지만 현실은 그렇지 않다. 병들고 깨진 가정, 건강하지 못한 부모도 상당수이다. 그리고 그렇게 건강하지 못한 부모 밑에서 자라는 자녀들은 대부분 상처입고 병들어간다. 그럼 어떻게 해야 결혼(식)을 통해 새롭게 꾸려진 가정이 병들거나 깨지지 않고 계속 건강하게 유지될 수 있을까? 먼저 이 예화를 읽어 보자. 호랑이와 사슴으로 상징되는 이 부부의 문제는 무엇이라고 생각하는가?

---

2) 제7조(가족가치) 가족 구성원은 부양, 자녀양육, 가사노동 등 가정생활의 운영에 함께 참여하여야 하고 서로 존중하며 신뢰하여야 한다.
제9조(가족해체 예방) ① 가족 구성원 모두 가족해체를 예방하기 위하여 노력하여야 한다.

예쁜 호랑이와 잘 생긴 사슴이 있었다. 어느 들판에서 만난 둘은 보자마자 첫눈에 반했다. 급속도로 사랑에 빠진 둘은 죽는 날까지 서로에게 최선을 다할 것을 맹세하면서 결혼식을 올렸다. 결혼 후 꿈같은 시간을 보내면서 둘은 약속한 대로 서로에게 최선을 다 하려고 노력에 노력을 기울였다.

사슴은 매일 가장 연해 보이는, 싱싱한 풀을 뜯어 호랑이에게 가져다주었다. 호랑이는 난생 한 번 풀을 먹어 본 적도, 관심도 없었지만 사슴의 정성을 보아 먹는 체 해 주었다. 호랑이 역시 매일 사냥을 하여 정성껏 가장 좋은 부위의 살코기만 골라 사슴에게 가져다주었다. 사슴 역시 '세상에, 고기라니!' 난생 먹어본 적이 없지만 호랑이를 생각하여 기쁜 척 하였다. 하지만 그것도 어느 정도지, 결국 둘은 참다 참다 한계에 이르러 헤어지고 말았다. 헤어지면서 둘은 이렇게 말했다.

"난 정말이지, 최선을 다했다구~!"

활동해보기

호랑이와 사슴의 문제점은?	건강한 가정을 지켜나가기 위한 조건은?

서로 다른 환경에서 성인이 되도록 살아온 두 사람은 마치 육식동물인 호랑이와 초식동물인 사슴처럼 취향이나 성격이 매우 다를 수밖에 없다. 그러다 보니 자기 딴에는 최선을 다한다고 한 행동이 오히려 상대방을 힘들게 하는 요인이 되기도 한다. 그런 것들이 쌓이고 쌓이면서 부부관계에 금이 가고 마침내 참지 못할 지경에 이르러 이혼까지 하게 되는 것이다.

이와 관련하여 부부 및 관계 치료 분야의 권위자인 가트맨(John Gottman, 2017)은 수십 년간의 부부 사례 연구를 통해 〈행복한 결혼을 위한 7원칙〉을 제시하고 있다. 여기서 제시된 7가지 원칙[3]은 다음과 같다.

1. 애정 지도를 상세하게 그려라.
2. 상대방을 배려하고 존중하는 마음을 길러라.
3. 서로에게서 달아나는 대신 서로를 향해 가라.
4. 배우자가 당신을 변화시키는 것을 두려워 마라.
5. 해결 가능한 문제는 두 사람이 해결하라.
6. 교착 상태를 함께 극복하라.
7. 공유할 수 있는 인생의 의미를 발견하라.

그는 이런 원칙을 제시하는 한편, 건강한 가정을 유지하기 위한 '사랑의 황금비율'로 '5 : 1'이라는 수치를 제시하고 있다. '긍정적인 말과 행동 : 부정적인 말과 행동=5 : 1'이 되어야 건강한 가정을 지켜나갈 수 있다는 것이다. 건강한 가정 유지를 위해 부부가 말과 행동에서 얼마나 많은 노력을 해야 하는지 잘 보여주는 상징적 비유이다.

3) 1의 '애정지도를 상세히 그려라'는 배우자를 깊이 이해-그(녀)의 도전, 꿈, 좋아하는 것, 친구, 어린 시절 등-하라는 의미이다. 그런가 하면 3의 '서로를 향해 가라'는 것은 쇼핑, 음악 듣기 등 배우자와 일상의 여러 가지 일을 함께하고 느끼면서 더 가까워지려고 노력하라는 의미이다. 또한, 4의 '배우자가 당신을 변화시키는 것을 두려워 마라'는 전통적인 고정관념(예: 성 역할)에 얽매이지 말고 평등 문화에 적응하며, 배우자에게 영향받는 것을 두려워하지 말라는 의미이다.

건강한 가정을 유지하기 위한 비결을 다시 한 번 정리해 보자. 첫째, 무엇보다도 상대방의 말에 귀기울이고 상대방의 의견이나 입장을 존중해 주어야 한다. 내가 좋아하는 것이라고 해서 상대방도 똑같이 그것을 좋아할 거라 생각하는 것은 착각 중의 착각이다. 마찬가지로 내 입장이 있으면 당연히 상대방의 입장 또한 있음을 인정해 주어야 한다. 둘째, 사랑과 이해에 바탕한 지속적인 노력을 기울여야 한다. 몇 번의 노력만으로 부부관계를 개선할 수 있다고 생각하는 것은 큰 오산이다. 결혼서약을 상기하며 평생에 걸쳐 계속 노력해야 한다. 셋째, 부부로서 모든 책임과 의무를 함께해야 한다. 「건강가정기본법」 제7조에 제시되어 있는 것처럼 부양, 자녀양육, 가사노동 등 가정생활의 운영에 함께 참여하고 서로를 신뢰해야 하는 것이다.

'건강한 가정 유지하기'를 위한 세 가지 핵심 비결

- 상대방의 입장과 의견 존중하기
- 사랑과 이해에 바탕하여 지속적인 노력 기울이기
- 부부로서 모든 책임과 의무를 함께하기

나. 자녀를 갖는 동기와 부모됨

1) 자녀를 갖는 동기

전통사회에서 자녀란 부부에게 '하늘이 알아서 점지해 주시는 존재'였다. 그래서 아기가 생기고, 안 생기고를 하늘의 뜻으로 받아들였다. 그러나 현대를 사는 부부들은 자녀를 가질 것인지, 말 것인지부터 선택해야 할 문제로 여긴다. 언제 낳을지, 몇 명을 낳을 것인지도 당연히 선택의 대상으로 본다. 발전한 과학 기술이 임신 여부, 임신 시기, 자녀 수에도 작용하고 있는 것이다. 어쩌면 멀지 않은 미래에 헉슬리(Aldous Huxley)의 소설 『멋진 신세계』에서처럼 아기들이 엄마의 자궁 아닌, 아기 공장에서 만들어져 나올 가능성도 배제할 수 없다.

부부의 자녀를 갖는 동기도 다양해졌다. 어떤 경우는 자녀를 부부 관계 유지의 수단, 외부적 과시용, 인정받기 위한 방법으로 이용하기도 한다. 예를 들어, 2020년 사회문제로 떠올라 2021년까지도 논란이 이어진 '입양아 정인이 사건'의 경우, 양부모의 입양 동기가 사회적 과시욕이었다고 진단되고 있다. TV에서는 입양을 한 훌륭한 부모인 양 자신들을 과시하고 막상 가정에서는 아이를 학대하여 사망에 이르게 했다는 점에서 거세게 비난받았다(조선일보, 2021.1.24.). 이와 같이 그릇된 동기로 자녀를 가지고자 할 경우, 부부나 자녀 모두 불행해질 확률이 높다. 정인이 사건에서 보는 것처럼 자녀의 사망으로까지 이어지기도 한다.

이와 관련하여 험프리스(Tony Humphreys, 2006, p. 31)는 『가족의 심리학』에서 부부가 아이를 낳고자 하는 이유가 다음 중 하나라면 그 가족은 아이를 포함하여 모두 불행하게 될 확률이 높다고 경고하였다.

- 가족이나 사회가 아이 가질 것을 기대하기 때문에
- 삶의 의미를 찾기 위해서
- 나의 남자다움(여자다움)을 증명하기 위해서
- 아이가 나를 닮았는지 보고 싶어서
- 위태로운 결혼생활에 안정을 찾기 위해서
- 예쁜 아기를 키우는 것이 내 꿈이기 때문에
- 사회적 지위를 높일 수 있기 때문에
- 배우자(애인)가 나를 떠나지 못하게 하려고
- 나이 들어 날 돌봐줄 사람이 필요해서
- 첫 애가 외롭지 않게 함께 놀아 줄 동생을 만들어 주기 위해서
- 어린 시절 내가 해 보지 못한 것들을 아이에게 다 해주고 싶어서

다음 사례를 보자. 이 사례에 나오는 산모의 '엄마가 되고자 하는 동기'는 전술한 '아이를 낳고자 하는 동기' 중 어느 것에 가까운가? 이 사례에 대한 여러분의 생각은 어떠한가?

"손자 보니 다시 임신하고 싶었다" 뉴질랜드 64세 출산

뉴질랜드에서 64세 여성이 아기를 낳아 최고령 산모 기록을 세웠다. 5년 전 큰딸의 임신 과정을 보며 다시 아이를 가지고 싶다는 생각을 했고, …(중략)… 그는 지난 2월 유전질환이나 심각한 다른 건강상의 문제가 없는 24세 여성과 31세 남성의 난자와 정자를 기증받아 단 한 번의 시도로 인공수정에 성공했고, 지난달 중순 몸무게 3.3kg의 건강한 남자아기를 낳는 데 성공했다. 그는 조그만 생명이 내 안에서 자라고 있다는 걸 안 순간 꿈이 이루어진 느낌이었다며 "정말 기적과도 같은 아기"라고 말했다.

출처: 서울신문(2020. 11. 21.).

결론적으로 부모가 되고자 하는 이들은 이기적 동기나 욕심이 아닌, 새로운 생명에 대한 경외심을 가지고 존중하는 마음으로 받아들여야 하며, 이후 부모로서의 역할을 바르게 이행하여야 한다. 이와 같은 사실 때문에도 결혼 전부터 부모교육이 이루어져야 할 필요가 있다.

2) 부모됨

'부모(父母, parent)'는 '아버지'와 '어머니'를 아우르는 말로서, '자녀'를 전제로 할 때 성립할 수 있는 단어이다. 부모가 된다는 것은 곧 자녀가 생겼다는 의미이고, 이제 그 자녀가 독립하여 나갈 때까지 양육자 역할을 해야 한다는 의미인 것이다. 자녀가 태어난 후 자라나는 것을 보는 것은 부모에게 그 어떤 것과도 비교할 수 없는 생생한 기쁨과 보람을 주지만, 부모역할 하기는 결코 쉽지 않다. 사실 어렵고도 지난한 과정이다. 아무리 힘들어도 자녀를 사랑으로 보듬고, 기꺼이 자신을 내어 주어야 하기 때문이다. 이런 어려운 양육 과정을 거치면서 부모 또한 이전보다 더 성숙한 인간으로 발전해간다. 자, 그럼 부모는 어떻게 될 수 있을까? 두 가지로 대별하면 생물학적 부모 되기와 상황적 부모 되기가 있다.

가) 생물학적 부모됨

결혼생활을 통해 부부 사이에서 자연스럽게 자녀가 생기는 경우를 생물학적 부모 되기라고 한다. 전술한 사례와 같이 다른 사람의 정자와 난자를 이용하여 자녀를 갖는 특수한 경우도 있기는 하지만, 여기서는 일단 보편적으로 결혼한 부부가 성생활을 통해 아기를 갖는 경우라고 상정해 놓고 이야기를 풀어보자.

부부가 임신한 사실을 인지하게 되면, 특히 첫 아이인 경우, '어떤 아이가 나올까?' 하는 기대와 과연 '태중에서 건강한 아이로 잘 커서 안전하게 세상에 나올 수 있을까?' 하는 염려를 동시에 하면서 아기를 기다린다. 그리고 280일 정도의 임신 기간을 거쳐 드디어 자신들의 유전자를 물려받은 아기를 감격스럽게 안게 되는 것이다. 다음은 아기를 처음 품에 안았을 때의 벅차고 감사하는 마음을 표현한 한 아기 엄마의 글이다.

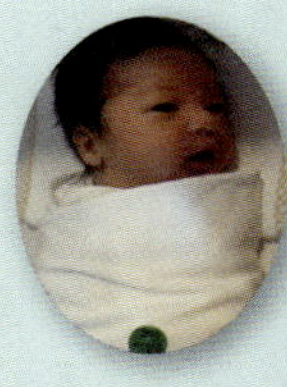

아가, 아가 우리 아가

윤예나

털이 탐스러운 늑대 무리 중
하얀 털의 우두머리 늑대
엄마가 탄 배로 껑충 뛰어들었지.
그렇게 꿈으로도 찾아오다니!

마음 다해 기다렸단다.
매일매일 기도했단다.
그리고 오늘,
드디어 널 안는구나.

신비로운 섭리 속에 사랑과 사랑이 모이고 모여
이렇게 놀라운 아가, 네가 되다니!
네 속에 과연 우주가 있구나
그 조화로움에 그저 겸손해질 뿐.

"눈, 코, 입이 딱 아빠 판박이네!
피부 뽀얀 것은 엄마를 닮고."
할머니 말씀 한 마디에
아빠 얼굴이 해 같이 빛나는구나.

더 사랑하며 살아야겠다.
더 감사하며 살아야겠다.
더 베풀며 살아야겠다.
아가, 너로 인해 엄마, 아빠가 이만큼 크는구나!

나) 상황적 부모됨

상황적 부모는 입양을 통한 부모 되기를 말한다. 입양의 유형은 분류 준거에 따라 다양하게 나누어진다. 예를 들어, 제도를 준거로 하면 일반 입양과 친양자 입양,[4] 입양하는 이를 준거로 하면 친족 입양과 비친족 입양, 입양 주도 주체를 준거로 하면 독립 입양[5]과 기관 입양, 입양 공개 여부를 준거로 하면 비밀 입양과 공개 입양으로 나누어지는 식이다.

우리나라의 경우, 상황적 부모 되기는 엄격하게 법의 테두리 안에서 이루어지고 있다. 이와 관련하여 「입양특례법」(법률 제16248호, 2019.1.15., 타법개정)과 「민법」(법률 제17503호, 2020.10.20., 일부개정) 등에서 입양에 대한 사항을 다루고 있다. 보다 자세한 입양 관련 내용은 이 책 제7장 '입양가족 부모교육' 부분을 참조하기 바란다.

참고로, 연예인인 차인표·신애라 부부는 생물학적 자녀인 아들이 있음에도 두 딸을 공개 입양하여 훌륭하게 키우고 있는 것으로 유명하다. 그런가 하면 다음 사진은 2019년 문경시에서 개최한 '출산 및 입양 장려 캠페인' 중 한 장면으로, '입양은 ㅇㅇ다'라는 기본 문구에 시민들이 자신의 생각을 적어 붙인 생각 모음판이다. 그날 적힌 문구에 '입양은 사랑이다', '입양은 축복이다' 등의 긍정적인 생각들이 많았다고 한다.

---

4) 친양자 입양제도는 자녀의 복리를 위해 양자를 법률상 완전한 친생자로 인정하는 제도로, 2008.1.1. 시행된 「민법」에서 새롭게 제정되었던 것이다(찾기 쉬운 생활법령정보. https://easylaw.go.kr/CSP/CnpClsMain.laf?popMenu=ov&csmSeq=656&ccfNo=2&cciNo=1&cnpClsNo=2).

5) 입양기관을 거치지 않고 친부모와 양부모 간의 협의에 따라 입양이 이루어지는 것을 말한다.

문경시의 출산 및 입양 장려 캠페인
출처: 프레시안(2019. 8. 15.).

우리나라의 경우 주변의 수군거림 때문에 비밀 입양을 하는 경우가 아직도 많지만, 다행히 최근에는 입양 사실을 공개하는 사례가 점차 늘고 있다. '"가슴으로 낳은 자식 숨길 이유가 없죠." 달라진 입양문화'(매일경제, 2019.5.10.)와 같은 기사 제목은 이런 사실을 잘 보여준다.

생물학적 부모가 되었건, 상황적 부모가 되었건 드디어 부모가 되었고, 이제 부모로서 그 역할을 잘하여야 한다. 바로 이렇게 부모역할을 잘 하도록 돕고자 하는 것이 '부모교육'의 근본 이유이다.

다음으로 제2장에서는 부모교육의 개념 및 필요성, 서양과 우리나라의 부모교육 발달과정에 대해 살펴보고자 한다.

CHAPTER 02

부모교육의 개념 및 발달과정

'부모교육' 하면 예비부모 교육, 아버지 교육, 어머니 교육, 시니어 부모교육 등과 함께 강의식 교육, 토론식 교육, 문제해결식 교육 등 여러 관련 단어들이 연상된다. 이런 모든 단어들이 공통적으로 함유하고 있는 바는 다양한 대상에 대한 부모교육이 여러 가지 방법으로 이루어지고 있다는 사실이다. 그런 전제하에 제2장에서는 과연 부모교육의 정확한 개념이 무엇이고, 그 필요성은 구체적으로 무엇인지 밝혀보고, 이어 서양과 우리나라에서는 각각 부모교육이 어떤 과정을 거치면서 발달되어 왔는지 살펴보고자 한다.

1. 부모교육의 개념 및 필요성

가. 부모교육의 개념

'교육(教育, education)'은 시대나 사회, 학자에 따라 다양하게 정의되어 왔다. 그 중 한 예로, 『교육학 용어사전』(서울대학교교육연구소 편, 1994, p. 95)에서는 "인간의 정신적·신체적 성장과 발달을 어떤 이상(理想)이나 목적, 혹은 가치기준에 의하여 통제하거나 조력(助力)하는 일련의 인위적 과정"이라고 정의하고 있다. 이외에도 다양한 정의가 있으나 그 핵심은 '교육 대상을 보다 바람직한 방향 즉, 목적하고 지향하는 바를 성취하기 위해 가르치고 기르는 의도적인 활동'이라는 점이다(지옥정 외, 2021). 그러니까 이 정의를 그대로 '부모교육'에 대입하면 '교육 대상인 부모를 보다 바람직한 방향으로 이끌기 위해 하는 의도적인 활동'이 곧 '부모교육'인 셈이다. 여기서 '부모'의 전제는 '자녀'이므로, 부모교육의 바람직한 방향이란 결국 '부모로서의 역할을 자녀에게 잘하도록 하는 것'에 있음을 알 수 있다. 실제 〈표 2-1〉에서처럼 '부모교육'에 대한 몇몇 정의를 보면 이 점이 공통적으로 드러나 있다.

〈표 2-1〉 '부모교육' 정의

학자 또는 단체	'부모교육' 정의
유아교육백서 (한국유아교육학회, 1995, p. 323)	부모의 자녀에 대한 이해와 지식을 증진시켜서 사고와 감정, 그리고 행동에 있어서 습관적인 방법을 검토해 보고 동시에 자녀를 양육하는 새로운 방법을 습득하도록 도와주는 다양한 교육적 경험
김영옥 (2017, p. 19)	부모가 보다 나은 역할 수행을 하며 부모-자녀 관계를 긍정적으로 유지하고 발전시킬 수 있도록 도울 뿐만 아니라 부모의 다양한 협력과 지원을 이끌어 내어 교육의 효과를 높이는 것
강인향, 조인향, 임진숙 (2018, p. 18)	부모의 역할을 수행하는 데 필요한 지식과 새로운 방법을 터득하도록 도와주는 교육적 활동

학자 또는 단체	'부모교육' 정의
김정원, 전선옥 (2020, p. 11)	부모로서 역할 기능을 원활히 수행할 수 있도록 부모에게 정보나 지식을 전달하거나 기술을 가르치는 것
건강가정지원센터 (https://www.familynet.or.kr/web/lay1/S1T372C383/contents.do)	부모가 자기 자신과 부모됨을 이해하고 자녀성장을 돕기 위해 필요한 지식과 양육태도를 습득하며, 자녀를 독립적인 권리의 주체로 존중하고 수평적인 관계에 대한 인식을 갖도록 지원하는 교육

이와 같은 '부모교육' 정의들을 보면, 부모교육을 '왜' 하는지에 있어서는 동일한 입장이다. 전술한 바와 같이 '자녀를 잘 양육하도록' 하자는 것이다. 그런데 '어디까지'를 부모교육이라고 할 것인가에 대해서는 부모교육을 협의로 보느냐, 광의로 보느냐에 따라 차이가 있다. 협의로 볼 때는 부모에게 특정 내용을 교육하는 것이 중심이라면, 광의로 볼 때는 단순히 교육하는 것을 넘어 부모의 협력과 참여를 이끌어내는 것까지를 모두 부모교육에 포함시키는 것이다.

본서에서는 '부모교육'의 정의를 전달식 부모교육에서부터 부모참여로 이끄는 활동까지 '부모의 역량 증진에 도움이 되는 모든 의도적이고 목적적인 활동'과 같이 광의로 정의하고자 한다. 다만, 본서 집필 과정에서 뜻을 보다 정확하게 전달할 수 있도록 부모훈련, 부모지원, 부모참여 등의 단어를 필요에 따라 사용할 것이다.

광의로 '부모교육'을 볼 때 '부모교육'이라는 큰 우산 안에 포함되는 관련 개념들을 간단히 정리해 보면 다음 〈표 2-2〉[1]와 같다.

〈표 2-2〉 광의의 부모교육에 포함되는 관련 개념

관련 개념	정의
전달식 부모교육	부모교육자가 학습자인 부모들을 대상으로 지식, 정보, 기술 등을 다양한 방식(예: 강의, 웹사이트 게시, 인쇄물 등)을 통해 전달하는 것
부모훈련	자녀양육에 관한 지식, 정보, 기술을 구체적인 절차나 훈련 프로그램을 통해 부모들에게 익히도록 하는 것
부모지원	'지원'(支援)이란 '지지하여 도움'이란 뜻으로, 부모에게 필요한 실제적, 정서적 도움을 단기 또는 장기적으로 제공하는 것
부모상담	자녀의 당면 문제를 치료하거나 미래에 나타날 문제를 예방하기 위하여 교사나 카운슬러가 부모나 가족을 만나 이야기 나누는 것
부모참여	부모가 자녀의 삶에 가장 큰 영향을 미친다는 전제하에 자녀의 교육과 발달을 위해 수업참여, 자원봉사자로 참여, 의사결정 과정에 참여 등 다양한 형태로 참여(participation)하는 것

여기서 한 가지 유념할 사실이 있다. 〈표 2-2〉에 제시된 부모교육 관련 개념들을 가지고 '이것이 저것보다 더 좋은 것이다'라는 식의 상대적 비교는 바람직하지 않다는 점이다. 예를 들어, '자녀들과의 대화 기법'이 주제인 경우, 전문가로부터 그에 대해 순차적 부모훈련을 받는 것이 보다 더 효과적일 수 있다. 비교해 볼 때 '유아의 식습관 지도'가 주제라면 부모훈련보다는 부모참여가 보다 적합한 형태이다. 기관과 가정이 협력하여 유아의 식습관 지도를 일관성 있게 실시하는 한편, 부모가 기관의 식재료 관리위원으로 참여한다면 보다 효과적이기 때문이다. 참고로, 최근에는 부모를 단순히 훈련이나 교육의 대상으로 보기보다는 교사와 함께하는 파트너로서 보는 경향 즉, 부모의 참여를 보다 강조하고 있다.

1) 부모상담은 유아교육사전(유아교육학회, 1995, p. 220), 부모참여에 대한 것은 펜실베니아 PTA(https://www.papta.org/domain/73)에서 인용함.

나. 부모교육의 필요성

1) 부모 측면

먼저, '자녀양육을 위한 구체적 지원'이라는 점에서 부모교육의 필요성을 찾아볼 수 있다. 현대사회의 특성 중 하나는 '소핵가족 시대'이다(제3장 참조). 그러다 보니 맞벌이 부부가 자녀를 낳으면 당장 부부 중 누군가는–우리나라의 경우 대부분 엄마가–일을 그만 두고 아기를 돌보아야 한다. 이는 경력 단절 여성의 연령별 비율에서도 선명하게 드러난다. 즉, 2020년 4월 기준으로, 우리나라 15~54세 기혼여성 857만 8천 명 중 경력 단절 여성은 150만 6천 명(17.6%)인데, 이 중 자녀를 낳아 기르는 시기인 30대가 69만 5천 명으로 가장 많다(통계청, 2021).

생생한 현실에 바탕을 둔 소설『82년생 김지영』에서 주인공 김지영이 출산 후 직장을 그만 두고 '독박 육아'를 하며 스트레스로 심각한 우울증 증세까지 보이는 것은 그런 경우이다. 이런 여러 사실이 시사하는 바는, 특히 첫째 아기를 임신한 부부의 경우 임신 과정과 출산 후 아기 돌보기를 잘할 수 있을 만큼 출산 전 교육과, 출산 전후 정서적 지지를 위한 상담, 아기 돌보기를 위한 구체적이고 실제적 지원이 매우 필요하다(홍현진, 최인성, 이주영, 2019)는 사실이다. 즉, 서울시의 〈서울아기 건강 첫걸음 사업〉(http://ourbaby.seoul.kr/)과 같은 시도가 좀 더 구체적으로, 좀 더 촘촘하게 전국적으로 확대될 필요가 있다.

'자녀양육을 위한 구체적 지원'에서 조금 더 확대하여 '부모역량 강화'라는 측면에서 부모교육의 필요성을 살펴보자. 최근 부모역량이 강조되고 있고 관련 연구들도 다수 행해지고 있다. 예를 들어, 김지현(2018)은 지금까지 행해진 부모교육 관련 선행연구 분석을 통해 부모역량으로 3가지 범주를 제시하였다. 그것은 '양육역량'(하위요소: 발달특성에 따른 자녀이해, 부모–자녀 소통, 양육 효능감, 민주적 양육태도, 학습지원), '자기관리역량'(하위요소: 자기주도성, 자기조절력, 자기성장, 자기이해), '사회적 역량'(하위요소: 인적 자원 및 정보 활용능력, 부모 소모임 활동참여)이다. 부모역량 안에 양육역량뿐 아니라 여기에 직·간접적으로 영향을 미치는 자기관리역량, 사회적 역량까지 모두 포함시켜 보는 것이다.

이와 같은 부모역량은 아이를 키우면서 저절로 생겨나는 면도 있으나, 그때그때 적절한 부모교육을 통해 보다 효과적으로 강화될 수 있다. 그 증거로 서경희와 이진화(2020)는 "영유아기 자녀의 일반적인 문제행동 지도를 중심으로 한 부모역량 강화 프로그램 개발과 적용 효과"라는 연구에서 10회기의 부모교육 프로그램 적용 결과, 부모들의 온정적인 양육행동과 양육 효능감이 향상되었다고 하였다. 조금 다른 각도에서 박경 외(2020)는 아버지들의 양육역량 증진을 위해 개인역량 강화 프로그램을 지원할 필요가 있다고 하였다. 연구 초점은 다르나 두 연구 모두 잘 설계된 부모교육 프로그램 실시를 통해 부모역량이 강화될 수 있음을 보여주고 있다.

한편, 최근에는 부모역량과 유사한 개념으로 '부모역할지능(parental intelligence)'이 거론되기도 한다. 부모역할지능이란 흔히 말하는 IQ가 아니라 '일반적인 부모역할 상황에서 맥락에 맞는 합리적인 역할선택능력과 갈등상황에서 정(正)과 반(反)에 대한 적절한 합(合)에 도달할 수 있는 지적 능력'을 말한다(현미숙, 2003). 부모역할지능의 하위요소는 자녀에 대한 공감, 격려 및 증진, 융통성 발휘, 합리적 권위와 통제, 수용적 태도 등이며, 이 영역을 균형적으로 잘 발휘하는 부모가 부모역할지능이 높은 부모이다(베이비뉴스, 2018.4.13). 그리고 이와 같은 부모역할지능 역시 부모교육을 통해 높여갈 수 있다고 보고(이경남, 2018; Hollman, 2017)되고 있다.

2) 자녀 측면

부모교육을 잘 받은 부모는 자녀를 보다 더 잘 키울 수 있다. 좋은 부모가 되는데 부모교육이 영향을 미치기 때문이다. 물론 부모의 건강, 부부관계, 사회 경제적 조건 등 여러 가지 요인이 부모역할 정도에 두루 영향을 미치겠지만, 부모교육 또한 한 가지 중요한 요인인 것이다.

실제로, 좋은 부모 밑에서 자란 아이는 그렇지 못한 아이보다 언어능력, 정서조절 능력, 사회적 능력, 공감능력, 정서지능, 자아개념 등 발달과 성장의 모든 측면에서 더 높은 점수를 보였다(강민주, 심미경, 2011; 김경숙, 2016; 김은옥, 2020;

김인경, 2017; 김정원, 김정실, 2014; 유한익, 2019; 임선희, 2018; 조순옥, 2016 등). 구체적 예를 들면 김경숙(2016)은 "어머니의 부모역할지능은 유아의 정서지능과 리더십 함양에 유의미하게 작용한다"고 하였으며, 조순옥(2016)은 '어머니의 부모역할지능, 유아의 사회적 유능감, 그리고 자아탄력성 간에 정적 상관이 있다'고 하였다. 반대의 경우 즉, 부모역량이 부족하거나 정서적 문제가 있을 때, 그럼에도 불구하고 부모에 대한 적절한 지원이나 교육이 따르지 않을 때는 자녀의 성장과 발달에 심각한 해를 끼칠 수 있다. 참고로, 지성애(2016)는 '어머니의 양육 스트레스와 유아의 스트레스 간에는 정적 상관이, 어머니의 양육 스트레스와 유아의 사회성 간에는 부적 상관이 있음'을 밝힌 바 있다.

부모를 바르게 교육하고 지원하는 일은 그 자녀로 하여금 세상을 올바르게 살아가는 방식과 태도의 기초를 형성하도록 돕는 일이기도 하다. 이와 관련하여 김은옥(2020)은 위니콧(Donald Winnicott, 1896~1971)의 대상관계이론(object relations theory)[2]을 인용하여 부모가 자녀를 어떻게 양육하느냐에 따라 자녀가 '진정한 자아(true self)'를 형성하거나, 반대로 '잘못된 자아(false self)'를 형성하게 될 확률이 높다고 하였다. 부모가 정신적으로 건강하지 못하고 문제를 가지고 있어 자녀를 소홀히 대하거나 불안정하게 다루면 자녀는 방어기제를 발동시켜 있는 그대로의 자기 모습이 아닌 부모의 애정과 관심을 얻을 수 있는 모습만을 보여주려 애쓰게 된다. 이런 일들이 되풀이되면 '진정한 자아'가 아닌 '잘못된 자아'를 형성하게 된다는 것이다. 이렇게 되면 성장해서도 그 '잘못된 자아'로 다른 사람을 대하게 되면서 결국 건강하지 못한 관계, 건강하지 못한 삶을 살아가게 된다.

이와는 조금 다른 차원에서 마르틴(Doris Martin, 2020)은 '아비투스'[3]로 부모

2) 대상은 크게 외적 대상(사람, 사물, 외부환경)과 내적 대상(내면화한 외부대상에 관한 이미지, 생각, 이미지와 생각에 연결된 감정 등)으로 나뉜다. 어린 아이에게 가장 중요한 '대상'은 최초 양육자인 엄마이다. 아이는 일차적으로 엄마와의 관계를 통해 대상관계 능력을 형성한다(김은옥, 2020).

3) 아비투스는 프랑스 철학자 부르디외(Pierre Bourdieu, 1930~2002)가 처음 제시한 개념으로 사회문화적 환경에 의해 결정되는 제2의 본성, 즉 타인과 나를 구별 짓도록 만드는 취향, 습관, 아우라 등을 말한다(Martin, 2020).

의 자녀에 대한 영향을 설명하고 있다. 아비투스란 '세상을 사는 방식과 태도'로서, 그 구성요소는 심리자본, 문화자본, 지식자본, 경제자본, 신체자본, 언어자본, 사회자본의 7가지이다. 모든 사람은 이 7가지 자본의 조합 방식에 따라 각자 다른, 나름대로의 아비투스를 가지고 있다. 예를 들면, 어떤 이는 경제자본과 사회자본이 풍부한데 문화자본은 약하고, 어떤 이는 문화자본과 심리자본은 풍부한데 경제자본이 약한 것이다. 아비투스는 살아가면서 계속 변화하지만, 그럼에도 가장 강력한 형성 요인은 부모의 양육방식이다. 이런 사실에 기초할 때도 자녀들이 건강하고 풍성한 삶의 태도와 방식을 갖추도록 하기 위해서는 부모, 더 나아가 예비부모들에게 적절한 교육이 필요함을 알 수 있다.

3) 교사 측면

교사 측면에서 부모교육이 필요한 이유는 '부모와 함께하는 공동 양육자'라는 영유아 교사 역할을 잘 감당하기 위해서이다. 영유아 교사와 부모는 자의로 원해서 만난 사이는 아니지만, 영유아를 사이에 두고 그 어떤 만남보다도 더 긴밀하게 소통하며 지낸다. 영유아기의 발달 특성상 그 어떤 시기보다도 교사가 미치는 영향이 크고, 여성의 사회진출 비율이 높아질수록 그 자녀의 영유아교육기관에 머무는 시간이 늘어나고 있기 때문이다. 이렇게 영유아들이 기관에 오랜 시간 머무는 동안 교사는 가르치는 일뿐 아니라 먹이고, 입히고 씻기는 모든 양육 관련 업무를 담당한다. 그만큼 다른 각급 학교 교사보다 영유아 교사의 업무는 교육 관련부터 일상생활 관련에 이르기까지 다양할 수밖에 없다.

이때 부모의 교사를 대하는 마음가짐이나 태도는 교사로 하여금 그와 같은 공동 양육자로서의 역할을 잘 감당하도록 하는 중요 요인이다. 교사가 아무리 아이를 잘 양육하려고 해도 부모가 교사를 존중하지 않거나, 가정에서 교사의 지도와는 다른 방향으로 아이를 대한다면 효과적인 공동 양육은 고사하고 문제를 일으킬 수도 있기 때문이다. 즉, 부모가 '올바른 부모역할 수행'을 위시하여 '교사와의 협력' 등에 대해 적절하게 교육받을 때 교사와 더 협력적이 될 수 있고, 더불어 교사는 공동양육자로서의 역할을 더 잘 수행할 수 있다. 이 책 '제10장. 부모와의 일상적 의사소통'에서 홈페이지를 통한, 또는 SNS를 통한 교사와 부모의 상호협조를 강조한 것도 그와 같은 맥락에서이다.

참고로, 김은설 외(2009)는 보육교사의 부모 관련 주요 역할로 부모와의 지속적인 면담과 상호 교류를 통해 아이들이 어떻게 생활하고 성장해가는지 알려주는 '상담자'이자, 때로는 육아에 대한 지식과 개별 아동에 대한 구체화된 양육 가이드라인을 제공하는 '부모교육자'를 들었다. 아동의 발달과 연령에 따른 성장과정과 변화 및 특이사항에 대해 부모와 함께 논의하고 모니터링하며, 때로는 전문상담과 부모교육 등도 할 수 있어야 한다는 것이다. 그런가 하면 고은영(2019), 임경심(2018)은 부모상담과 교사역량 간의 밀접한 관계에 대해 논한 바 있다.

4) 지역사회 및 국가 측면

부모교육이 적절하게 이루어지면 먼저 지역사회의 발전에 도움을 줄 수 있다. 부모교육을 통해 건강한 가정이 세워지고 그런 가운데 각 가정의 자녀들이 바르게 자라난다면 당연히 그런 가정들이 모인 지역사회는 건강하고 활력이 넘칠 것이기 때문이다.

구체적인 예로, 청주시 8개 유아교육기관에서는 프로젝트 학습공동체를 통해 서로 협의하면서 '지역사회와 연계한 공원 프로젝트'를 2011~2020년까지 매년 실시하였다. 각 유아교육기관에서 제일 가까이 위치한 공원 하나를 프로젝트 주제(예: S유치원의 경우 그 동네에 있는 '매봉공원')로 정해 유아, 교사, 부모 및 지역사회가 함께하는 프로젝트였다. 프로젝트 과정 중 교사와 유아는 물론 부모도 관심을 가지고 능동적으로 참여하도록 하기 위해 각 유아교육기관에서는 다양한 부모교육을 시도하였다. 전달식 교육뿐 아니라 공원 관리 관계자와 부모와의 만남 주선, 정보 알림이나 SNS, QR 코드 등으로 매주 프로젝트 진행 과정 공유하기 등을 한 것이다. 결과적으로 프로젝트 종료 후 유아나 교사뿐 아니라 부모들도 지역사회 주민 의식이 크게 증진되었고, 공원에 관심과 애정을 가지고 주체적으로 돌보고자 하는 태도 또한 형성되었다(지옥정, 2013). 다음은 그 관련 자료이다.

'공원 프로젝트' 중 더럽고 지저분한 공원 구조물이 유아, 교사, 부모의 공동 작업으로 새로운 구조물로 변신

'지역사회와 함께한 공원 프로젝트'가 유네스코 한국위원회르부터 2012년 ESD 인증 받음. 이후 계속하여 2021년까지 재인증 받음

그런가 하면 부모교육은 궁극적으로 국가발전에도 도움이 된다. 우리나라 정부 차원에서 2010년 이후 부처 별로 다양한 부모교육을 시도하고 있는 점, 관계부처 합동으로 생애주기 및 가족유형을 고려하여 부모교육을 체계화한 점(제2장 '2. 부모교육의 발달 과정' 참조), 다양한 부모교육 자료를 계속 개발하고 있는 점 등은 그만큼 국가 발전에 부모교육이 중요하다고 보기 때문이다.

다양한 부모교육 자료의 한 가지 예로서 서울시 육아종합지원센터에서 2018년에 나온 〈육아는 처음이지만 좋은 부모가 되고 싶어〉, 2019년에 나온 〈육아는 어렵지만 좋은 부모가 되고 싶어〉는 전 국민 누구나 볼 수 있도록 제공되는 자료이다. 국민 누구나 좋은 부모가 되도록 도움으로써 부모와 그 자녀가 궁극적으로 국가 발전에 이바지할 것을 기대하는 것이다.

출처: 서울특별시 육아종합지원센터.
https://seoul.childcare.go.kr/ccef/community/ebook/EbookSlPL.jsp

전술한 바를 정리해 보면, 부모교육의 필요성은 부모 측면에서뿐 아니라 자녀 측면, 교사 측면, 더 나아가 지역사회 및 국가 측면에서도 찾아볼 수 있다. 이렇게 의미가 큰 부모교육이 서양과 우리나라에서는 어떤 경로를 밟아 현재에 이르게 되었는지 다음에서 간단히 살펴보도록 하자.

2. 부모교육의 발달 과정

가. 서양의 부모교육 발달과정

1) 20세기 이전

부모교육은 언제부터 시작되었을까? '부모는 자녀의 성장과 발달에 중요한 요인'이라는 사실을 인류 스스로 인지하게 되면서부터일 것이다. 이런 사실을 고대인들이라고 몰랐을 리 없지만 기록상으로는 기원전 300년경 플라톤(Platon, BC 428~347 추정), 아리스토텔레스(Aristoteles, BC 384~322 추정) 등의 저술에서부터 찾아볼 수 있다. 예를 들면 아리스토텔레스는 아동을 올바른 사회인으로 양육하는 데 있어 부모를 위시한 주변 가족의 역할이 중요하다는 점과 부모들은 아동마다의 개인차를 고려하여 각 아동에게 적합한 양육방법을 사용해야 한다는 점을 주장한 바 있다(행복가정상담연구소, 2013.3.20.).

그와 같이 몇몇 뛰어난 학자들의 시대를 앞선 관점도 존재했지만, 중세 시대까지도 '어린이를 성인의 축소판'으로 보는 관점이 우세했다. 그렇다 보니 가정이나 기관에서도 어린이의 발달단계별 특성을 고려한 양육이나 교육을 제대로 하지 못했던 것이 사실이다. 그런데 17세기 이후 근세 실학주의, 계몽주의, 신인문주의가 연이어 일어나면서 아동관에도 큰 변화가 일어났다.[4] 그리고 그 결과는 기관과 가정에서의 교육이나 양육에도 유기적으로 영향을 미쳤다. 이 시대에 부모역할의 중요성을 언급한 대표적인 몇 학자만 들어 보면 다음과 같다(지옥정 외, 2021).

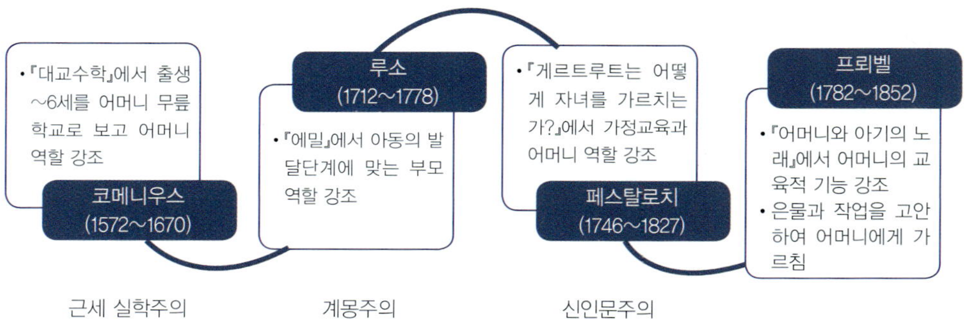

〈그림 2-1〉 중세 이후 부모교육의 중요성을 언급한 대표적 학자들

이와 같이 코메니우스(Johann Amos Comenius, 1592~1670), 루소(Jean Jacques Rousseau, 1712~1778), 페스탈로치(Johann Heinrich Pestalozzi, 1746~1827), 프뢰벨(Friedrich Wilhelm August Fröbel, 1782~1852) 등은 그들의 대표적인 저서에서 영유아기 인성발달이나 학습의 기초를 형성하는 데 있어 부모, 특히 어머니의 역할을 강조하고 있다. 구체적인 예로 『페스탈로치가 어머니들에게 쓴 편지(*Letters on Early Education*)』(Pestalozzi, 1999)의 내용 일부를 보면 그가 어머니들에게 영유아기 자녀양육 시 무엇을 유념하도록 강조했는지 가늠해볼 수 있다.

4) 실학주의에서는 교육의 목적을 실용성에 두고, 합리적인 인간을 길러내는 것을 중시하였다. 계몽주의에서는 이성적 인간을 양성하는 것을 교육의 목적으로 생각했다. 그런가 하면 신인문주의에서는 지, 정, 의를 고루 겸비한 인간을 길러낼 것을 주장하였다.

- 제1신 조기교육은 어머니가
- 제2신 어머니는 하늘이 내리신 교사
- 제3신 유아는 어떻게 발달하는가?
- 제4신 가장 중요한 것은 가슴
- 제5신 머리 · 가슴 · 몸을 조화롭게

(* Pestalozzi가 Greaves에게 쓴 편지 34신 중 5신까지의 제목만 제시)

2) 20세기 이후

20세기 들어 미국 정부는 부모교육을 위해 다양한 시도들을 하였다. 그 예로, 1909년 미국은 부모 없는 어린이들이나, 부모가 있는데도 방치되어 있는 어린이들까지 모두 포함하여 어린이 문제를 다루고자 〈부양 어린이의 보호에 관한 백악관 회의(The White House Conference on the Care of Dependent Children)〉를 개최하였다(https://www.cwla.org/reviving-the-white-house-conference-on-children/). 이 회의는 1909년 처음 시작된 후 현재까지 10년마다 지속되고 있는데, 1909년의 회의 결과로 1912년에는 아동국(Children's Bureau)이 신설되었다. 이후 이 아동국을 통해 부모교육을 실시하기 시작하였고, 1914년에는 후에 U. S. Department of Health and Human Service로 바뀐 주정부 기관에서 영아 부모들이 참고하도록 『영아양육(*Infant Care*)』도 발행하였다(김희진, 2008). 국가적으로 자녀양육에 필요한 육아 정보를 부모들에게 제공하는 한편, 부모교육의 중요성에 대한 사회적 인식을 높인 것이다. 이런 흐름 속에서 1924년에는 미국부모교육협회(National Council on Parent Education)가 창설되었고, 컬럼비아 대학교에서는 미국 최초로 '부모교육' 관련 과목이 개설되기도 하였다(김정원, 전선옥, 2020).

부모교육에 대한 관심을 높이게 된 또 다른 중요 계기는 스웨덴 교육자인 케이(Ellen K. S. Key, 1849~1926)를 통해서이다. 그녀는 자신의 대표적 저서인 『어린이의 세기(*Das Jahrhungdert des Kindes*)』(Key, 2010)에서 '20세기는 어린이의 세기가 되어야 한다는 점, 이를 위해 어린이의 인격 존중과 권리를 인정하고 이들의 개성 실현을 위해 부모와 교육자 모두가 노력해야 한다는 점'을 강조하였다. 연계하여 부모는 '건강한 가정을 꾸려 건강하고 우수한 자녀를 낳아야 하며, 이후 자녀에 대한 규제를 최소화하고 스스로 성장해 나갈 수 있도록 돕는 것이 중요하다'고 주장하였다. 이런 부모역할의 중요성 강조가 부모교육의 필요성 인식 저변 확대로 이어진 것으로 볼 수 있다.

그녀의 이런 주장을 위시하여 1920~1950년 사이 미국과 영국에서는 홀(Granville Stanley Hall, 1844~1924)의 주도하에 아동연구운동이 활발히 이루어졌고, 어린이를 관찰 연구한 객관적 결과들이 다수 발표되었다. 그러면서 아동을 보다 과학적, 객관적으로 이해하고자 하는 흐름이 강해졌다. 대표적으로 두각을 드러낸 이가 왓슨(John B. Watson, 1878~1958)이다. 그는 행동주의 심리학에 근거하여 『영아와 어린이를 위한 심리적 육아법(*Psychological Care of Infant and Child*)』(1928)을 저술하였다. 여기서 왓슨은 인간 행동을 과학적으로 설명, 예측 및 통제할 수 있고, 아이를 양육하는 것 또한 부모의 직관이나 애정보다 그와 같은 원리 하에서 하는 것이 바람직하다고 주장하였다.

홀이나 왓슨뿐 아니라 게젤(Arnold Gesell, 1880~1961), 에릭슨(Erik Erikson, 1902~1994), 피아제(Jean Piaget, 1896~1980) 등도 아동의 성장과 발달을 주제로 한 연구를 진행하였다. 이런 흐름 속에서 소아과 의사였던 스포크(Benjamin Spock, 1903~1998)는 왓슨의 양육법과는 사뭇 다른 방식의 양육법에 관한 저서를 내 놓았다. 1946년에 출판된 『아기와 어린이 양육에 대한 상식(*The Common Sense Book of Baby and Child Care*)』으로, 이 책은 정신분석이론을 발전시킨 프로이트(Sigmund Freud, 1856~1939)의 이론에 근거하고 있다.

이 책 또한 선풍적 인기를 끌면서 광범위하게 퍼져 나가, 초판 이후 여러 차례 개정판이 나왔다. 최근 개정판은 니들만(Needlman, 2018)의 개정 작업으로 나온 *Dr. Spock's Baby and Child Care*(10판)이다. 초판 이후 현재에 이르기까지 이 책은 미국뿐 아니라 40여 개국 언어로 번역되어 5천만 부 이상이 팔렸으니 전 세계에 자녀양육을 위한 부모교육서로서 얼마나 큰 영향을 미쳤는지 알 수 있다. 우리나라에도 1986년에 『스포크 박사의 새로운 육아』로 번역되어 출간된 바 있다.

활동해보기

왓슨 박사: "젖은 딱 정해진 시간에…"	스포크 박사: "부모로서의 본능과 직관에 따라 자연스럽고 편안하게, 그리고 즐겁게…"

나는 어느 입장?

이런 흐름과 함께 1950년대 무렵 부모교육의 전반적 특징은 부모를 교육 기능의 조력자 또는 후원자 정도로 보았다는 것이다. 그러다 보니 부모는 학교에서 마련한 특강 듣기, 허드렛일 돕기 정도에 그쳤다. 그러다가 1960년대에 들어서 영유아의 교육은 교사, 교육전문가뿐 아니라 부모도 적극 참여해야 한다는 것으로 인식의 전환이 이루어졌다. 그런 한편 부모가 역할을 잘하지 못한다면 정부라도 개입하여야 한다는 보상교육의 개념도 1960년대 이후에 나타났다(한국유아교육학회, 1995).

20세기 중반, 또 하나 특징적인 점은 다양한 부모교육이론들이 나왔다는 점이다. 드라이커스(Rudolf Dreikurs, 1897~1972)의 민주적 부모교육이론, 기노트(Haim Ginott, 1922~1973)의 인본주의 부모교육이론, 번(Eric Berne, 1910~1970)의 상호교류분석이론 등이 그것이다. 그리고 이와 같은 이론들을 활용하여 1980년대에는 STEP(Systematic Training Effective Parenting), PET(Parent Effectiveness Training, APT(Active Parenting Training) 같은 부모교육 프로그램이 개발·적용되었다. 현재까지도 이와 같은 부모교육이론과 프로그램들은 우리나라를 포함하여 전 세계 여러 나라에서 활용되고 있으므로 이 각각에 대해서는 제8장 부모교육이론, 제9장 부모교육 프로그램에서 자세히 기술하고자 한다.

1960년대부터 시작된 부모참여의 개념은 1980년대, 1990년대를 지나면서부터 더욱 강하게 부각되었다. 이런 경향은 현재까지도 계속 이어지고 있다. 예를 들어, 현재 헤드 스타트 웹 사이트에도 '영유아기 자녀의 바른 성장과 발달을 위하여 자녀-부모의 긍정적 관계의 중요성과 부모교육 및 참여의 중요성'을 강조하는 글이 올라와 있다. 그 일부만 소개하면 다음과 같다.

헤드 스타트 서비스

- **조기 학습 및 발달**: ...(상략)... 조부모, 양부모, 기타 일차 양육자 모두를 지칭하는 '부모'는 어린이의 첫 번째 교사이자 가장 영향력 있는 교사로 인정되고 있다. 자녀에 대한 부모의 지식은 각 아동의 개별화된 접근 방식을 위한 핵심이다. 덧붙여 헤드 스타트 프로그램은 가족, 학군 및 기타 단체와 협력하여 각 아동이 유치원으로 원활하게 진학할 수 있도록 한다.
- ...(중략)...
- **가족 복지**: 부모와 가족은 가족 복지 지원, 주택 안정, 지속적인 교육 및 재정적 안정과 같은 가족 목표를 달성하도록 프로그램 서비스를 제공받는다. 프로그램은 부모-자녀 관계를 지원하고 강화하며, 자녀의 학습 및 발달에 가족을 참여시킨다.

출처: Office of Head Start(2020. 10. 30.).

정리하면, 미국을 중심으로 한 서양의 부모교육은 부모역할의 중요성 인식 후, 특히 20세기 이후 정부 차원에서의 부모교육 자료 출간, 어린이의 성장과 발달에 대한 과학적 연구, 부모와 자녀 관계 증진을 위한 다양한 부모교육이론 배출과 이를 활용한 구체적인 부모교육 프로그램 개발 및 적용과 같은 식으로 전개되어 왔음을 알 수 있다. 그런가 하면, 1960년대 이후 부모참여를 통한 기관-가정 간 유기적 협력이 강조되어 왔음도 살펴볼 수 있다.

나. 우리나라의 부모교육 발달 과정

1) 20세기 이전

우리나라 전통 사회에서는 '부모교육'이라는 용어를 따로 사용하지 않았다. 그러나 부모교육 자체가 없었던 것은 아니다. 윗세대로부터 생활 속에서 자연스럽게 보고 배우고, 때로는 말로 가르침을 받기도 하며, 서책을 통해, 또는 구전놀이를 통해 '부모가 자녀를 어떻게 대하고 양육해야 하는지' 익혔다.

출산 전의 태교도 매우 중시하였는데, 이는 서양과 크게 차이 나는 점 중 하나이다. 태교는 임신한 부인에게 몸가짐, 마음가짐에서부터 보고, 듣고, 먹는 것 등 의식주 생활 전반에서 무엇을 주의하고, 금해야 하는가를 제시하고 있다. 이때 임신한 부인뿐 아니라 남편을 포함한 가족들도 언행에 지극한 정성을 다하게 하면서 태아를 한 인격체로 소중하게 대했다는 것을 알 수 있다. 이와 같이 중요한 의미를 갖는 태교(胎教)에 대한 기록 중 가장 오래된 문헌은 고려시대 정몽주 어머니 이씨(?~1365)가 쓴 『태중훈문(胎中訓文)』이다. 그녀는 이외에도 태중명심기(胎中銘心記)도 저술하였다. 그 주요 내용은 다음과 같다.

- 태중훈문(胎中訓文): 여자가 아기를 가지면 옛 성인들의 가르침과 지나간 행적을 더듬고, 무슨 일을 이루고자 하는 결심을 세우며 예를 잃지 않는다. 몸은 밭, 성질은 비료와 같으니, 씨가 뿌려지면 잘 가꾸는 지혜를 가져야 한다.
- 태중명심기(胎中銘心記): ① 시비를 일으키지 말라. ② 남의 물건을 탐내거나 도적질하지 말라. ③ 제 것만 중히 하지 말고 남을 도울 줄 알아야 한다. ④ 음탕한 소리에 귀기울이지 말라. ⑤ 올바른 몸가짐, 바른 마음씨를 지니며 잡된 음식, 부정한 음식을 삼가라. 정의와 인도(人道)가 아니면 행치 말 것이며 자애심과 지혜로 대처하라.

출처: 장정호(2008, p. 68).

이어 태교 관련 내용이 들어간 저서로는 조선시대 소혜왕후(昭惠王后)(1437~1504)가 1475년 저술한 『내훈(內訓)』, 1610년 허준(1539~1615)이 완성한 『동의보감(東醫寶鑑)』, 유학자 송시열(1607~1689)이 딸을 시집보내며 써 준 『계녀서(戒女書)』, 네 아이를 낳아 기른 사주당 이씨(1739~1821)가 1800년에 지은 『태교신기(胎教新記)』 등이 있다. 이 중 『태교신기』는 전술한 다른 책들과 달리 전문적인 태교 이론서로, 모성태교뿐 아니라 부성태교도 다루고 있다는 점에서 의미가 크다(장재천, 2009; 장정호 2008). 관련하여 김경미(2018)는 『태교신기』 내용 중 현대에서도 주목하고 따라야 할 점으로 '태아존중 사상', '태교의 조기교육', '임부의 마음 중시', '태교방법은 임신부의 수신(修身)을 통해 태아를 감화하는 교육', '태교에서 아버지 역할, 즉 부성태교의 중요성 강조', '주변 가족들과 함께하는 태교의 중요성 부각'과 같은 6가지를 제시한 바 있다.

한국 전통사회에서 육아에 대한 관심과 정성은 태교뿐 아니라 여러 가지로 나타났다. 그중 하나는 영아기 때부터 부모와 아기가 함께하던 놀이이다. 대표적으로 단동치기십계훈(檀童治基 十戒訓)의 의미가 최근 부각되고 있다(김정원, 전선옥, 2020). 이는 일종의 몸짓놀이로 부모들도 어렸을 때부터 익히고 배워 자녀양육에 활용했던 것이다. 불아불아, 시상시상, 도리도리, 지암지암, 곤지곤지,

섬마섬마, 업비업비, 아함아함, 작작궁작작궁, 질라아비 훨훨의와 같은 10가지 놀이[5]가 그것이다. 그중 우리에게 익숙하지 않은 세 가지 놀이만 여기에 제시하면 다음과 같다.

- 제1훈 불아불아(弗亞弗亞): 엄마가 일어선 아이의 허리를 양손으로 잡고 좌우로 흔들어 줌으로써 다리에 힘을 길러 혼자 설 수 있도록 하는 동작이다. '불아불아'의 한자를 해석하면 '아니 불(弗)'과 '버금 아(亞)'로 '버금이 아니다'라는 뜻이다. 즉 아이를 이 세상에서 가장 소중한 존재라 칭했다. 이처럼 귀한 아이가 하느님과 같은 생명력을 갖고 살기를 기원하는 의미가 있다.
- 제7훈 업비업비(業非業非): 양팔을 뻗어 손바닥을 흔드는 동작이다. 아이가 해서는 안 되는 행동을 할 때 우리가 자신도 모르게 '애비애비'라고 하며 겁을 주었던 말의 근원이다. 섭리에 맞는 행동을 일깨우는 말로, 이치에 맞지 않는 행동을 삼가라는 뜻이 들어 있다.
- 제10훈 질라아비 훨훨의: 아이가 앉은 채로 두 팔을 날개처럼 양옆으로 벌리고 흔드는 동작이다. 아이가 혼자하지 못할 때는 엄마가 팔을 잡아 도와준다. 질라아비 훨훨의는 학자들에 따라 여러 가지 해석이 있지만, 정리하면 두 가지로 요약된다. 아이에게 어떤 질병도 오지 않고 훨훨 날아가 버리라는 뜻과 이제 천지우주의 이치를 깨달았으니 훨훨 날아가 활기차게 자라라는 뜻이다.

출처: 김광호, 조미진(2012, pp. 173-183).

5) '단동치기 십계훈'이란 단군왕검(檀君王儉)의 혈통을 이어받은 아이들이 지켜야 할 십계명이라는 뜻으로, 단군 이래 오늘날까지 전해 내려오는 놀이 육아법이다. 줄여 단동십훈이라고도 한다(이애란, 2014).

활동해보기

옆 친구와 엄마와 자녀로 역할을 나누어 '불아불아'를 해 보자. 다음으로 역할을 바꾸어 다시 한 번 해 보자. 이 놀이가 엄마와 자녀에게 각각 어떤 영향을 미쳤을 것 같은가?

단동치기십계훈의 유아교육적 함의에 대해 이애란(2014)은 '놀이중심의 자녀양육방법', '신체발달뿐 아니라 정서발달에도 매우 바람직함', '부모와 자녀 사이의 애착을 형성하고 강화하는 상호작용의 방법', '부모들에게 육아에 대한 자신감을 심어줌으로써 양육, 사회화, 교육이라는 가족의 기능과 부모의 역할에 대한 강화를 시켜 줌'이라고 정리한 바 있다. 이런 놀이를 포함한 전통적인 육아법에 대해 김광호, 조미진(2012)은 『오래된 미래 전통육아의 비밀』에서 '모성본능을 깨우는 전통태교', '정서 안정과 신뢰감 형성을 고려한 모유수유', '온 가족이 함께한 공동육아', '본보기를 통한 부모의 모범적인 언행의 강조' 등이 '포대기'와 함께 우리 선조들로부터 계속 이어져 온 부모교육의 핵심이라고 정리한 바 있다.

2) 20세기 이후

우리나라 유아교육기관에서 부모교육이 조직적으로 시작된 것은 1914년 미국인 선교사 브라운 리(Brownlee)가 이화유치원을 설립하면서부터이다. 그녀는 개원 후 바로 1915년에 자모회를 조직하여 어머니들을 교육시켰다(김정원, 전선옥, 2020).

1920년대에는 자녀의 바른 양육과 이를 위한 부모, 특히 어머니의 역할을 강조하면서 자모교육을 강조한 바 있다. 이와 같은 사실은 곽정인과 김희진(2010)이 수행한 '1920~1929년까지의 조선일보와 동아일보에 나온 자녀양육 기사 532건분석' 연구를 통해서도 분명히 알 수 있다. 1920년대는 일제 치하에서 서구 기독교 선교사들의 영향, 유아교육학이나 심리학 분야에서 일본 뿐 아니라 서구 학문의 유입 등이 영향을 끼치면서 특히 건강과 위생 관련 자녀양육 지식과 방법에 많은 관심을 쏟았던 시기이다. 부모들(특히 어머니)에게 기대했던 바는 전문가들이 제공하는 육아지식을 읽고 배워 익혀 나가는 것이었다.

이런 사회적 분위기와 더불어 1922년 창립된, 당시 선구적 여성시민단체였던 한국 YWCA에서는 여성 계몽 및 인권신장운동의 일안으로 농촌계몽운동, 축첩 폐지, 문맹 퇴치, 자녀의 바른 양육 방법 중심의 자모교육 등 여성교육을 펼쳐 나갔다(한국 YWCA 편찬위원회, 2006). 그런가 하면 방정환 선생 등 그 시대 어린이의 처지 개선을 위해 노력한 이들도 부모교육에 직·간접적인 영향을 미쳤다. 예를 들어, 1923년 방정환 선생이 주도하여 제정된 첫 번째 어린이날에 만들어진 선전지에서도 부모들에게 전달하고자 하는 선생의 메시지를 살펴볼 수 있다(김영옥, 2017). 여기에 실린 '어른에게 드리는 글'과 '어린 동무들에게'라는 두 가지 내용 중 '어른에게 드리는 글'(이상금, 1987, pp. 157-158)만 살펴보면 다음과 같다. 부모를 포함한 어른들이 어떻게 어린이를 대하면 좋을지 분명하게 제시하고 있다.

어른에게 드리는 글

- 어린이를 내려다보지 마시고 쳐다보아 주시오.
- 어린이를 가까이 하사 자주 이야기해 주시오.
- 어린이에게 경어를 쓰시되 늘 부드럽게 하여 주시오.
- 이발이나 목욕, 의복같은 것을 때 맞춰 하도록 하여 주시오.
- 잠자는 것과 운동하는 것을 충분히 하게 하여 주시오.
- 산보와 원족(*소풍) 같은 것을 가끔가끔 시켜 주시오.
- 어린이를 책망하실 때에는 쉽게 성만 내지 마시고 자세자세 타일러 주시오.
- 어린이들이 서로 모여 즐겁게 놀 만한 놀이터나 기관 같은 것을 지어 주시오.
- 대우주의 뇌신경 말초는 늙은이에게 있지 아니하고 젊은이에게도 있지 아니하고 오직 어린이 그들에게만 있다는 것을 늘 생각하여 주시오.

1941년에는 이화여자전문학교의 보육과(이화여자대학교 유아교육과 전신)에 '모성교육'이라는 과목이 신설되었다. 이는 이화유치원 사범과나 보육학교 시절에는 없던 과목으로 큰 변화라 할 수 있다. 이 과목은 1956년에는 '양친교육', 1958년에는 '부모교육'으로 명칭이 변경되었다(이화여자대학교 사범대학 유아교육과, 2015, pp. 44-46). 자녀 양육에 있어 어머니의 역할을 크게 강조하다 차츰 아버지의 역할에도 주목하기 시작했음을 보여주는 한 가지 증거라 할 수 있다. 이 시기의 또 다른 두드러진 점은 한국유치원 교육발전을 위해 계속 헌신해 오던 허길래(Clara Howard) 선교사의 활약이다. 그녀는 전국을 순회하며 부모교육을 하는 한편, 새가정 운동을 하면서 부모를 깨우는 일에 열심을 다하였다(이원영, 이태영, 강정원, 2011).

1950~1960년대는 전쟁을 거치면서 어려운 시기였지만 부모들이 자녀교육에 더욱 열을 내게 되면서 유치원이나 유아교육단체에서도 부모교육의 활성화를 위해 부모 대상 강연회는 물론 워크숍 등 색다른 프로그램들도 시도하였다. 다음은 이화유치원 어머니학교 모습으로서 놀잇감 만들기 워크숍과 강연을 듣고 있는 모습이다.

이화유치원: 1952년 어머니학교: 놀잇감 만들기 워크숍/1960년 강연을 듣고 있는 부모들
출처: http://ewhakids.cafe24.com/?page_id=2196

1970년대에는 한국행동과학연구소에서 일반 부모들을 대상으로 하는 체계적인 자모교육이 시도되었다. 1973년 6월 9일자 중앙일보 기사 '한국어머니들 자녀

교육에 계획성 없어/한국행동과학연구소 1단계 실험연구'를 보면 "취학 전 아동의 가정에서 받는 교육적 영향력이 특히 지적 성취도 측면에서 학교 교육 내내 더 나아가 그 이후까지도 지속되므로, 1973년 7월부터 1년간 유아지도 '프로그램'을 행동과학연구소에서 운영할 예정"이라고 하였다. 이 프로그램은 어머니 프로그램, 어머니·어린이 프로그램으로 구성되어 있고, 전문가와 함께하는 세미나와 함께 필요시 상담활동과 가정방문지도도 하게 되어 있다. 즉, 예전보다 훨씬 진일보된 교육이 진행된 것이다.

제5공화국 이후 1980년대에는 국가적인 차원에서 유아교육이 크게 확대된 시기이다. 그러면서 유아교육의 질적 향상을 도모하는 방안으로 부모교육 및 참여를 더욱 강조하게 되었다. 한편, 사회적으로는 부모가 자녀와 함께 볼 수 있는 잡지 등도 여럿 나왔다. '엄마에게 사랑을, 아기에게 행복을'이라는 캐치프레이즈 하에 나온 『엄마랑 아기랑』(1976년 2월 창간, 1999년 2월호까지 통권 272호 발행)(https://www.isamtoh.com/company/company_02.asp)은 그런 시대적 배경에서 나온 잡지 중 하나이다. 이런 잡지에 매달 부모교육 자료들도 실리곤 하였다. 더불어 이 시기에는 유아교육의 활성화 붐을 타고 유치원을 중심으로 STEP, PET, APT 등 서양의 부모교육 프로그램들이 도입되어 운영되기도 하였다.

1980년 이후에는 정부 차원에서 부모교육에 더 적극적인 노력을 기울이게 되었다. 김희진, 박선미(2016)의 '1981~2014년까지의 정부 개발 부모교육 자료의 시대적 분석'을 보면, 이 33년간 102편이나 되는 부모교육 자료가 정부 주도로 개발되었다는 점을 알 수 있다. 연구결과로 밝혀진 점을 보면 '최근 들어 정부 개발 부모교육 자료는 교육 정책을 포함한 다양한 국가 정책, 사회적 변화 및 이슈를 반영하는 경향이 증가하고 있음', '부모교육 대상이 점차 확대되고 있었으며 특별한 요구를 가진 부모들의 자녀양육을 돕기 위한 목적이 자료 개발 배경으로 부각'되고 있다는 점 등이다. 부모교육 내용이 다양화되고, 교육 대상도 확대된 것이다.

1990년대에는 예비부모교육에 대한 관심도 높아져 중·고등학교의 가정 과목에서 인간발달과 기본적인 부모-자녀 관계에 대한 내용이 삽입되었다. 이어 2000년대에 들어 맞벌이 가정이 늘면서 아버지의 자녀양육에 대한 관심과 참여가 높아졌고, 인터넷의 발달로 육아 관련사이트, 동호인들의 모임인 카페, 개인 블로그, 페이스북(facebook)과 같은 SNS 등이 활성화되어 온라인을 이용한 부모모임이나 부모교육도 점차 증가하고 있는 추세이다(김정원, 전선옥, 2020).

최근에는 고용노동부, 교육부, 보건복지부 등 정부 각 부처에서의 다양한 부모교육 노력이 이루어지고 있다(김길숙, 김지현, 이혜민, 2016). 이런 추세 속에서 2016년에는 보건복지부, 교육부, 여성가족부 관계부처 합동의 '부모교육 활성화 방안'이 만들어졌다. 이는 기존에 산발적으로 진행되던 부모교육을 생애주기 및 가족유형을 고려하여 보다 체계화한 것이 특징이다. 그 추진 방향과 6개 분야의 제목만 제시하면 다음과 같다(대한민국 정책브리핑, 2016.3.29. www.korea.kr).

[추진방향]

- 생애주기별 맞춤형 부모교육 강화로 일회성이 아닌 지속적 교육을 받을 수 있는 시스템 구축
- 교육 사각지대에 놓여 있는 취약가정 부모를 중점 지원하여 자녀양육 역량 강화
- 부모교육 필요성 및 효과성을 지속적으로 홍보하여 자발적인 부모교육 참여 유도

[대책 주요내용]

① 생애주기별 맞춤형 부모교육 강화
② 취약가정 부모 중점 지원
③ 부모교육 접근성 제고
④ 부모교육 전문성 강화
⑤ 부모교육 추진체계 정비
⑥ 부모교육 사회적 공감대 확산

출처: 대한민국 정책브리핑(www.korea.kr).

여기서 특히 청소년을 예비부모교육의 대상에 포함시킨 것은 예방적 차원에서 부모가 가져야 할 근본적인 의식 확립까지 목적을 두었다는 점에서 의미를 찾아볼 수 있다. 이와 관련하여 최근 개정된 2015 개정 실과(기술 가정)의 가정 분야 교육과정에는 예비부모교육에 해당하는 내용요소를 다수 포함하고 있다(노희연,

조재순, 채정현, 2017).

이와 같이 우리나라에서 영유아기 부모교육은 전통사회에서 현재까지 그 내용이나 방법 면에서 부단히 발전·확장되어 왔고 최근에는 정부 차원에서 생애주기별 맞춤형 부모교육을 위해 노력하고 있음을 알 수 있다.

이제 제3장으로 넘어가서는 현대사회의 특성과 그런 특성에 따른 부모교육의 지향 방향에 대해 살펴보고자 한다.

Parent Education

CHAPTER

03 현대사회의 특성에 따른 부모교육의 지향 방향

살아가는 시·공간은 인간의 삶에 지대한 영향을 미친다. 부모들의 자녀양육도 마찬가지로 시·공간의 영향을 크게 받는다. 예를 들어, 대가족이 한 울타리 안에 살았던 예전에는 주변에서 얼마든지 자녀양육 정보를 얻을 수 있었다. 직계 가족은 물론이고, 먼저 아이를 낳아 키운 친척들, 동네 사람들도 쉽게 만나 필요한 정보를 전수받을 수 있었기 때문이다. 그러나 지금은 세상이 달라졌다. 일단 대가족도 아니고, 옆집에 누가 사는지 관심조차 없는 경우가 대부분이다. 단, 스마트폰으로 이런저런 양육 정보는 넘치게 얻을 수 있다. 그렇기 때문에 현대를 살아가는 부모들을 위해서는 이 시대, 이 사회의 특성을 반영한 부모교육이 시행되어야 한다.

여러분은 21세기 현대사회의 특성을 무엇이라고 보는가? 필자는 그 특성을 크게 5가지로 보았다. 이제 그 특성들과 그런 특성이 반영된 부모교육의 지향 방향을 구체적으로 살펴보기로 하자.

1. 4차 산업혁명시대 특성에 따른 부모교육의 지향 방향

가. 4차 산업혁명시대의 특성

현대사회의 두드러진 한 가지 특성은 제4차 산업혁명시대라는 점이다. '4차 산업혁명시대(4th Industrial Revolution: 4IR)'라는 단어는 세계경제포럼(World Economic Forum: WEF. 일명 '다보스포럼')의 창립자이자 집행위원장인 슈밥(Klaus Schwab, 1938~)이 2015년 'Foreign Affair' 기고 글에서 처음 사용한 단어이다. 이후 슈밥(2018)은 그의 대표적 저서 『클라우스 슈밥의 제4차 산업혁명(*Shaping the Fourth Industrial Revolution*)』에서 4차 산업혁명시대의 핵심 단어로 '기술', '기회', '파괴적 혁신'을 들었다. 그는 "3차 산업혁명은 물리적 제품을 코드로 바꿈으로써 비물질화를 가능케 했다. ...(중략)... 4차 산업혁명의 기술은 이와 반대되는 과정, 즉 데이터를 활용해서 다양한 물리적 제품이나 서비스를 만드는 것 또한 가능케 한다. 예를 들면, 3D 프린터는 엔진부품이나 식품, 살아 있는 세포까지 만들 수 있다"고 하였다(Schwab, 2018, p. 43).

그렇다. 이제 인류는 살아 있는 세포까지 프린트로 뽑아낼 수 있는 세상에 살고 있다. 정말 놀라운 신세계이긴 하지만, 엄청난 기술 혁신에 따른 부작용도 만만치 않다. 무엇보다도 인간 존재의 가치를 하찮게 취급할 수 있다는 우려가 크다. 슈밥은 이를 간과해서는 안 될 큰 문제 상황으로 보면서, 그 해결책으로 '윤리 교육'을 제시하였다. 즉, 21세기 4차 산업혁명시대에는 창의적, 비판적인 사고 역량과 더불어 다른 사람과 더불어 살기, 다른 사람을 배려하고 존중하기와 같은 윤리적 측면을 교육에서 더욱 중시해야 한다는 것이다. 이 시대, 부모와 교사의 중요 유념 사항 중 하나이다.

슈밥과 동일 맥락으로 류태호(2017)는 『4차 산업혁명: 교육이 희망이다』에서 4차 산업혁명시대의 중요 특성으로 '지식의 반감기[1]가 갈수록 짧아지는 것'을 들었다. 따라서 이제 암기위주 교육은 의미가 없으며, 그런 방식으로는 이 시대를 따라갈 수 없다는 것이다. 그러면서 미래 세대에게 길러줄 핵심 역량으로 4C, 즉 Creativity(창의성), Collaboration(협업능력), Critical Thinking(비판적 사고 능력), Communication(의사소통 능력)을 강조하였다. 그 역시 4차 산업혁명시대에는 창의적, 비판적 사고 능력, 의사소통 능력과 더불어 협력하는 역량을 키워주어야 함을 강조하고 있다. 그런가 하면 김태유와 김대륜(2017)은 『패권의 비밀』에서 4차 산업혁명의 물결이 걷잡을 수 없이 크고, 빠르게 다가오고 있는데, 이런 흐름을 잘 타려면 새롭게 재편되는 경제 체제를 예상하고 교육을 위시하여 발 빠르게 대처할 필요가 있다고 하였다. 로제(Rose, 2018) 역시 『평균의 종말』에서 평탄함만 추구하는 천편일률적인 교육 방식으로부터 벗어나 창의적이고 문제 해결을 중시하는 교육, 남을 배려하는 교육을 할 것을 강조하고 있다. 부모와 교사 모두 새겨들어야 할 주장들이다.

나. 부모교육의 지향 방향

최근 자녀양육 관련 기구나 장난감 관련해서도 혁신적 기술이 접목된 다양한 변화가 이루어지고 있다. 이런 변화는 향후 더 크고 그 속도도 빨라질 것이다. 이런 변화가 자녀양육 방법에도 이미 영향을 미치고 있다. 다음 기사 제목들- '스마트 아기 침대: 아기 울음소리에 반응하여 저절로 흔들려 아기를 다시 재움'(서울 TV, 2016.10.22), 'AI 유모: 아이의 말에 따라 반응하고 같이 놀아줌'(뉴스 1, 2018.9.28)-에서도 어느 정도 그런 변화가 묻어난다. 여기서 스마트 아기 침대는 아기가 울면 바로 감지하고 저절로 흔들거리므로 굳이 부모가 아기를 들어 올리

1) 아비즈맨(Samuel Arbesman, 2014)의 『지식의 반감기』에 의하면, 방사성 동위원소 덩어리가 절반으로 붕괴되는 반감기를 가지는 것처럼, 우리가 알고 있는 지식의 절반이 틀린 것으로 드러나는 데 걸리는 시간을 말한다.

고 안아 재우려고 애쓰지 않아도 된다. 그런가 하면 놀아 달라는 아이에게는 최신 자료를 탑재한 AI 유모, 즉 아이 돌보미 로봇을 주면 된다. 로봇 아이 돌보미가 척척 아이에게 만화도 보여주고, 수준에 맞는 게임도 띄워 주기 때문이다.

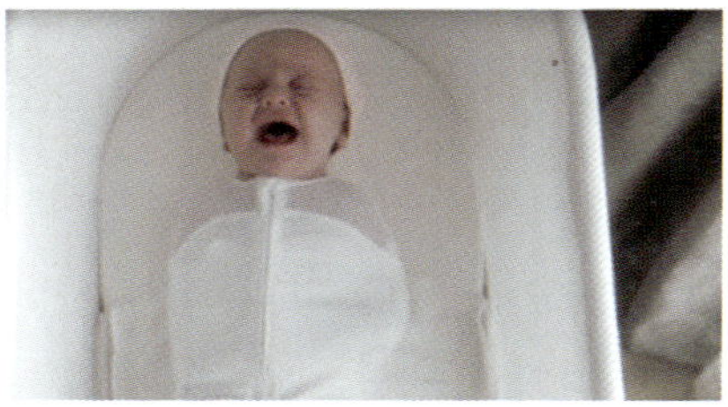

흔들어 재우는 스마트 침대 스누

출처: 해피이스트 베이비.

아이 오구에 따라 반응하는 AI 유모

'아기 재우는 스마트 침대'나 '아이와 함께 노는 AI 로봇'은 4차 산업혁명시대의 혁신적 기술을 보여주는 한 가지 예에 불과하다. 이외에도 신기술을 접목한 양육 관련 제품들이 기저귀에서부터 수면 전등에 이르기까지 이미 종류도 다양하게 개발되어 시판 중이다. 이런 제품들의 사용에 대한 여러분의 생각을 먼저 정리해 보고 옆 사람과 토론해 보자.

활동해보기

	스마트 아기 침대	아기 돌보미 AI 로봇
내가 부모라면 이 제품을 사용하겠는가? 사용한다면 어떤 방식으로?		
내가 아기(이)라면 이 상황이 어떨까?		
이런 시대적 특성에 비춘 부모교육의 지향 방향은?		

4차 산업혁명시대, 스마트 육아용품에 부모가 지나치게 의존하는 경우, 자녀는 부모와의 애착 형성이나 다른 사람들과의 바른 관계 맺기, 더불어 살기나 배려 등을 익히고 배울 기회를 잃게 될 수 있다. 이런 점들을 고려할 때 4차 산업시대, 부모교육의 지향 방향은 다음과 같아야 하리라고 본다.

첫째, 부모에 대한 교육이다. 국가적 차원에서 먼저 부모(또는 예비부모)부터 4차 산업혁명시대에 필요한 역량, 즉 전술한 4C에서부터 다른 사람을 배려하고 존중하며 더불어 살아갈 수 있는 역량을 강화하도록 교육해야 한다. 부모를 교육하는 것은 곧 그들의 자녀 교육으로 연결되기 때문이다. 이는 2016년 3월, 정부 관계부처 합동으로 발표된 '생애주기별 부모교육'과 연계(제2장 참조)되어 지속적으로 이루어질 필요가 있다.

둘째, 유아교육기관 차원에서 부모들에게 자녀들과의 일상생활 과정에서 4차 산업혁명시대에 필요한 창의성, 비판적 사고력, 다른 사람에 대한 존중과 배려, 협업 역량 등 핵심 역량을 어떻게 키워줄 수 있는지 안내하고, 부모들과 함께 협력해야 한다. 한 가지 예로 S유치원 5세반에서는 유아들과 환경기념일 중 하나인 '종이 안 쓰는 날' 프로젝트를 진행하였다. 이때 부모들에게 매 주말 프로젝트의 진행 상황을 알리는 동시에 가정에서 부모가 자녀의 창의성, 의사소통기능 등 4C 역량을 증진시키기 위해 할 수 있는 활동과 방법에 대해 구체적으로 안내해 주었다. 부모와 협력하는 가운데 유아교육을 해 나가면서 부모교육까지 실행한 경우이다.

셋째, 부모들에게 자녀양육 시 편리한 기구나 도구에 지나치게 의존하지 않도록 숙지시킬 필요가 있다. 전술한 '스마트 아기 침대'나 '아이 돌보미 AI 로봇', 또는 우는 아기에게 효과 만점인 '스마트폰' 등은 바쁘고 지친 부모를 한숨 돌리게 하는 편의성은 분명히 있다. 그러나 자칫하면 부모나 자녀 모두에게 바람직하지 않은 영향을 줄 수 있다. 관련하여 1973년 출판된 엔데(Michael Ende)의 소설 『모모』를 보자. 여기서 작가는 시간을 절약하려는 부모들이 자녀와 직접 놀아주는 대신 자녀 손에 쥐어 준 녹음기, 로봇 등이 결과적으로 부모-자녀 사이를 멀어지게 하고, 자녀에게 좋지 않은 영향을 주게 된다고 경고하고 있다. 그런가 하면 번

(Eric Berne, 1910~1970)이 '인간 행동을 이끄는 기본 동인(fundamental drive)으로 제시한 6가지 욕구(six hungers)'에 비추어 볼 때도 부모가 영유아기 자녀를 어떻게 양육해야 할지 살펴볼 수 있다. 번에 의하면 인간이라면 누구나 6가지 욕구를 가지고 있다.[2] 이 중 특히 자극 욕구와 접촉 욕구의 경우 영유아기일 때는 무엇보다도 부모(일차 양육자)와의 직접적인 상호작용이 중요하다. 먼저, 자극 욕구의 경우, 세상의 전부라고 할 수 있는 일차 양육자, 즉 부모가 자녀와 교감하면서 다양한 방식(예: 까꿍 놀이)으로 오감을 자극해 줄 때 그 욕구가 충족된다. 그런가 하면 접촉 욕구의 경우 부모가 토닥이거나 안아주고 뽀뽀해 주는 등 친밀하게 신체적으로 접촉해 줄 때 그 욕구를 채우고 잘 성장할 수 있다. 반대로 영유아기에 이런 욕구들이 충족되지 못하면 생기를 잃고 발달이 지연될 수 있다. 기계나 도구는 아무리 그 성능이 우수하다고 해도 이와 같은 자극 욕구나 접촉 욕구를 충분히 채워줄 수 없다.

2. 포노 사피엔스 시대 특성에 따른 부모교육의 지향 방향

가. 포노 사피엔스 시대의 특성

포노 사피엔스(Phono Sapience)는 스마트폰을 의미하는 'Phono'와 지혜를 뜻하는 'Sapiens'의 합성어로서, '생각하는 사람'이라는 뜻의 'Homo Sapiens'에 빗댄 말이다. 즉, 스마트폰 없이는 생활이 어려운 현 시대를 표현하기 위해 등장한 용어이다. 이와 관련하여 영국의 『이코노미스트』지는 2005년에 '스마트폰으로 가득 덮여 있는 지구' 이미지를 실었다. 참고로, 당시 전 세계 인구 중 43% 정도인 30억

2) 번은 인간의 행동을 이끄는 기본적인 동인으로 작용하는 6가지 욕구를 자극 욕구(stimulus hunger), 인정 욕구(recognition hunger), 접촉 욕구(contact hunger), 성적 욕구(sexual hunger), 시간 구조 욕구(time structure hunger), 사건 욕구(incident hunger)로 제시하였다(http://changingminds.org/explanations/needs/berne_hungers.htm).

명 이상이 스마트폰을 사용하고 있었다.

Planet of the Phones: 스마트폰은 편재성, 중독성, 변형성이 있다.

출처: The Economist(2005.2.26.).

그렇다면 2021년 현재 시점에서는 어떠한가? 지구에 살고 있는 약 78억 명 인구(https://www.worldometers.info/kr/) 중 36억 명(약 48%) 정도가 스마트폰 사용자들이다. 우리나라는 이보다 훨씬 더해서 2018년부터 '1인 1스마트폰 시대'로 접어들었다. 이런 특성에 대해 최재붕(2019)은 『스마트폰이 낳은 신인류 포노 사피엔스』에서 '스마트폰이 없이는 살 수 없다고 하는 요즘 사람들의 경우, 스마트폰이 곧 뇌와 손의 역할을 다 하고 있다면서, 그런 포노들이 인류 문명을 새롭게 창출하고 있다'고 강조하였다.

1인 1스마트폰 시대를 살아가는 우리나라의 20~40대 부모들 역시 포노 사피엔스들이다. 즉, 스마트폰을 자유자재로 사용하면서 자녀양육에 관한 각종 정보 수집, 관련 상품 구매, 다른 부모들과의 의사소통 등을 거의 대부분 이것으로 해결한다. 본인의 필요에 따라 스마트폰을 사용하는 것뿐 아니라 자녀의 울음을 멈추게 하거나 주의를 돌리게 할 목적으로, 또는 자녀 교육용으로 자녀에게 직접 스마트폰을 주기도 한다. 심지어 돌도 안 된 아기일 때부터 스마트폰에 노출시키는 경우도 있다. 이처럼 영유아들의 스마트폰 사용 시기가 점차 빨라지고 있고, 그러면서 국내 만 3~9세 이하 어린이의 스마트폰 중독 비율도 2017년 기준 19.1%에 달할 정도가 되었다. 이는 성인과 비슷한 비율이다. 어린이들의 스마트폰 이용률도 67.7%에 달하고 있다(한국경제, 2019.5.17.). 한 마디로 확실한 점검이 필요한 시점이다.

나. 부모교육의 지향 방향

이렇게 자녀양육에서의 스마트폰 사용에 대한 이런저런 경고에도 불구하고 이미 대부분의 부모들이 자녀양육에 어떤 식으로든 스마트폰을 사용하는 시대가 되었다. 그렇다면 이와 같은 스마트폰 대중화 시대에 부모교육의 지향 방향은 어떠해야 하리라고 보는가? 먼저 다음을 적어 보자.

활동해보기

자녀양육에서 스마트폰 사용의 장점과 문제점	WHO나 의학자들의 영유아 스마트폰 사용에 대한 의견 찾아보기	부모교육 지향 방향
장점: 문제점:		

정리해 보자. 안 먹고 하루를 살 수는 있어도, 스마트폰 없이는 한시도 살 수 없다는 사람들이 늘고 있다. 젊은 부모들일수록 그 의존도는 더욱 높다. 자녀양육에서도 스마트폰의 활용도가 점점 더 높아지고 있다. 스마트폰을 사용하면 분명

편리한 점이 많다. 그러나 양육 관련 정보를 스마트폰에서만 찾으려 하거나 아기가 보챈다고 생각없이 스마트폰을 직접 주는 것은 문제의 소지가 크다. 이런 사실들에 비추어 부모교육의 지향 방향은 다음과 같아야 하리라고 본다.

첫째, 부모교육 시 현재 영유아 부모들은 포노 사피엔스로서의 특성을 가지고 있다는 점을 고려하여 부모교육 내용을 선정하여야 한다. 단순한 정보나 지식 전달에 초점을 둔 교육내용만으로는 부족하다. 부모 스스로 그런 정보는 얼마든지 찾아낼 수 있기 때문이다. 따라서 앞으로는 포노 사피엔스들에게 자칫 부족하기 쉬운 다른 사람들과의 직접적인 소통과 공유, 협력과 조정 관련 내용이 되도록 노력할 필요가 있다. 예를 들어, G어린이집의 경우, 최근 부모들이 관심을 많이 갖는 음식과 관련하여 '맛, 멋, 함께'라는 제목으로 부모들끼리 즐겁게 모여 이야기 나누는 시간을 마련하였다. 그러면서 차츰 소통의 물꼬를 트고, 육아에 대한 고민 및 유용한 정보 나누기, 그리고 더 나아가 영유아의 건강 증진을 위한 어린이집과 부모 간의 협력 방안에 대한 팀별 아이디어 모집 및 조정으로까지 발전시켜 갈 수 있었다고 한다.

둘째, 부모교육 방법으로서 스마트폰의 바른 활용 방안을 모색하여야 한다. 앞으로 온라인 부모교육 및 지원 방법은 더욱 확대될 것으로 보이기 때문이다. 이 책의 후반부인 Part IV '영유아교육기관에서의 부모교육 실제'에서 스마트 알림이나 SNS를 활용한 부모교육 방안 등을 소개하는 것도 이와 같은 이유 때문이다. 단, 이때 스마트폰 사용에 익숙하지 않은 조손가정의 조부모나 다문화가정의 부모에 대한 배려를 어떻게 할 것인지도 함께 고려해야 할 것이다.

셋째, 자녀들과의 스마트폰 사용에 대한 현실적인 방안도 모색되어야 한다. 자녀들은 신생아일 때부터 부모가 스마트폰을 사용하는 것을 매일 보면서 자라난다. 그러니 어린 자녀들이 부모에게 스마트폰을 달라고 떼를 쓰는 것은 어찌 보면 당연한 것일지도 모른다. 실제로 단순한 기능을 갖춘 아기용 스마트폰도 장난감으로 이미 나와 있다. 이런 상황이므로 부모들에게 자녀 앞에서 스마트폰 사용을 어떻게 하는 것이 좋은지, 과연 언제부터, 어떻게 자녀를 스마트폰에 노출시키는 것이 적절한지 등 현실적인 방안이 교육되어야 할 것이다.

3. 인류세 시대 특성에 따른 부모교육의 지향 방향

가. 인류세 시대의 특성

'인류세(Anthropocene)'란 독일 출신 화학자이자, 노벨상 수상자인 크뤼첸(Paul Crutzen, 1933~)이 처음 소개한 단어로, '인간의 활동이 지구 기후 및 생태계에 큰 영향을 미치기 시작한 18세기부터 현재에 이르기까지의 지질학적 시기'를 지칭하는 신조어이다(http://www.dictionary.com/browse/anthropocene). 이와 같은 인류세를 특징하는 7가지 단어는 핵무기, 화석 연료, 신 물질(콘크리트, 플라스틱, 알루미늄 등), 지형 변화(인류가 18세기~현재까지 지구 표면의 50% 이상을 변형시킴), 비료 및 촉진제, 지구 온난화, 대량 멸종이다(New Scientist. 2016.1.7.). 그리고 이런 '인류세'와 더불어 짝처럼 등장한 신조어가 '공기(Air)'와 '대재앙(Apocalypse)'의 합성어인 'Airpocalypse(공기오염 대재앙)'이다. '인류세'건 '공기오염 대재앙'이건 지구의 환경 상태가 현재 얼마나 위험한지 잘 보여준다. 실제로 지구환경오염 정도를 상징적 시간으로 나타내 주는 지구환경위기시계[3]의 2021년 시간은 9시 42분(http://www.af-info.or.jp/en/questionnaire/clock.html)이었다. '극도로 염려스러운 수준'의 시작점인 9시를 넘긴 지 오래고, 지구 멸망 시점인 12시도 그리 멀지 않았다.

3) 환경위기시계(The Environmental Doomsday Clock)에서 0~3시는 환경적으로 '매우 좋음', 3~6시는 '조금 염려', 6~9시는 '상당히 염려', 9~12시는 '극도로 염려' 수준. 12시는 멸망 시점을 의미한다.

문제는 이런 상황이 앞으로 더 심각해지리라는 점이다. 예를 들어, 〈유엔미래보고서 2045〉(박영숙, 제롬 글렌, 2015)에서는 "지구를 들끓게 하는 온난화의 심각성"을 경고하고 있다. 지구 기온이 2도만 상승해도 재앙 수준이 될 텐데, 지금과 같은 상태로 계속 간다면 2050년쯤에는 지구 기온이 약 3도 이상 상승할 것이며, 그렇게 되면 자연과 인간의 시스템이 영구적으로 붕괴될 수 있다고 하였다. 동일 맥락에서 월러스 웰즈(David Wallace-Wells, 2020)는 『2050 거주 불능지구: 한계치를 넘어 종말로 치닫는 21세기 기후재난 시나리오』에서 기후 위기가 가져 올 미래 현상으로 12가지를 제시하고 있다. '살인적인 더위', '빈곤과 굶주림', '집어 삼키는 바다', '치솟는 산불', '날씨가 되어 버릴 재난들', '갈증과 가뭄', '사체가 쌓이는 바다', '마실 수 없는 공기', '질병의 전파', '무너지는 경제', '기후 분쟁', '시스템의 붕괴'이다. 사실 코로나 19도 이미 나타난 그런 현상 중 하나이다. 결국 이대로 기후 위기를 방치하면 인류는 종말을 맞이할 수밖에 없을 것이라는 어두운 전망이다.

지구 생태계의 이런 문제 상황을 극복하기 위해 유엔 중심으로 전 세계적인 지속가능발전 노력이 계속되고 있다. 2000~2015년까지 추진된 MDGs(Millennium Development Goals)에 이어 2016~2030년까지 이어지는 SDGs(Sustainable Development Goals)가 대표적 사례이다. SDGs에 대응하기 위해 우리나라는 K-SDGs를 세우고 노력하고 있는바, 이는 경제, 사회, 환경 등 국정 전 분야를 아우르며 2030년까지 노력해 나아갈 이정표이다(http://ncsd.go.kr/app/sub07/301.do). 참고로, SDGs 17대 목표영역을 보면 다음과 같다.

〈그림 3-1〉 **SDGs의 17대 목표 영역**

출처: 지속가능발전포털(http://ncsd.go.kr/unsdgs?content=2).

나. 부모교육의 지향 방향

다음 그림들을 보면서 이와 같은 상황들이 부모교육 방향과 어떻게 연결되면 좋을지 먼저 생각해 보고, 옆 사람과 이야기 나누어 보자.

영국 노퍽주의 호시 해변에서 찍은, 플라스틱 병을 베고 낮잠 자는 새끼 물개

출처: Mail Online(2018.12.29.)

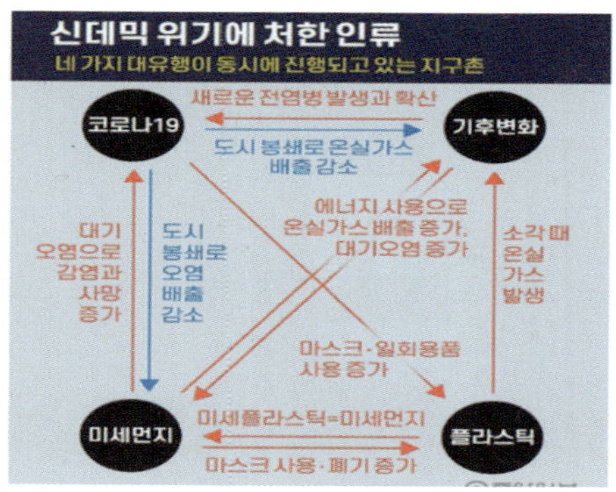

백신이 나와도 마스크 못 벗는다–플라스틱, 미세먼지, 기후변화, 코로나 19의 유기적 연계성

출처: 중앙일보(2020.9.30.)

〈그림 3-2〉 **인류세 시대의 단면**

활동해보기

지구 환경은 향후 어떻게 되리라고 예측하는가?	부모교육 지향 방향에 주는 시사점은?

이런 인류세 시대의 상황에서 부모교육의 지향 방향은 다음과 같아야 하리라고 본다.

첫째, 부모교육의 궁극적 지향점을 '지속가능성(sustainability)'에 두어야 한다. 부모교육 계획단계에서부터 실행의 전 과정에 걸쳐, 그리고 부모교육 내용과 방법의 모든 면에서 지속가능성을 지향하며 계획되고 실행되어야 한다. 예를 들어, 유아교육기관 차원에서 아나바다 장터를 유아, 부모들과 함께 계획하고, 주기적으로 열면서 아껴 쓰고, 나누어 쓰고, 바꾸어 쓰고, 다시 쓰고를 생활화하도록 하는 것도 한 가지 방안이다. 또 아주 소소하게는 영유아교육기관에서 전체 학부모 교육을 대면으로 진행한다고 할 때 종이컵 사용이 아닌 텀블러 사용을 의무화하는 식이다.

둘째, 부모들이 자녀들과의 일상생활 속에서 어떻게 지속가능한 삶을 실천할 수 있는지 안내해 주고, 가정과 유아교육기관은 또 어떻게 협력할 수 있는지에 대해서도 구체적 방안을 제시해 주도록 한다. '불끄는 날', '세계 물의 날', '종이 안 쓰는 날' 등 환경기념일을 가정과 연계하여 프로젝트로 진행(지옥정, 2014)하면서 지속가능한 삶을 위해 노력한 것은 그런 맥락에서 부모교육도 겸한 유아교육이었다. 영유아교육기관의 이런 작은 시도들도 조효제(2020)가 기후 위기와 팬데믹 시대에 맞설 수 있는 힘으로 제시한 '사회적 응집력'의 밑거름이 되리라고 본다.

셋째, 부모가 자녀와 함께 지속가능한 삶을 지역사회로까지 확산해갈 수 있도록 안내해 주도록 한다. 지역의 하천인 '무심천 살리기: EM[4] 흙공 던지기'에 부모와 자녀가 함께하거나, 전기 아끼기 운동인 '불을 끄고 별을 보자'에 함께한 후 절약된 돈으로 태양광 랜턴을 사서 아프리카 어린이들에게 보낸 것은 관련 사례이다(지옥정, 2014). 이때 중요한 점은 부모들이 왜, 이런 것을 하는지 충분히 이해하고, 주체적으로 참여하도록 이끌어주는 것이다. 그래야 비로소 부모들이 삶의 전 영역에서 지속가능하게 살아보려는 노력을 자발적으로 하게 되고 그런 변화가 자녀양육에 반영될 것이기 때문이다.

4. 다원화 · 다문화 시대 특성에 따른 부모교육의 지향 방향

가. 다원화·다문화 시대의 특성

21세기 세상을 특징짓는 단어 중 하나는 다원화·다문화 사회[5] 이다. '다원화 사회'의 사전적 의미는 "개인의 개성이나 능력을 존중하며, 개인이나 집단이 추구하는 원칙이나 가치관, 목적 따위가 다를 수 있음을 인정하는 사회"이다. 그런가 하면 다문화 사회란 "이질적인 여러 문화가 섞여 있는 사회"이다(네이버 국어사전, https://ko.dict.naver.com). 한 마디로 21세기 현대사회는 가치관을 위시하여 삶의 전 영역에서 다양성을 인정하는 시대라는 것이다.

실제로 〈그림 3-3〉을 보면 이제 사람들은 '커피 한 잔을 마시더라도 나만의 스타일'을 존중받고자 한다는 것을 알 수 있다. 그런가 하면 우리나라 2019년 기준

---

4) EM은 Effective Micro-organisms의 머리글자를 딴 약자로 유용한 미생물이라는 의미이다. 효모, 유산균, 누룩균, 광합성 세균, 방선균 등 80여 종의 미생물이 들어 있어 수질정화, 악취 제거, 음식물 쓰레기 발효, 부패 억제 등의 기능을 하는 것으로 알려져 있다.

5) 최근에는 다문화사회에서 한발 더 나아가 상호문화사회를 거론하기도 한다. 다문화사회가 공생을 중시한다면 이는 상생 추구를 강조한다. '공생을 너머, 상생으로… 상호문화도시 전환 준비하는 안산시'(한겨레, 2021.4.13.)는 그런 경우이다.

다문화가구원 수는 총 20,343,188 가구(총 인구 51,779,203명) 중 353,803 가구(총 가구원 계 1,062,423)로, 약 1.7% 정도이다(KOSIS 국가통계포럼, 2020.8.28). 이 다문화가구 중 내국인과 외국인이 결혼하여 이룬 가정은 전체 다문화가구 중 1/3 이상을 차지하고 있다. 국가통계포럼에 근거할 때 앞으로 다문화 가구원 비율은 더욱 증가될 것으로 예측되고 있다.

취향 존중? 커피 한 잔도 나만의 스타일로~!

행정구역별(시도)	다문화가구 구성별	2019 총 다문화 가구_계
전국	계	353,803
	내국인(귀화)	62,945
	내국인(출생)+내국인(귀화)	81,285
	내국인(출생)+외국인(결혼이민자)	124,514
	내국인(출생)+다문화자녀	35,913
	내국인(귀화)+외국인(결혼이민자)	18,084
	기타	31,062

2019년 다문화가구계

출처: KOSIS 국가통계포럼(2020.8.28.).

〈그림 3-3〉 다원화 · 다문화 시대 사례

그런가 하면 우리나라 초혼 연령과 첫 아기 출산 연령이 높아지면서 부모의 연령 범위도 매우 넓어지고 있다. 무려 20~40대까지 20여 년에 걸쳐 있을 정도이다. 이런 현상에 비추어 조영태는 '다원화된 사회의 시작'이라는 중앙일보 시평(2019.6.20.)에서 불과 20년 전에는 혼인 및 출산과 관련하여 사회에 매우 강력한 연령규범–20대에 결혼 및 출산을 한다–이 존재했었노라고 하였다. 따라서 그때는 일체식 집단교육이 가능했으나 지금은 삶의 다양한 궤적이 어우러진 다원화된 사회로 나아가고 있기 때문에 그런 방식이 맞지 않다는 것이다. 그가 인용한 보육교사의 "어린이집 아이 수가 줄어드는 것도 문제지만 학부모의 연령이 매우 다양해서 소통 방식을 많이 고민해야 해요."라는 말은 부모교육 방향에 시사하는 바가 크다.

심지어 다음 사진을 보면 부모 되기의 방법조차 다양해지고 있음을 알 수 있다. 물론 아직까지 이런 사례는 극소수에 불과하나, 다원화·다문화 시대라는 특성은 이제 부모교육에서도 눈여겨보아야 할 부분임에 틀림없다.

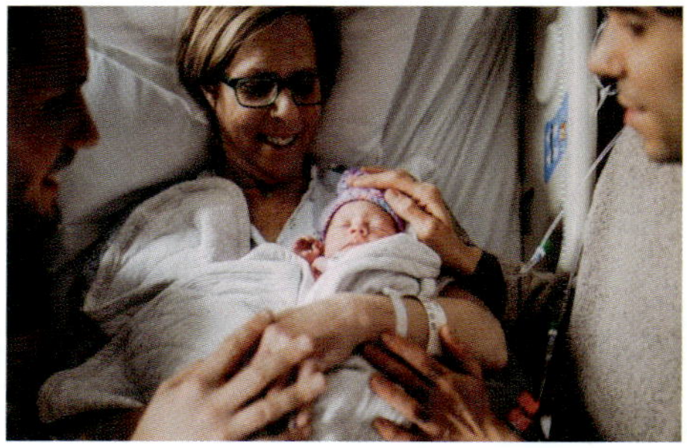

동성애 아들 내외의 대리모로 손녀를 대신 출산한 미국 여성
출처: BBC NEWS(2019. 4. 3.).

다원화·다문화와 관련하여 또 하나 두드러진 점은 포스트모더니즘(post modernism)이 생활 전 영역에 걸쳐 확산되고 있다는 사실이다. 1960년대로부터 시작한 탈근대주의 또는 포스트모더니즘이란 용어는 1979년 리오타르(Jean-François Lyotard, 1924~1998)가 *The Postmodern Condition*에서 명시적으로 사용함으로써 하나의 사상적 사조로 분류되기 시작했다. 이는 탈이성적인 것, 다양성과 탈권위적인 것을 추구하는 것이다(https://namu.wiki). 이런 현상에 대해 이조원(2009)은 포스트모더니즘의 대표적 학자 중 한 명인 데리다(Jacques Derrida, 1930~2004)의 이론을 빌어 '해체(deconstruction, 탈구축이라고도 함)'라는 단어로 표현한 바 있다. 2000년대 이후 그런 포스트모더니즘 현상이 건축, 패션, 교육, 심지어는 소소한 생활용품에 이르기까지 기존 사고를 해체하고 다양성을 인정하도록 요구하고 있다. 관련하여 다음 사진들을 살펴보자.

Zaha Hadid가 디자인하여 두바이에 세워진 Dancing Towers

출처: YANKO Design(2007.4.19.).

해체주의 디자인-코트를 변형시킨 베스트와 드레스

출처: in Fasion(2020.3.2.).

먼저 왼쪽 사진의 건물 이름은 '춤추는 건물'이다. 건물과 춤을 연결시켰다는 것 자체가 '건물'에 대한 규범적 사고를 흔들고 있다. 그런가 하면 오른쪽 사진에 보이는 옷은 코트의 깃과 앞면만 있어 '모름지기 코트 모양은 이러해야 한다'라는 전통적 개념을 허물고 있다. 부모교육 또한 이런 시대적 흐름을 반영해야 할 필요가 있다.

나. 부모교육의 지향 방향

다원화·다문화 시대에 부모교육 지향 방향은 어떠해야 할까? 전술한 여러 가지 현상에 비추어 보면서 생각을 정리해 보자.

활동해보기

다원화 · 다문화 시대 특성	부모교육 지향 방향
• 개인의 취미, 가치관이 다양해짐 • 다문화 가정 비율이 높아짐 • 부모의 연령 범위가 넓어짐 • 부모 되기 방법조차 다양해짐 • 포스트모더니즘의 확산	

다문화·다원화 시대 특성에 비춘 부모교육 지향 방향은 다음과 같아야 하리라고 본다.

첫째, 부모교육 대상이 다양화되고 있음에 대처해야 한다. 연령의 다양화뿐 아니라 대상의 다양화도 포함된다. 이미 우리나라에서도 보편적이라고 흔히 생각하는 범위를 넘어서는 새로운 가족 형태가 다양하게 나타나고 있다. 이런 현상과 관련하여 '영국과 미국의 일부 공식 문서에는 '엄마', '아빠'라는 생물학적 특성을 드러내는 단어 대신 부모 1(parent 1), 부모 2(parent 2)로 사용'하기도 한다(국민일보, 2017.9.20.). 다원화가 과연 바람직한가, 이를 어디까지 용납하고 인정할 것인가는 또 다른 논의거리이겠으나 이런 현상에 대처할 필요는 분명히 있다.

둘째, 다문화가정의 부모에 대한 세심한 배려와 적절한 지원을 강구해야 한다. 이미 여러 가지 배려와 교육이 정부 차원에서도 이루어지고 있으나 다문화 가구 비율은 앞으로도 계속 증가할 것으로 예측되므로 기관 차원에서도 이 부분에 대한 보다 깊이 있는 고민과 실제적인 지원 방안 모색이 필요하다. 쉬운 예로 가정통신문의 경우 부모 중 한 사람만 외국인인 경우 별 문제가 없으나 두 사람 다 외국인인 경우 소통의 부재가 심각한 결과로 이어질 수 있다. 이런 경우 부모들에 대한 정확한 국적 조사 후 그 지역의 다문화 지역센터와 연계하여 자원봉사자의 도움으로 번역을 해주는 방안도 생각해 볼 수 있다. 최근에는 스마트폰의 번역 앱이 잘되어 있으므로 그 활용방안을 구체적으로 안내해 주는 것도 가능한 방법이다.

셋째, 부모의 다양한 개성, 취미, 배경지식 등을 존중해 주어야 한다(이영진, 김미래, 이은형, 김정숙, 2020). 규범적 사고로 부모의 태도나 사고방식을 섣불리 재단하려고 하면 소통 자체가 어려워질 수 있다. 이런 맥락에서 최근에는 소규모 동아리 활동 지원 방안이 활발히 모색되고 있다. 관련된 사례로서 충청북도 교육청의 학부모 지원센터(https://hbm.cbe.go.kr/site/hbm/sub.php?menukey=3019)의 사업 중 하나는 학부모의 다양한 요구와 개성을 장려하는 학부모 동아리 활동지원이다. 이를 통해 학부모들로 하여금 학생들을 위한 교육기부, 재능기부 활동 등학교 참여활동을 권장한다. 이 책 제13장에서 제시하고 있는 '1일 학부모 선생님'도 이와 동일 선상에 있다.

5. 소핵가족 시대 특성에 따른 부모교육의 지향 방향

가. 소핵가족 시대의 특성

우리나라에서 전통사회의 보편적 가족 형태였던 대가족 제도가 핵가족 제도로 바뀐 것은 이미 오래 전 일이다. 그런데 핵가족보다 더 나아간 '소핵가족 시대'가 이 시대 우리나라의 대표적인 가족 형태로 떠오르고 있다. 십 년 전의 기사 제목이 "'전통핵가족' 지고 '소핵가족' 시대로"(한겨레신문 2011.8.15.)였던 것만 보아도 이런 현상이 벌써 오래전부터 시작되었음을 알 수 있다. 2020년 12월에 발간된 『한국의 사회동향 2020』에서도 1인 가구 증가가 계속 가속화되고 있음을 보고하고 있다(통계청, 2020).

통계청(2019)에서 2019년 12월에 발간한 『한국의 사회동향 2019』에 따르면 앞으로 이와 같은 소핵가족화 현상은 더욱 심화될 것으로 보인다. 더불어 우리나라 평균 가구원 수는 2017년 2.48명이었으나 2047년에는 불과 2명 정도에 그칠 것으로 예측되고 있을 정도이다. 그런가 하면 '양부모가정'에 비해 '한부모가정' 비율이 2017년에 32.5% 정도였는데, 2045년에는 57.9%까지 늘어날 것으로 예측되고 있다. 이와 관련하여 두드러진 사실 중 하나는 향후 아버지와 자녀로만 이루어진 '부-자' 가정 수가 점차 늘어날 것으로 전망하고 있다는 점이다.

〈가구구조의 변화(2017~2047)〉

구분	2017	2025	2035	2047
총가구 수 (1,000가구)	19,571	31,342	22,497	22,303
가구증가율(%)	1.50	0.81	0.32	−0.36
평균가구원 수(명)	2.48	2.29	2.15	2.03
주요 유형별 가구 수 (1,000가구)				
부부	3,093	3,848	4,599	4,794
부부+미혼자녀	6,150	5,363	4,533	3,638
부+미혼자녀	516	611	671	677
모+미혼자녀	1,483	1,566	1,550	1,431
3세대 이상	951	793	648	505
1인가구	5,583	6,897	7,923	8,320
비친족 가구	307	390	383	371

〈부 · 자가족〉

전통 핵가족 무너지고 한부모가정 증가

출처: 통계청(2019). 한국의 사회동향.

참고로, 2019년 기준 우리나라 총 가구 수 20,891,348 중 1인 가구는 6,147,516 가구로서 29.4%로 가장 많다. 그런가 하면 한부모 가구는 1,529,151 가구로 7.3%에 해당된다.

나. 부모교육의 지향 방향

소핵가족 시대의 특성에 비추어 볼 때, 부모교육의 지향 방향은 다음과 같아야 하리라고 본다.

첫째, 소핵가족 현상이 심화될수록 자녀양육에 대한 직접적인 지원이나 관련 교육을 강화해야 한다. 특히 젊은 부모일수록, 첫 아이의 부모일수록 도움을 받을 곳이 막연하다 보면 쉽게 찾을 수 있는 스마트폰의 잡다한 정보에 의존할 확률이 높기 때문이다. 무엇보다도 부모들이 자녀를 양육하는 과정에서 가까운 곳, 믿을 수 있는 곳에서 적절하게 도움 받을 수 있도록 하는 방안이 강구되어야 한다.

둘째, 한부모가족의 자녀양육 지원을 위한 온라인 상담이나 정보 제공이 활성화될 필요가 있다. 부부가 함께해도 어려운 것이 자녀양육인데, 한부모는 더욱이나 자녀를 키우면서 여러 가지 말 못할 어려움을 겪는 경우가 많다. 그러므로 복잡한 단계나 절차를 거치지 않고도 온라인상에서 자녀 관련 상담을 받을 수 있게 해 주거나, 신뢰할 만한 곳에서 자녀양육 관련 정보를 쉽게 다운로드 받을 수 있게 해 준다면 소핵가족 시대를 살아가는 한부모들에게 큰 도움이 될 것이다. '2020년 한부모가족에게 꼭 필요한 맞춤형 정보 길라잡이'(서울특별시 한부모가족지원센터, 2020)는 그 관련 사례이다.

셋째, 앞으로의 가족 구성의 변화를 예측해 볼 때 국가적 차원에서 어머니뿐 아니라 아버지를 대상으로 한 교육과 지원 방안을 중요하게 고려하여야 한다. 아버지-자녀로 이루어진 가정 비율이 늘어나고 있고, 앞으로도 계속 늘어날 전망이기 때문이다. 한국여성정책연구원 주도로 수행된 '부자가족의 가족역량 강화를 위한 지원방안 연구'(김영란, 황정임, 최진희, 김은경, 2016)나 서울특별시 한부모가족 지원센터(2016)에서 나온 '한부모가족 부자가족 프로그램'은 그런 맥락에서 나온 결과물들이다. 향후 이런 정책적 시도가 각 지자체별로 보다 확대되어야 할 것이다.

앞에서 현대사회의 특성을 5가지로 나누어 살펴보고, 각각 그에 따른 부모교육의 지향 방향까지 제시하였다. 제3장을 마무리하면서 그 전체를 간단히 표로 정리하면 〈표 3-1〉과 같다.

〈표 3-1〉 현대사회의 특성에 따른 부모교육 지향 방향

현대사회 특성	부모교육 지향 방향
4차 산업 혁명시대	• 4차 산업혁명시대에 대처할 수 있도록 부모역량 강화하기 • 자녀양육 시 4차 산업혁명시대에 필요한 창의성, 비판적 사고력, 다른 사람에 대한 존중과 배려, 협업 역량 등 핵심 역량 키우는 데 주력하도록 교육하기 • 스마트 양육용품에 부모들이 지나치게 의존하지 않도록 교육하기
포노 사피엔스 시대	• 포노 사피엔스로서의 부모 특성을 고려한 부모교육 내용 및 방법 선정하기 • 부모교육 방법으로서 스마트폰의 바른 활용 방안 모색하기 • 자녀들과의 스마트폰 사용에 대한 현실적인 대응 방안 모색하기
인류세 시대	• 부모교육의 궁극적 지향점을 '지속가능성(sustainability)'으로 하기 • 부모들이 자녀와의 삶 속에서 지속가능한 삶을 실천할 수 있도록 안내하기 • 부모들이 자녀와 함께 지속가능한 삶을 지역사회로까지 확산해갈 수 있도록 교육하기
다원화 · 다문화 시대	• 부모교육 대상이 다양화되고 있다는 점을 인식하고 이에 대처하기 • 부모의 다양한 개성, 취미 등을 존중하기 • 다문화가정의 부모에 대한 세심한 배려와 적절한 지원책 강구하기
소핵가족 시대	• 소핵가족 현상이 심화될수록 첫 자녀를 본 부모 대상의 직접 지원이나 관련 교육 강화하기 • 한부모가족의 자녀양육 지원을 위한 온라인 상담이나 정보 제공 활성화하기 • 한부모가족, 모-자가족뿐 아니라 부-자가족에 대한 교육 및 지원 강화하기

이제 다음 제4장에서는 조금 각도를 달리하여 가족을 이해하기 위한 첫걸음으로 가족 체계 속에서 부모와 자녀에 대해 살펴보고자 한다. 이를 위해 가족체계이론과 생태학적 체계이론을 중점적으로 살펴볼 것이다.

참고문헌

강민주, 심미경 (2011). 어머니의 부모역할지능과 유아의 자기조절능력 및 공감능력과의 관계. 아동학회지, 32(4), 203-216.

강인향, 조인향, 임진숙 (2018). 부모교육. 서울: 양서원.

경향신문 (2015.2.26.). 간통죄 110년 만에 폐지… "성적 자기결정권 침해". news.khan.co.kr/kh_news/khan_art_view.html?art_id=201502262215205 (2020.2.25. 인출).

고은영 (2019). 유아교사를 위한 액션러닝 중심 부모 면담 역량 강화 프로그램 개발 및 효과 검증. 공주대학교 대학원 박사학위 논문.

김광호, 조미진 (2012). 오래된 미래 전통육아의 비밀. 서울: 라이온스.

김경미 (2018). 儒學의 胎敎에 관한 研究-胎敎新記를 중심으로-. 성균관대학교 대학원 박사학위 논문.

김경숙 (2016). 어머니 역할지능이 유아 리더십에 미치는 영향. 유아교육학논집, 20(5), 553-573.

김길숙, 김지현, 이혜민 (2016). 부모교육 프로그램 내용분석 및 활용방안. http://repo.kicce.re.kr/handle/2019.oak/1018 (2021.1.23. 인출).

김영란, 황정임, 최진희, 김은경(2016). 부자가족의 가족역량 강화를 위한 지원방안연구. 서울: 한국여성정책연구원.

김영옥 (2017). 부모교육(2판). 서울: 공동체.

김은설, 안재진, 최윤경, 김의향, 양성은, 김문정(2009). 보육종사자의 전문성 제고 연구. http://repo.kicce.re.kr/handle/2019.oak/1371 (2020.12.23. 인출).

김은설, 최윤경, 조혜주, 김선화 (2010). 예비부모교육 내실화 방안 연구. 서울: 육아정책연구소.

김은옥 (2020). 엄마가 철학할 때. 경기도: 궁리출판.

김인경 (2017). 유아 발달을 위한 부모역할과 부모교육 개선방안. KDI Focus. 0(79). 1-8.

김정원, 김정실 (2014). 영유아기 자녀를 둔 아버지의 역할지능과 행복감 간의 관계. 육아지원연구, 9(1), 29-47.

김정원, 전선옥 (2020). 영유아교육기관의 부모교육. 서울: 창지사.

김지현 (2018). 유아기 부모의 부모역량 인식과 실행에 대한 연구. 경남대학교 대학원 박사학위 논문.

김태유, 김대륜 (2017). 패권의 비밀. 서울: 서울대학교 출판문화원.

김희진 (2008). 유아교육기관에서의 부모교육과 지원. 서울: 파란마음.

김희진, 박선미 (2016). 정부 개발 부모교육 자료의 시대적 분석. 육아지원연구, 11(3), 151-177.

노희연, 조재순, 채정현 (2017). 고등학생을 위한 가정교과 기반 예비부모교육 프로그램 개발 및 평가. 한국가정과교육학회지, 29(4), 161-193.

뉴스 1(2019.9.28.). "만화 보고 싶어!" 중국서 '아이 돌보미' AI 로봇 뜬다. https://www.news1.kr/articles/?3437974 (2020.10.5. 인출).

동아일보(2014.4.3.). 실오라기 하나없이 알몸으로 만난 남녀, 나체로 연인찾기 '성인용 짝'. https://www.donga.com/news/List/SportsFoothttp/article/all/20140403/62221240/1 (2020.8.8. 인출).

류태호 (2017). 4차 산업혁명, 교육이 희망이다. 서울: 경희대학교 출판문화원.

베이비뉴스 (2018.4.13.). 부모역할에도 지능이 있다? 나는 어떤 수준일까? https://www.ibabynews.com/news/articleView.html?idxno=64039 (2020.1.3. 인출).

박경, 황선영, 김경란, 오재연 (2020). 유아기 자녀를 둔 아버지의 부모역량 중요 인식 수준과 실행수준의 차이. 인문사회 21, 11(2), 989-1002.

박영숙, 제롬 글렌 (2015). 유엔미래보고서 2045. 서울: 교보문고.

서경희, 이진화 (2020). 영유아기 자녀의 일반적인 문제행동 지도를 중심으로 한부모역량 강화 프로그램 개발과 적용 효과. 육아지원연구, 15(2), 115-142.

서울대학교 교육연구소 편 (1994). 교육학용어사전. 서울: 도서출판 하우.

서울신문 (2020.11.21.). 손자 보니 다시 임신하고 싶었다. https://www.seoul.co.kr/news/newsView.php?id=20201121500036 (2020.12.26. 인출).

서울특별시 한부모가족지원센터 (2020). 2020년 한부모가족에게 꼭 필요한 맞춤형 정보 길라잡이. http://www.seoulhanbumo.or.kr/han/contents/han-material.do?&schM=view&page=1&viewCount=10&id=17751&schBdcode=&schGroupCode= (2021.1.27. 인출).

서울 TV(2016.10.22.). 아기 흔들어 재우는 스마트 침대 '스누'. stv.seoul.co.kr/news/newsView.php?id=20161022500056 (2020.10.5. 인출).

연합뉴스 (2015.5.31.). 한 편의 영화 같은 결혼식 꿈꾼 원빈·이나영 부부. https://www.yna.co.kr/view/AKR20150531036100005 (2020.7.6. 인출).

유한익 (2019). 같이 있는 부모, 가치 있는 아이. 서울: 두란노.

이경남 (2018). 교류분석 부모교육 프로그램이 발달지연자녀 부모의 부모역할지능 및 양육스트레스에 미치는 효과. 대구카톨릭대학교 상담대학원 석사학위 논문.

이근형, 김무곤, 박시영, 홍태식, 박수경, 정주현, 서지성 (2017). 한국인의 의식·가치관 20년의 추이 및 전망 연구. 세종: 문화체육관광부.

이상금 (1987). 한국근대유치원교육사. 서울: 이화여자대학교출판부.

이애란 (2014). 단동치기십계훈(檀童治基十戒訓)의 유아교육적 의미. 한국방송통신대학교 석사학위 논문.

이영진, 김미래, 이은형, 김정숙 (2020). 유아교육 전공자 어머니의 육아 경험 의미. 육아지원연구, 14(1). 51-72.

이원영, 이태영, 강정원 (2011). 영유아교사를 위한 부모교육. 서울: 학지사.

이조원 (2007). 자크 데리다(Jacques Derrida)의 해체주의 인식론과 선. 선학 0(23). 321-374.

이화여자대학교 사범대학 유아교육과 (2015). 이화여자대학교 사범대학 유아교육과 100주년 기념집 1915-2015. 서울: 이화여자대학교 사범대학 유아교육과.

임경심 (2018). 예비유아교사의 부모상담 역량 강화 프로그램 개발 및 효과: 부모교육 교과를 중심으로. 전남대학교 대학원 박사학위 논문.

임선희 (2018). 영·유아 자녀를 둔 부모의 '부모됨의 경험'에 대한 내러티브 탐구. 경기대학교 대학원 박사학위 논문.

이창훈, 이윤정, 김주현, 김미아, 박혜림, 김동원, 유지연, 권희경, 김은정, 신지은 (2018). 고등학교 기술 가정. 서울: 씨마스.

장덕수 (2005). 현대사회의 기독교 가정교육과 부모의 역할. 연세대학교 대학원 석사학위 논문.

장재천 (2009). 한국 전통태교의 특징과 역사적 의의. 한국사상과 문화. 0(49). 203-222.

장정호 (2008). 한·중 전통태교론 비교 연구. 교육사학연구, 18(1), 59-82.

정사라 (2018). 배우자 선택과정 및 무의식 역동이 가족 상담에 주는 함의. 서울여자대학교 대학원 석사학위 논문.

정호승 (1998). 외로우니까 사람이다. 서울: 열림원.

조선일보 (2021.1.24.). 정인이 양부모 입양 이유, 주택청약 아닌 과시욕 때문? "큰딸 위해"(그알). https://www.chosun.com/entertainments/entertain_photo/2021/01/24/JQEPR3BROJIGTY3YUK3A6FFUTA/ (201.1.24. 인출).

조순옥 (2016). 어머니의 부모역할지능 및 유아의 사회적 유능감과 자아탄력성 간 관계. 육아지원연구, 11(1), 95-118.

조효제(2020). 탄소사회의 종말. 서울: 21세기북스.

중앙일보(2020.9.30.). 백신 나와도 마스크 못벗는다… 인류 위협하는 '신데믹 쇼크'. https://news.joins.com/article/23884246 (2020.12.29. 인출).

지성애(2016). 어머니의 양육스트레스, 성인애착과 유아의 스트레스, 사회성에 관한 연구. 유아교육학논집, 20(4), 381-407.

지옥정 (2013). 지속가능발전교육을 위한 '공원 프로젝트' 중 유아들의 공원에 대한 인식 변화 분석. 어린이미디어연구 12(3). 373-396.

지옥정 (2014). 환경기념일로 풀어본 유아기 지속가능발전교육. 서울: 창지사.

지옥정, 김수영, 정정희, 고미애, 조혜진 (2021). 유아교육개론(5판). 서울: 창지사.

최재붕 (2019). 포노 사피엔스. 서울: 쌤앤파커스.

통계청 (2019). 한국의 사회동향 2019. http://kostat.go.kr/sri/srikor/srikor_pbl/3/index.board?bmode=list&bSeq=&aSeq=&pageNo=4&rowNum=10&navCount=10&currPg=&searchInfo=&sTarget=title&sTxt= (2021.1.5. 인출).

통계청 (2020). 한국의 사회동향 2020. http://kostat.go.kr/sri/srikor/srikor_pbl/3/index.board (2021.1.11. 인출).

통계청 (2020.3.19.). 통계청 보도 자료. 2019년 혼인·이혼 통계. http://kosis.kr (2020.12.10. 인출).

통계청 (2021). 지역별 고용조사 통계정보보고서. https://www.index.go.kr/potal/main EachDtlPageDetail.doidx_cd=3038 (2021.2.5. 인출).

프레시안 (2019.8.15.). 문경시 '입양은 또 다른 출산 입니다.' 출산 및 입양 장려 캠페인 실시. https://www.pressian.com/pages/articles/253268 (2020.3.4. 인출).

한겨레 (2019.4.2.). 2030년 노인가구 8억 시대 열린다. www.hani.co.kr/arti/PRINT/888359.html (2020.11.30. 인출).

한겨레 (2020.11.17.). 남편은 모르겠고, 아이는 낳고 싶어… '비혼모' 사유리의 용기. http://www.hani.co.kr/arti/society/society_general/970252.html (2020. 12.1. 인출).

한겨례 (2021.4.21.). 공생을 너머, 상생으로… 상호문화도시 전환 준비하는 안산시. http://www.hani.co.kr/arti/economy/economy_general/990800.html#csidxbe7c0014ffed7288aba4799ba935bfa (2021.4.13. 인출).

한국경제 (2019.5.17.). 스마트폰 달라 떼 쓰는 영유아… "하루 1시간 이상 보면 발달장애 위험". https://www.hankyung.com/society/article/2019051781651 (2020.9.8. 인출).

한국유아교육학회 (1995). 유아교육백서. 서울: 도서출판 하우.

행복가정 상담연구소 (2013.3.20.). 부모교육의 본질. http://www.happyhc.co.kr/bbs/view.php?id=data&page=7&sn1=&divpage=1&sn=off&ss=on&sc=on&select_arrange=headnum&desc=desc&no=207 (2021. 1.3. 인출).

현미숙 (2003). 아동 부모교육·상담을 위한 부모역할지능척도의 개발과 타당화. 숙명여자대학교 대학원 박사학위 논문.

홍현진, 최인성, 이주영 (2019). 엄마는 누가 돌봐주죠? 서울: 푸른 향기.

BBC NEWS (2019.4.3.). LGBT: 동성애 아들 부부의 손녀를 직접 낳은 60대 여성. https://www.bbc.com/korean/news-47796918 (2020.7.6. 인출).

brunch (2020.2.18.). 대관료 무료, 1일 1예식-공원 작은 결혼식 신청하세요. https://brunch. co.kr/@seoul/442 (2020.8.30. 인출).

Buber, M. (2001). 나와 너*(Ich und du)*. (표재명 역). 서울: 문예출판사. (원저: 1923).

Common Sense Media(Network: VH1, 2014). Dating Naked. https://www.commonsensemedia.org/search/dating%20naked (2020.11.26. 인출).

Croake, J. W. & Glover, K.E. (1977). A history and evaluation of parent education. *The Family Coordinator, 26*(2), 151-158.

Gottman, J. M., & Silver, N. (2017). 행복한 결혼을 위한 7원칙*(The seven principles for making marriage work)*. (노동욱, 박윤영 역). 서울: 문학사상. (원저: 1999).

Hollman, L. (2017). 부모지능*(Parental intelligence)*. (김세영 역). 서울: 예문아카이브. (원저: 2015).

Humphreis, T. (2006), 가족의 심리학*(Leaving the nest: What families are all about)*. (윤영삼 역). 서울: 다산 초당. (원저: 2004).

in Fasion (2020.3.2.). 메종 마르지엘라 FW 2020 레시클라 컬렉션. http://infashion.co.kr/news/view.phpno=361 (2020.10.1. 인출).

JTBC 뉴스 (2017.5.8.). 직장인 10명 중 9명 "스몰웨딩 하고 싶어요". https://news.jtbc.joins.com/article/article.aspx?news_id=NB11465426 (2020.6.5. 인출).

Keller, T. & Keller, K. (2020). 결혼의 의미*(The meaning of marriage)*. (오현미 역). 서울: 두란노. (원저: 2013).

Key, E. (2010). 어린이의 세기*(Das jahrhungdert des kindes)*. (정혜영 역), 서울: 지식을 만드는 지식고전선집. (원저: 1902).

KOSIS 국가통계포럼(2020.8.28.). 다문화가구 및 가구원. https://kosis.kr/statisticsList/statisticsListIndex.do?menuId=M_01_01&vwcd=MT_ZTITLE&parmTabId=M_01_01&outLink=Y&entrType=#content-group (2020.12.30. 인출).

Mail Online(2018.12.29.). Feeling seal-eepy: Pup with umbilical chord still attached takes a nap on a plastic bottle on UK beach. https://www.dailymail.co.uk/news/article-6537223/Feeling-seal-eepy-Pup-umbilical-chord-attached-takes-nap.html (2020.12.27. 인출).

Martin, D. (2020). 아비투스*(Habitus)*. (배명자 역). 서울: 다산 초당. (원저: 2019).

New Scientists (2016.1.7.). Marks of the anthropocene: 7signs we have made our own epoch. https://www.newscientist.com/article/dn28741-marks-of-the-anthropocene-7-signs-we-have-made-our-own-epoch/#ixzz6qT2tquJV (2020. 9.1. 인출).

Office of Head Start (2020.10.30.). Head Start Services. https://www.acf.hhs.gov/ohs/head-start-services (2020.12.29. 인출).

Pestalozzi, H. (1999). 페스탈로치가 어머니들에게 보내는 편지*(Letters on early education)*. (김정환 역). 파주: 양서원. (원저: 1927).

Rose, T. (2018). 평균의 종말*(The end of average)* (정미나 역). 서울: 21세기북스. (원저: 2015).

SBS 뉴스 (2015.10.15.). 자녀 대신 맞선보는 부모들… "네 짝은 내가 정한다" https://news.sbs.co.kr/news/endPage.do?news_id=N1003218553&plink=COPYPASTE&cooper=SBSNEWSEND (2020.9.6. 인출).

Schwab, K. (2018). 클라우스 슈밥의 제 4차 산업혁명*(Shaping the fourth industrial revolution)*. (김민주·이엽 역). 서울: 새로운 현재. (원저 2017년).

Spoke, B. & Needlman, R. (2018). *Dr. Spock's baby and child care*(10th). NY: Gallery book.

The Economist (2005.2.26.). The smartphone is ubiquitous, addictive and transformative. https://www.economist.com/leaders/2015/02/26/planet-of-the-phones (2020.12.12. 인출).

The economist(2005.2.26.). Planet of phones. https://www.economist.com/leaders/2015/02/26/planet-of-the-phones (2020.12.23. 인출).

Watson J. B. (1928). *Psychological care of infant and child*. New York: W. W. Norton & Co.

Wallace-Wells, D. (2020). 2050 거주 불능지구: 한계치를 넘어 종말로 치닫는 21세기 기후 재난 시나리오*(The uninhabitable earth)*. (김재경 역). 서울: 추수밭. (원저: 2019년).

YANKO Design (2007.4.19.). Dancing towers by Zaha Hadid. https://www.yankodesign.com/2007/04/19/dancing-towers-by-zaha-hadid/ (2020.5.9. 인출).

참고 사이트

https://www.happiestbaby.com

Ⅱ

P-A-R-T

가족이해와 영유아기 자녀의 부모교육

가족을 들여다보고, 어린 자녀를 둔
부모들도 살펴보고…

Parent Education

CHAPTER

04 가족에 대한 다면적 이해와 체계이론

이제까지 우리는 현대사회의 특성과 미래사회의 변화를 예측해보는 한편, 이에 따른 부모교육의 지향 방향을 가늠해 보았다. 기술의 발달, 소핵가족화, 인류세 등 현대사회의 특징은 인간 가치의 경시나 환경 파괴, 생태계 멸종 속도 가속화와 같은 많은 문제를 야기하고 있다. 그러므로 미래 시대를 살아갈 자녀들에게 현대사회에 대처할 수 있는 역량을 키워주는 교육이 필수적이다. 다른 사람과 자연 배려하기, 더불어 살기, 다른 사람과 의사소통하기 등은 미래 세대에게 꼭 필요한 역량이며, 이러한 역량의 기초는 가족 간의 관계, 특히 영유아기 부모의 바른 양육에 의해 다져질 수 있다. 또한, 부모와 자녀를 제대로 이해하기 위해서는 가족 구성원 전체의 관계와 그 가족이 처한 맥락 속에서 바라보아야 한다. 그런 의미에서 제4장에서는 '가족에 대한 다면적 이해'와 일반체계이론에 근거한 가족 이해' 두 부분으로 나누어 좀 더 자세하게 살펴보고자 한다.

1. 가족에 대한 다면적 이해

가족이란 "혼인, 혈연, 입양으로 이루어진 사회의 기본단위를 말한다."(「건강가정기본법」 제3조 제1항). 가족은 여러 가지로 구분할 수 있으나 형태를 준거로 하면 크게 대가족과 핵가족(소가족)으로 나누어 볼 수 있다. 보통 3세대 정도가 모여 살던 전통사회의 가족 형태를 대가족이라고 하고, 부부와 자녀만으로 이루어진 가족 형태를 핵가족이라 한다. 그런데 제3장에서 언급했던 바와 같이 현재 우리나라는 핵가족에서 더 진행된 소핵가족 비율이 점점 늘어나고 있다. 부모와 자녀로 이루어지던 형태에서 아버지와 자녀, 어머니와 자녀, 또는 할머니와 손자녀 등과 같은 한부모가족이 늘어나고 있는 것도 소핵가족 비율 증가와 연관된다. 그런데 가족의 형태가 어떠하든 간에 둘 이상의 가족 구성원이 모여 가족을 형성할 경우, 각 가족 구성원의 행위와 태도에 대한 심층적 이해를 하기 위해서는 가족 전체에 대한 다면적 이해가 필요하다. 가족 전체 안의 관계 속에서 가족 구성원을 살펴볼 때 가족에 대한 이해를 가장 정확하게 할 수 있기 때문이다.

가. 가족 구성원에 대한 이해

먼저 다음의 두 사례를 보자. 왼쪽에 기술된 뉴스 내용은 그저 겉으로 드러난 사건에 관한 기술이다. 이 사건을 읽고 오른쪽 빈칸에 있는 각 사례에 나오는 가족 구성원은 누구누구인지 모두 적어 보자. 또한, 비난받아 마땅한 '엄마'들이지만, 가족 전체의 관계 속에서 '엄마'를 본다면 어떤 이해가 가능한지도 적어 보자. 더불어 '학대받은 자녀'에 대해서는 어떻게 이해를 할 수 있는지 적어 보자.

활동해보기

사례	가족 구성원/가족 속에서의 엄마 이해, 자녀 이해
사례 1: '창녕 아동학대' 부모 모두 검찰 송치… 친모 "감정 조절 못해 미안" ...(상략)... 경찰 관계자는 "아동학대는 이들 가족이 경남 창녕군으로 이사 온 지난 1월 중순부터 본격적으로 시작돼, 피해 어린이가 목숨을 걸고 탈출했던 지난달 29일 직전 더욱 심각해진 것으로 조사됐다. 이는 코로나19 사태 때문에 네 아이를 24시간 집에서 돌봐야 하는 육아 스트레스, 조선업에 종사하던 남편의 실직, 엄마의 정신질환 등이 복합적으로 작용해 발생한 것으로 보인다."고 말했다 ...(하략)... 출처: 한겨레(2020.6.22.).	
사례 2: "한강에 유기된 세 살배기… 5살 누나는 동생 죽음 알고 있었다." ...(상략)... 법원은 A씨가 아들을 사망에 이를 때까지 방치한 건 전 남편과의 불화 때문으로 봤다. 경제적 문제 등으로 남편과 불화를 겪던 A씨는 2018년 11일부터 혼자서 아이들을 양육했다. A씨는 아들에게 "너무 아빠 같아서(*전 남편의 모습을 꼭 닮아서) 싫다. 같이 있는 게 싫다."며 "네가 없었으면 좋겠다."고 소리치곤 했다고 한다. A씨는 아들에게는 식사를 제대로 챙겨주지도 않았다 ...(하략)... 출처: 중앙일보(2020.12.9.).	

위 사례에서 볼 수 있듯이 겉으로 드러난 사건은, 첫째 사례의 경우 친엄마와 의붓아빠, 둘째 사례의 경우 친엄마에 의해 발생한 아동학대 사건이다. 도저히 상식 수준에서는 그런 행위들이 이해되지 않는다. 어떻게 엄마가 딸에게 그런 모진 학대를 할 수 있는가? 어떻게 엄마가 전 남편의 외양을 그대로 닮았다는 이유로 친아들을 그렇게 학대하고 결국 죽음에 이르도록 방치할 수 있는가? 그런데 조금만 사건을 자세히 들여다보면 가족 안에서의 여러 역학 관계를 볼 수 있고 이로 인해 초래된 심리적 문제들까지 짚어볼 수 있다. 이와 같이 가족 중 어느 한 명을 따로 떼어 놓고 그 사람의 의도나 행위를 볼 때는 정확한 이해가 불가능하다. 다

시 말해 문제해결에 대한 접근을 제대로 하기 어렵다. 바로 이 지점에 가족 구성원 각각에 대한 이해와 더불어 가족을 전체적으로 바라보아야 할 필요성이 있다. 이런 과정을 거칠 때 부모-자녀 관계에 대한 바른 이해가 가능하고 더 나아가 바른 양육자로 부모를 세우기 위한 다양한 시도가 가능해지는 것이다.

나. 가족 문화와 맥락 이해

한 시대, 한 문화권 안에 있어도 각각의 가족은 그 가족 나름의 문화와 삶의 맥락이 있다. 제2장에서 서술한 바 있듯이 각 사람의 아비투스는 바로 이런 가족 내에서 부모의 가치관과 태도, 경제적·사회 문화적 맥락 등이 중요하게 작용하여 형성된 것이다. 아비투스는 자라면서 계속 변화되어 가지만 성인이 될 때까지 가족, 특히 부모로부터 영향을 받아 형성된 삶의 태도와 가치관은 일생에 걸쳐 가장 강한 뿌리로 작용한다. 문화적, 경제적으로 결핍된 환경에서 어린 시절을 보낸 사람이 벼락부자가 되었다고 해도 말투나 태도에서 여전히 조악한 상태를 보이는 것, 자녀 양육에 있어서 도저히 이해할 수 없는 방임을 하는 것, 구두쇠 행동을 보이는 것 등과 같은 행동은 모두 그 사람의 원가족까지 바라볼 때 이해할 수 있는 것이다. 이런 맥락에서 특정 부모와 자녀를 이해하기 위해서는 그 가족의 문화와 그 시기의 특수한 맥락을 이해해야 할 필요가 있다. 다음 사례를 보자.

<table>
<tr><th>신문기사 제목</th><th>같은 유치원에 보내는 만 4세 남아의 두 가정 사례</th></tr>
<tr><td rowspan="2">“유아기 때 두뇌 완성?
선행학습이
뇌 발달 망친다”
출처: 베이비 뉴스
(2020. 1. 17.).</td><td>• A 가정: 이 가정은 엄마와 만 4세 아들로만 구성된 한부모가족이다. 시동생들에 대한 경제적 보조 문제로 아이 아빠와 갈등을 거듭하다가 2년 전에 이혼했고, 아들은 엄마가 양육하고 있다. 남편은 이혼한 지 1년 만에 재혼했다. 그런 상황 속에서 아이 엄마는 보란듯이 아들을 키워 이혼한 전 남편에게나 전 시댁에 보여주고 싶다는 욕망을 가지고 있다. 다행히 친정이 경제적으로 여유 있어 보조를 해주기도 하고, 또 자기 돈도 따로 있어 아들이 초등학교에 들어갈 때까지는 직장생활은 하지 않고, 오직 아들의 교육에만 전념할 생각이다. 이런저런 이유로 아들을 유치원은 물론, 논술학원, 수학학원, 영어학원에도 보내 선행학습을 열심히 시키고 있다. 아이 엄마 또한 어렸을 때 발레학원, 영어학원 등에 다녔으며 그 덕분에 학교에 다니면서 선두에 설 수 있었다고 생각하고 있다. 아들이 학원에 다녀오면 배운 내용을 꼭 확인하고 숙제도 엄마가 아들과 함께한다. 그런데 엄마의 정성과 기대와는 달리 아들은 갈수록 소심해지고 다른 사람과 눈 마주치는 것도 어려워하며, 최근에는 밤에 자주 오줌도 싸고 있다.</td></tr>
<tr><td>• B 가정: 이 가정의 아빠(박사과정, 연구실 연구원)와 엄마(의사)는 결혼 7년 차로 연년생인 두 아이를 기르고 있다. 친정 부모와 가까이 살 때는 아이 둘(첫째: 딸, 만 5세, 둘째: 아들, 만 4세)을 아침마다 친정에 맡기고 부부 모두 충분히 사회생활을 할 수 있었다. 그런데 친정 부모가 사정상 시골로 내려갈 수밖에 없게 되면서 부부 협의하에 아이들 아빠가 박사과정을 중단하고 적어도 아들이 초등학교 들어갈 때까지 2년 정도 가정 일을 전담하기로 하였다. 아빠는 자신이 어려서 그랬던 것처럼 영유아기 때는 가능한 한 자연에서 많이 놀도록 하는 것이 제일 좋다고 생각해서, 아이가 원할 때 책을 읽어 주는 것 외에는 선행학습을 아무것도 시키지 않는다. 아이들 엄마도 아빠의 생각에 동의하고 있다. 아이들이 유치원에서 돌아오면 주로 아빠는 집에서 함께 놀이하거나 날씨 좋으면 다시 밖으로 나가 신나게 신체놀이를 하는 편이다. 이때 둘째 아들은 유치원에서 무슨 놀이를 하였는지 아빠에게 즐겁게 이야기하고, 그런 후에는 아빠와 더 재미있는 놀이로 변형시키곤 하는 것을 즐긴다.</td></tr>
</table>

두 가정 모두 공통적으로 만 4세 남아를 키우고 있으나 선행학습에 대한 부모의 태도는 거의 정반대일 정도로 다르다. 이 사례에서도 부모의 양육태도에 큰 영향을 미치고 있는 요인은 부모의 원가족에서 물려받은 양육 관련 태도, 부부가 결혼생활을 하면서 형성한 문화, 현재의 삶의 맥락 등이 모두 작용하고 있음을 확인할 수 있다.

다. 가족 관계 이해

가족 관계는 가족 구성원들이 해야 할 의무와 권리, 행동의 범위와 규칙을 포괄하는 것이다. 즉, 가족이라는 집단에서 구성원들이 행하는 역할의 분배, 권리·의무관계, 그리고 가족 간의 상호작용에 따른 모든 행동, 부모의 양육 스타일, 자녀를 대하는 방식에도 이런 가족 관계가 반영되어 나타난다(김춘경 외 4인, 2016). 이에 대한 이해를 깊게 하기 위해 먼저 우리집의 3대 가계도를 한 번 작성해 보자. 이후 나의 두드러진 외적 특성, 내적 특성은 무엇인지, 이런 특성은 가족 중 누구로부터 가장 많은 영향을 받은 것인지, 또는 어떤 가족 관계로부터 영향을 받은 것인지 한 번 생각해 보자. 꼭 부모가 아니더라도 돌아가신 조부모, 증조부모 등에 대해서까지도 생각의 폭을 넓혀 보자. 이번 기회에 그분들의 성함, 성격, 취향 등도 한 번 알아볼 수 있는 데까지 알아보자. 나를 이해하는 데 좋은 자료가 될 것이다.

활동해보기 **우리 집 3대 가계도 그리기**

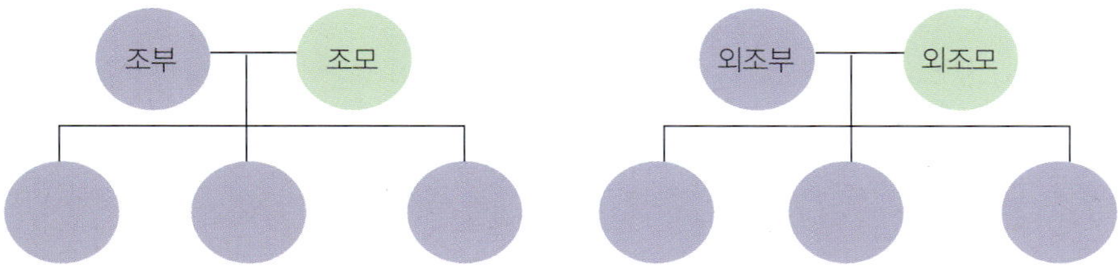

나의 두드러진 외적 특성, 내적 특성은 무엇인가? 이런 특성은 위의 가계도에 나타난 어떤 가족 구성원, 또는 어떤 가족 관계로부터 영향을 받은 것이라고 생각하는가?

나의 외적 특성:	영향을 준 요인:
나의 내적 특성:	영향을 준 요인:

자, 다음에는 가족 간의 정서적 거리에 대해 생각해 보자. 나는 우리 가족 중 누구와 가장 정서적으로 거리가 가까운지, 또 누구와 가장 거리가 먼지에 대해서도 생각해 보자.

활동해보기 가족 간의 정서적 거리 그려보기

정서적으로 거리가 가장 가까운 이유는 무엇인가?:

정서적으로 거리가 가장 먼 이유는 무엇인가?:

위에서 작성해 본 나의 사례에 비추어 보면 한 가족 안에서도 정서적으로 거리가 더 가까운 가족이 있는가 하면, 거리가 더 먼 가족도 있음을 알 수 있다. 이처럼 가족을 이해하는 데 있어 가족 관계를 살펴보는 것은 의미가 있다. 더욱 자세한 내용은 일반체계이론에 근거한 가족이해이론 중 가족체계이론에서 다루어 볼 것이다.

2. 일반체계이론에 근거한 가족 이해

가. 일반체계이론의 배경 및 중심 개념

1) 배경 및 기본 가정

사회가 점차 복잡하게 변하면서 기존의 과학적 분석 절차로 설명할 수 없는 현상 및 실체들이 생겨났다. 과학적 분석 절차를 효과적으로 적용하기 위해서는 연구의 대상인 실체나 현상을 이루는 부분 간의 상호작용이 연구의 결과에 거의 영향을 주지 않을 정도로 미약하거나 존재하지 않아야 하며 전체의 행동과 부분의 행동이 서로 같아야 한다. 그러나 현실에서는 이런 조건을 충족하지 않는 실체나 현상이 발생하곤 하였으므로, 이를 이해하기 위한 시도로 체계이론이 나온 것이다(Bertalanffy, 1990).

체계이론에 의하면, 체계란 자연적으로 구성될 수도 있고, 인간에 의해 구성될 수도 있는 것으로, 전체를 이루는 부분들이 상호 연관된 단위 집단을 의미한다. 즉 체계 안에서 그 체계를 구성하고 있는 요소 혹은 부분들은 서로 관련되어 있으므로 어느 한 부분을 흔들거나 변경하면 다른 부분에 영향을 주고 결과적으로 전체 체계에 영향을 주게 되는 것이다.

초기 체계이론가들은 모든 과학 분야에 적용 가능한 체계이론을 찾고자 노력하였다. 생물학자인 베르탈란피(Ludwig von Bertalanffy, 1901~1972)는 초기 체계이론가 중 한 사람으로 학문의 경계를 넘어 일반적으로 적용 가능한 하나의 원리가 있을 것이라는 신념을 가지고 일반체계이론(General System Theory: GST)을 주창하였다(Martin & O'Connor, 1989). '일반체계이론'은 대표적 체계이론 중의 하나로 '일반'이라는 수식어 없이 그저 '체계이론'이라고 명명되기도 한다. 베르탈란피의 이론은 여러 학자에 의해 더욱 발전되어 다양한 영역에서 응용되어 사용되고 있으며, 가족의 구조와 기능을 이해하기 위한 유용한 개념으로도 사용되고 있다(김혜숙, 2016; Bavelas & Segal, 1982).

가족이 어떻게 움직이고 있는가를 체계의 개념으로 설명하는 시도는 베이트슨(Gregory Bateson, 1904~1980)에 의해 시작되어 이후 체계이론과 가족 관계의 개념을 연결하는 데 많은 기여를 하였다. 체계 개념을 가족에 적용시키면, '가족은 개인의 단순한 집합체가 아닌 가족 구성원이 서로 유기적인 상호작용을 하는 체계'이다. 가족이 하나의 체계일 때, 가족 구성원은 요소이고, 부부관계, 부모-자녀 관계, 형제-자매 관계와 같은 가족 내부의 관계는 하위체계이며, 지역사회나 문화는 이와 같은 체계에 영향을 미치는 외부 환경이다. 따라서 가족체계관점에서는 가족 구성원 각각의 특성을 개별적으로 연구하기보다는 가족 구성원의 상호적인 관계를 연구한다(Buckley, 1967).

가족체계 관점을 주창한 학자들로는 앞서 말한 베이트슨(Bateson)의 영향을 받은 미누친(Salvador Minuchin, 1921~2017), 사티어(Virginia Satir, 1916~1988), 보웬(Murray Bowen, 1913~1990) 등이 있는데, 여기서는 보웬의 이론을 소개하고자 한다. 왜냐하면, 보웬의 가족체계이론은 가족에 관한 여러 접근 중에서 인간의 행동과 인간 문제에 대해 가장 포괄적인 관점을 가지고 있기 때문이다(권영배, 2005). 보웬의 가족체계이론은 가족이 자연적으로 발생한 체계라고 보는 점에서 '인공적 체계에 의해 강한 영향을 받은'(Kerr & Bowen, 2005, p. 38) 일반체계이론과 구분하는 입장을 취하고 있으나, 그 기본 개념에서는 일반체계이론과 공통되는 부분이 많이 있다(Bavelas & Sagal, 1982).

그런가 하면, 브론펜브레너는 생태학적 관점에 일반체계이론을 접목시켜 한 개인, 더 나아가 가족이 체계 속에서 어떤 영향을 받는지, 이렇게 받은 영향은 가족 간의 상호작용과 가족 간의 관계에 어떻게 영향을 미치는지에 대해 설명하였다. 그의 이론은 인간을 이해함에 있어 개인이 접하는 환경, 가장 가까이는 가족 구성원에서부터 그 가족이 처한 공간적, 사회적, 시간적 맥락의 관계 속에서 이해될 수 있는 가족의 기능에 이르기까지 우리의 관심을 확대하는 데 이바지하였다(Bigner, 2006).

그렇다면 일반체계이론이란 무엇일까? 본격적으로 가족체계이론과 생태체계이론에 대해 알아보기 전에 먼저 그 중심 개념에 대해 알아보도록 하자. 일반체계이론은 체계가 가진 속성을 전체성과 상호의존성으로 인식하는 데서부터 출발하고 있다. 이에 대해 살펴보면 다음과 같다.

가) 전체성

전체성이란 베르탈란피가 아리스토텔레스의 글에서 인용한 "전체의 크기는 각 부분을 합한 것보다 더 크다."(Bertalanffy, 1972, p. 407)라는 표현에 함축적으로 담겨 있다. 즉, 전체는 각각의 구성요소를 산술적으로 합쳐 놓은 것만으로는 설명할 수 없는 새로운 특성을 가지고 있다고 본 것이다. 체계 안의 다양한 구성요소들이 서로 밀접하게 상호의존하고 있고, 동시에 그 안에서 요소 간의 상호작용이 복잡하게 일어나기 때문이다. 따라서 전체를 제대로 이해하기 위해서는 체계 안의 다양한 구성요소들을 개별적으로 따로 떼어 관찰하고 이해하기보다는 체계의 전체적인 맥락과 기능의 측면에서 보아야 한다는 것이 일반체계이론에서 말하는 전체성(holism)의 원리이다(Bertalanffy, 1967). 다음 사례를 보자.

활동해보기

상지는 만 4세 여아로 엄마, 아빠, 외할머니와 함께 살고 있다. 엄마는 어린이집의 영양사로, 아빠는 택배원으로 일하고 있다. 상지는 집 근처에 있는 어린이집에 다니고 있다. 원래 외할머니는 따로 시골에 살고 계셨었는데, 엄마가 위암 판정을 받고 수술한 후 치료를 받기 시작하면서 시골집을 동네 사람에게 맡기고 상지네로 당분간 살러 오셨다. 엄마의 위암 판정 후 처음에는 가족 모두가 의기소침해지고 힘들어하였으나 차츰 활기를 찾아가고 있다. 70세도 넘으신 외할머니가 한몫을 단단히 하고 계신다. 일단, 밥이 보약이라며 식구들의 아침, 점심, 저녁을 거르지 않고 정성껏 차려주신다. 방사선 치료를 받는 엄마도 그 전에 비해 웃음이 늘어났다. 아빠는 식구 모두 밥을 잘 먹으니 택배 일을 더 열심히 해야겠다며 요즘은 상지와 훌라후프 돌리기까지 한다. 엄마가 아프면서 집안 분위기에 위축되었던 상지도 요즘은 노래도 잘 부르고 더 씩씩해졌다.

1. 상지네 가족 구성원을 한 명 한 명 따로 떼어 놓고 보면 각각 어떤 상태인가?

2. 상지네 가족을 전체로 놓고 보면 어떤 상태인가?

나) 상호의존성

체계란 상호 작용하는 요소들의 복합체이며 각 요소 간의 역동적인 상호작용을 통해 전체로서 기능할 수 있다. 체계 안에서 구성요소들은 서로 밀접한 관계를 맺고 상호작용을 하므로 구성요소 중 어느 한 부분에 변화가 일어나면 연쇄적으로 다른 부분에도 영향을 끼쳐 변화를 일으키고, 그 변화는 다시 처음의 변화에 영향을 미쳐 연쇄적으로 변화가 일어나게 된다(Bertalanffy, 1967). 이와 같은 특성이 체계의 상호의존성이다.

다음의 사례에서 볼 수 있는 가족 간의 상호의존성에 관해 이야기 나누어 보자.

활동해보기

종민이(만 5세, 남아)네는 서울에 사는 평범한 중산층 가정이었다. 엄마와 아빠의 사이도 좋고 집안에 웃음이 끊이지 않았었다. 종민이는 동네 어린이집을 다니고 있었고, 엄마는 간호사로, 아빠는 법원 근처에서 커피숍을 운영하고 있었다. 그런데 2년 전 법원이 다른 지역에 새 청사를 지어 이전하게 되면서 그 커피숍 주변의 상권이 붕괴되었고, 커피숍 운영이 급격하게 어려워졌다. 코로나 19 사태까지 겹쳐 아빠는 이제 자포자기한 상태이다. 그러면서 성격이 거칠어지고 술을 자주 마시면서 엄마와의 싸움이 갈수록 잦아졌고 최근에는 물건을 집어 던지는 등 과격한 행동도 자주 하게 되었다. 급기야 한 달 전에는 엄마가 종민이를 데리고 집을 나왔다. 엄마 직장인 병원 근처로 방을 하나 얻어 임시로 이사를 했고, 종민이 어린이집도 옮겼다. 그렇게 갑자기 집을 나온 이후 종민이는 아빠를 한 번도 보지 못했다. 종민이는 예전의 활달하던 모습을 잃었고, 말수도 부쩍 줄었다. 어린이집 선생님은 친구들과도 잘 어울리지 못한다고 하였다. 엄마도 우울증 증세가 심해져서 요즘 약을 먹고 있다.

1. 이 가족의 원래 모습은 어떠하였는가?

2. 이 가족의 문제 원인은 무엇이고 가족 간의 관계에 나타난 연쇄적 파급 효과는 무엇인가?

2) 중심 개념

일반체계이론에서 사용되는 중심 개념을 살펴보면 다음과 같다.

(1) 체계(System): 서로 연결된 구성요소들 또는 부분들이 모여 구성된 전체를 의미한다.

(2) 경계(Boundary): 외부환경으로부터 체계에 속하는 구성요소의 범위를 구분 지어 주며, 구성요소가 외부의 환경과 교환할 때 이를 통제하는 기능을 한다. 경계는 상황에 따라 바뀌고 달라지는데 유연한 경계를 가지고 있어야 건강한 가족이라고 볼 수 있다. 즉 다른 체계들로부터의 에너지 투

입에 어느 정도 개방적이어야 한다. 한편 경계가 엄격한 가족은 폐쇄적인 특징을 가진다.

(3) 개방체계와 폐쇄체계(Open System and Closed System): 체계 내에서 정보와 자원을 자유롭게 교환하고, 체계 밖으로도 자유롭게 에너지나 정보 및 자원을 다른 체계들과 교환하는 체계를 개방체계라고 부른다. 폐쇄체계는 다른 체계와 상호작용을 하지 않으며 집단 체계의 현상을 유지하려고 하는 성향이 강하고 변화를 받아들이지 않는다(Bertalanffy, 1974).

(4) 평형(Equilibrium): 체계 밖의 다른 체계와의 교류나 체계 내에서의 변화가 거의 없는 상태를 의미하며 폐쇄체계에서 주로 나타난다. 지나친 평형 상태는 체계의 성장을 방해한다.

(5) 항상성(Homeostasis): 비교적 안정적이며 지속적인 균형 상태를 유지하기 위한 체계의 경향성을 뜻한다. 이는 체계의 일관성을 유지하기 위한 기능으로, 체계의 평형을 깨려는 자극이나 변화가 있을 때 이전의 상태로 돌아가려는 성향을 보인다.

(6) 엔트로피(Entropy)와 네겐트로피(Negentropy): 물리학의 열역학 개념에서 빌려온 용어로, 일반체계이론에서 엔트로피란 체계가 서서히 무질서와 혼돈상태로 변해가는 것을 의미한다. 즉, 체계를 유지하는 데 필요한 유용한 에너지가 감소하는 상태를 말하며, 체계의 외부로부터 위기나 문제를 해결하기 위한 정보를 받지 못하는 폐쇄체계에서 주로 나타난다. 네겐트로피는 외부환경으로부터 에너지가 유입되어 체계 내부의 유용하지 않은 에너지가 감소된 상태를 의미한다. 엔트로피는 체계의 무질서한 상태라고 할 수 있는 반면에 네겐트로피는 체계의 질서와 법칙이 유지되는 상태로 볼 수 있다.

(7) 적응(Adaptation): 가족체계에 일어나는 큰 변화는 가족체계에 위협이 될 수 있다. 그러나 가족체계가 건강하게, 정상적으로 기능하기 위해서는 필요하면 변화도 수용할 필요가 있다. 그렇지 못하고 경직되어 있을 때 가

족체계는 점점 더 역기능적으로 변해갈 것이기 때문이다. 이를 위해 가족 구성원은 가족체계에 문제 있음을 깨달을 때마다 가족 구성원의 행동을 조절하거나 새로운 규칙을 세우는 등 조정 노력을 하게 된다. 이런 과정을 적응이라고 한다(Bigner, 2006).

나. 일반체계이론에 근거한 가족이해이론

일반체계이론이 설명하는 체계 내·외의 상호작용과 체계 내에서의 상호의존성 개념은 실제로 가족을 이해하는데 매우 적합하다. 가족은 '가족'이라는 하나의 체계 내에서 하위 구성요소인 가족 구성원들끼리 서로 끊임없이 상호작용을 하는 한편, 가족 체계 외부의 환경과도 끊임없이 상호작용하고 있기 때문이다. 가족을 체계로 보는 이론으로는 가족체계이론(Family System Theory), 체계적 가족발달이론(Systemic Family Development Theory), 생태체계이론(Ecological System Theory) 등이 있다. 이 중에서 체계적 가족발달이론의 기본가정은 가족체계이론과 유사하므로 여기서는 가족체계이론과 생태체계이론 두 가지를 중점적으로 살펴보고자 한다.

1) 가족체계이론(Family System Theory)

가) 배경 및 기본 가정

가족체계이론은 가족을 체계로 이해하고 접근하는 이론으로, 가족을 가족 구성원들의 단순 합이 아닌 가족이라는 하나의 체계 안에서 서로 끊임없이 영향을 주고받으며 변화하고 성장하는 유기체로 보는 것이다(Bigner, 2006). 정신과 의사였던 보웬(Murray Bowen, 1913~1990)은 많은 임상을 경험하며 개인의 신체적, 정서적 질환과 사회적 문제행동에 영향을 미치는 변인들의 상호관계를 가족이라는 체계 안에서 이해할 수 있음을 깨달았다. 그는 체계이론으로 가족을 이해하고 치료하는 데 선구적인 역할을 한 중심인물로, '가족체계이론'을 창시하였다(김혜숙, 2016). 이 책 제5장의 가족생활주기에서 소개하고 있는 카터(Betty Carter)와 맥골드릭(Monica McGoldrick)도 보웬의 제자로서 가족체계이론의 연장에서 가족생활주기를 설명하고 있다. 보웬의 가족체계이론은 가족이 어떻게 만들어지고 정서적으로 어떻게 상호작용하는가에 관해 설명하며, 체계로서의 가족이 그 가족을 둘러싸고 있는 환경 및 다른 체계인 가족과 관계하는 방식을 보여주고 있다(Nichols & Davis, 2017). 따라서 가족체계이론으로 부모와 자녀를 들여다보면 부모–자녀 관계에 대한 심도 있는 이해와 더불어 부모, 자녀를 도울 수 있는 방안까지 모색해 볼 수 있다.

자, 그럼 본격적으로 보웬의 가족체계이론에 대해 살펴보자. 보웬은 가족 구성원 한 명 한 명을 정서적 단위(emotional unit)로 보았고 가족 구성원이 정서적으로 어떻게 연결되어 있는지에 따라 가족의 특성이 달라진다고 보았다. 가족 구성원은 서로의 관심과 지원을 필요로 하는 가운데 정서적으로 서로 연결되어 있으며 상호의존적이다. 이와 같은 가족 구성원 간의 연결성과 상호의존성 때문에 가족의 한 구성원에게 일어나는 사건은 그 구성원만의 일로 끝나는 것이 아니라 그 가족 구성원들 모두에게 파급 효과를 미친다. 그리고 그러한 영향을 받은 다른 가족 구성원들이 보이는 반응은 처음 그 사건을 경험한 그 가족 구성원에게 다시 영향을 미치게 된다.

예를 들어, 엄마, 아빠, 큰아들, 작은딸과 같이 4명의 가족 구성원으로 이루어진 가족이 있다고 가정해 보자. 어느 날, 엄마의 가장 가까운 친구가 교통사고로 급작스럽게 사망했다. 엄마는 충격을 받아 매일 울며 지내더니 심지어 우울증 증세까지 보인다. 엄마의 우울증은 아빠와 자녀 두 명에게 파급 효과를 미쳐 가족 전체의 분위기를 어둡게 만든다. 그러면서 큰아들이 걸핏하면 동생을 때려 울린다. 그럴 때마다 아빠는 두 자녀에게 큰소리를 지르고 신경질적으로 대한다. 이런 가족들의 반응이 다시 엄마의 정서 상태에 영향을 미쳐 우울증이 더 심해진다. 여기서 볼 수 있듯이, 어려움을 겪는 어떤 개인을 지원하고자 할 때 그 개인 한 사람의 문제로만 보는 것은 근시안적인 접근이며, 근원적 문제해결을 위해서는 그가 속한 가족을 전체적으로 살펴보면서 접근할 필요가 있다.

가족은 이와 같이 서로가 서로에게 영향을 미치면서 영향을 주고받는 유기체적 속성을 가지고 있으므로 종종 '모빌'에 비유되곤 한다. 모빌은 가족체계이론에서 전체성과 상호의존성의 개념을 보여주는데, 어느 한 곳(가족의 한 구성원)이 건드려지면 다른 부분들(다른 가족 구성원들)이 다 같이 따라서 움직이게 되기 때문이다(Bigner, 2006).

활동해보기

비그너는 가족을 모빌에 비유하였다. 나는 가족을 비유한다면 어떤 메타포를 사용할 수 있을까? 왜 그런가?

비그너(2006, p. 69)의 메타포	나의 메타포
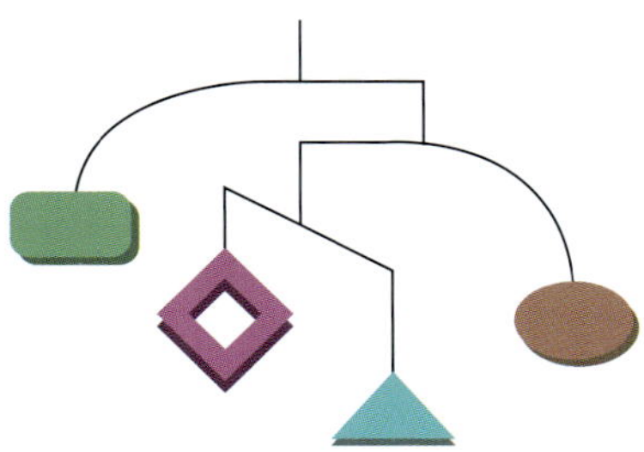	

가족체계이론의 기본 가정인 가족 내의 정서적인 상호의존성은 본래 가족 구성원들에 대한 보호, 편안한 휴식 제공, 생존에 필요한 가족 구성원들 간의 응집력과 협력을 증진하기 위해 발달해온 것으로 해석되고 있다. 그러나 가족 구성원들 간의 갈등으로 가정이 지속적인 긴장 상태에 놓이게 되면 가족 구성원들은 심한 스트레스를 받게 되고 가족은 본래의 의미를 잃게 된다. 심한 경우 한 명 이상의 가족 구성원이 정서적으로 고립되거나 통제되지 않는 지경에 이르기도 한다. 예를 들어, 7살된 딸아이를 둔 부부가 거의 매일 싸움을 한다고 가정해 보자. 이때 엄마는 자녀인 딸을 자기편으로 끌어들이면서 아빠에 대한 불

만을 자주 이야기하고 딸은 엄마 정서에 점점 동화되어 간다. 그러면서 아빠에 대해 거리감을 느끼고 미워하는 마음을 갖게 되고, 그 결과 아빠에게 퉁명스럽게 대한다면 이 가족 구성원 모두는 매일 긴장 상태에서 살아가게 될 가능성이 높다. 그 와중에 엄마, 아빠가 자기 문제를 놓고 싸우는 장면을 두세 번 목격하게 된다면 딸아이는 혹시 자기 잘못으로 부모가 매일 싸우는 것은 아닌지, 이러다가 엄마, 아빠가 정말 이혼을 하게 되는 것은 아닌지 불안해하며 날마다 스트레스 속에서 살아가게 된다. 이런 상황이 오래 지속된다면 딸아이는 소아 우울증에 빠지거나 후천적 자폐증이 나타날 수도 있다. 부부 역시 이런 갈등이 오래 지속되면 신경증적 증상이 나타날 수 있고 사회생활에도 지장을 받게 될 가능성이 커진다. 전형적인 정서장애가족[1]의 문제점과 그에 따른 결과를 보이는 것이다.

정리해 보면, 가족 구성원 각자가 독립적으로 기능하면서도 서로를 배려하는 가운데 가족 전체의 발전이나 행복에 도움을 주는 기능을 제대로 하는 경우 '정상 가족' 또는 '기능적 가족'이라고 부른다. 여기서 '기능'이란 가족 구성원 간에 정상적인 관계를 유지하면서 가족 구성원 각자는 가족의 목표를 성취하기 위한 방향으로 이끌어 가는 행위 또는 방향성으로 정의된다(Kuhn & Janosik, 1980). 이러한 기능은 가족 구성원들이 각자에게 부여된 역할을 수행하여 유기적으로 결합할 때 정상적으로 발휘된다. 정상 가족, 즉 기능적 가족인 경우 '위계(Hierarchy)'와 '경계선(Boundary)'이 분명하다. 여기서 위계란 가족 구성원 내의 관계(위계)를 말하며, 경계선(범위)이란 가족 구성원과 외부환경을 구분 짓는 지점을 말한다. 건강한 가족은 가족 구성원들이 내재화하고 있는 가족 내

1) 가족체계가 건강하게 기능할 때 '정상가족', 건강하게 기능하지 못할 때 '정서장애가족'이라고 부른다. 정서장애가족 안에서 살아가는 부모나 자녀는 서로 영향을 주고받는 가운데 가정생활이나 사회생활에서 여러 가지 문제를 일으킬 수 있다. 특히 자녀들의 경우 성장과정에서뿐 아니라 성장하여 자신의 가정을 이룬 후에도 자신의 문제를 대물림할 수 있으므로, 정서장애가족인 경우 정상가족으로 바로 설 수 있도록 가족치료가 행해질 필요가 있다.

위계와 규칙이 명확하며, 동시에 외부체계에 대해서도 어느 정도의 자율성이 있는 개방체계를 유지한다. 그럼으로써 가족체계의 안정성과 변화 사이의 균형을 잘 이루는 것이다.

그런가 하면 전술한 예에서처럼 가족 구성원들이 갈등하면서 서로 간에 스트레스 요인으로 작용하고 가족 본래의 기능을 다 하지 못할 때 이를 '정서장애가족'이라고 부른다. 이런 가족의 경우, 대개 가족 내 위계와 가족의 경계선이 분명치 않다. 정서장애가족 안에서 살아가는 부모나 자녀는 전술한 바와 같이 여러 가지 문제를 일으킬 수 있다. 특히 자녀들의 경우 성장 과정에서뿐 아니라 성장하여 자신의 가정을 이룬 후에도 자신의 원가족에서 가져온 문제를 대물림할 수 있으므로, 정서장애가족인 경우 정상가족으로 바로 설 수 있도록 가족치료가 행해져야 한다.

나) 중심 개념

보웬은 인간의 기능과 행동에 중요한 영향을 주는 정서체계(Emotional System)에 덧붙여 감정체계(Feeling System)와 지적 체계(Intellectual System)라는 두 개의 체계를 개념화하였다. 감정은 정서보다 상위의 개념으로 인간행동과 사회과정에 보다 많은 영향을 준다. 지적 체계는 '사고하는 두뇌'로 불리는데, 이를 통해 인간은 자신의 삶을 독특하게 만들어간다. 여기서 정서체계, 감정체계, 지적 체계는 상보적으로 서로 영향을 미친다(김유숙, 2014). 1963년 보웬은 자신의 가족체계이론을 구성하는 6가지 개념을 완성하였다. 이때는 정서적 단절과 사회적 정서과정은 없었는데, 1975년에 이 둘을 더하여 8가지 개념을 완성하였다. 이 8가지 개념은 각각 독립된 것이 아닌 서로 맞물려 있는 개념이다. 이 각각을 간단히 살펴보면 다음과 같다.[2)]

2) 보웬의 8가지 개념은 김유숙(2014), 니콜스(Michael P. Nichols, 2007)의 저서와 https://www.thebowencenter.org/core-concepts-diagrams)의 글을 참고하여 종합·정리한 것이다.

(1) 삼각관계(Triangles)

가족체계이론에서 삼각관계는 양자 관계보다 안정된 관계이다. 두 사람이 이루는 양자 관계는 둘 중의 한 사람이라도 불안해지면 관계 자체가 불안정해지면서 심한 경우 깨질 수도 있으나 세 사람의 관계는 그보다 안정적 형태를 유지할 수 있기 때문이다. 그렇긴 하나 삼각관계를 바람직하다고는 할 수 없다. 가족 안에서 삼각관계를 형성한 경우 결과적으로는 가족 구성원 모두에게 좋지 않기 때문이다. 삼각관계는 개인의 자기분화 정도가 낮으면 낮을수록 더 많이 나타난다. 인간관계에서 오는 갈등과 불안을 제삼자를 끌어들여 그와의 의존적 관계(융합)를 통해 극복하려고 하는 경향을 보이기 때문이다. 예를 들어, 남편에게 불만이 많은 아내가 자녀인 장남, 또는 장녀를 끌어들여 삼각관계를 형성하면서 '아빠가 엄마인 자기에게 얼마나 못되게 구는지' 자주 하소연한다고 해보자. 이때 삼각관계에 오랫동안 처해 있는 자녀는 그런 가족 간의 긴장과 심리적 불안감으로 인해 정서적 또는 신체적 문제가 나타나기도 한다. 또는 더 이상 그런 관계에서 오는 긴장을 견디지 못하는 경우 부모 곁을 떠나기도 하는데(정서적 단절), 그렇게 되면 또 다른 자녀를 끌어들여 삼각관계를 다시 형성하기도 한다. 가족치료에서는 이와 같은 삼각관계를 파악하도록 하고, 마지막으로는 삼각관계에서 벗어나도록 하는 것을 목표로 삼는다(Nichols, 2007).

(2) 자기분화(Differentiation of Self)

자기분화(또는 자기구별)는 보웬의 핵심 개념이다. 이는 정서체계(감정)가 지적 체계(사고)에 의해 얼마나 잘 통제되는가의 정도에 대한 것으로, 1~100까지의 자기분화척도로 수치화한다. 이때 자기분화 정도는 4단계로 나뉘는데, 가장 낮은 수준(0~25), 낮은 수준(25~50), 보통 수준(50~75), 높은 수준(75~100)이다(〈그림 4-1〉 참조). 분화 수준이 낮을수록 다른 가족원과의 정서적 융합 정도가 높고 의존적이다(김유숙, 2014).

가장 낮음	낮음	보통	높음
가족 및 타인에게 정서적으로 융합되어 심한 애착을 보이고 욕구 미충족 시 불안해 함. 융통성 적고 적응력도 부족. 관계가 불만족스럽거나 불신 발생 시 신체적, 정신적 질병과 사회적 역기능 유발	자신의 의견이나 신념이 다른 사람의 정서적 체계와 반응에 유도되어 쉽게 변함. 다른 사람의 평가와 인정을 받기 위해 행동함. 관계에서 문제 발생 시 우울증 등의 정서 장애 유발	감정 체계와 지적 체계 사이의 균형을 이룸. 자율적이고 독립적으로 의사결정을 함. 심각한 스트레스 상황에서 때로는 심리적 역기능 현상을 보일 수 있으나 회복이 빠름	감정과 사고가 잘 분리되어 있음. 성숙하고 높은 수준의 독립성을 가지고 기능. 다른 사람과 친밀한 접촉을 하면서도 확고한 자아정체성과 독립성을 유지. 실제로 이런 사람은 거의 찾아보기 힘듦

0 25 50 75 100

〈그림 4-1〉 보웬의 자기분화척도에 의한 자기분화 수준

〈그림 4-1〉에서 보이는 것처럼 자기분화 수준은 자신감, 자율성, 독립심과 관계가 있다. 즉, 자기분화 수준이 낮은 사람은 무엇을 하든지 다른 사람에게 확인을 받아야 안심하고, 가족 안에서도 다른 가족 구성원들에게 정서적으로 구속되는 경향이 있다. 반면에 그 수준이 높은 사람은 가족 구성원들을 배려하고 가족 전체의 행복에 기여하면서도 정서적으로 독립적이며 자율적으로 판단하고 행동한다.

(3) 가족 투사 과정(Family Projection Process)

가족들 간에 갈등이 불거지고 해결이 어려운 경우 자기분화 수준이 낮은 부모는 자녀 중 한 명을 끌어들여 삼각관계를 만든다. 예를 들면 자기분화 수준이 낮은 어머니가 특정 자녀를 끌어들여 삼각관계를 형성한 뒤, 그 자녀와 공생적 관계를 맺으면서 미분화의 산물인 자기 문제를 투사시키는 것이다. 즉, 투사는 양육적인 관심과는 달리 불안하고 밀착된 병리적 현상이다. 이때 투사 대상이 된 자녀는 최소한의 자기분화 수준을 유지한 채 투사를 하는 아버지나 혹은 어머니와 밀착 관계를 맺게 된다. 그 결과 자녀는 성장해도 자기분화 수준이 낮은 사람이 될 확률이 높고 부모의 불안한 정서적 문제를 물려받을 가능성 또한 높아진다.

(4) 정서적 단절(Emotional Cut off)

정서적 단절은 가족 간의 정서적 연결을 막아버린다는 의미이다. 가족한테서 받는 정서적 긴장이나 갈등이 너무 높아 견딜 수 없게 되었기 때문이다. 즉, 정서적 단절은 부모와의 관계에서 해결하지 못한 세대 간의 미분화와 그와 관련된 정서적 긴장을 관리하는 방식으로 사용된다. 세대 간의 정서적 융합이 클수록 정서적 단절 가능성이 더 크다. 삼각관계에 있는 긴장을 견디지 못하는 사람들은 가족들과 자신의 정서적 연결을 끊고, 그럼으로써 자신을 보호하려고 한다. 이때 부모로부터 멀리 떠나기, 같이 살아도 부모를 거부하며 대화를 피하기, 부모가 중요시하는 것을 부인하거나 거부하기 등의 행동을 보인다. 원가족과의 정서적 단절이 심할수록 결혼생활에 있어 상대방에 대한 정서적 애착과 의존성 정도가 심하며, 만일 배우자와의 긴장과 문제가 생길 때는 배우자와의 정서적 단절로 진행되기도 한다. 문제는 이와 같은 방식은 당장은 시원한 느낌과 편안함을 줄 수는 있지만, 근본적 문제해결은 되지 않는다는 점이다. 장기적으로는 더 많은 정서적 스트레스로 연결될 수 있고, 다음 세대로 문제를 전달하게 될 수 있기 때문이다.

(5) 다세대 전달 과정(Multigenerational Transmission Process)

다세대 전달 과정(전수 과정)은 한 세대에서 다음 세대로, 다음 세대에서 또 그 다음 세대로 계속 가족의 정서, 감정, 가치, 태도 등이 전달되는 것을 의미한다. 그러므로 현재 나타나고 있는 가족의 문제는 그저 그 세대에게서 나온 단순한 문제가 아닌 여러 세대에 걸쳐 누적된 결과로 간주된다. 보웬은 정신분열증 증세가 있는 자녀가 나오기까지는 최소한 3세대가 관련된다고 하면서 정신분열증에 대한 근원적 치료를 위해서는 3세대 정도의 상호관계성을 파악하는 것이 필요하다고 한 바 있다.

대체로 사람들은 자신과 자기분화 수준이 비슷한 사람을 배우자로 만나게 되는데, 이때 부부간에 갈등이 생기면서 엄마가 어떤 한 자녀와 삼각관계를 맺고 정서적 공생을 하였다면 그 자녀는 자기 분화가 낮은 사람으로 성장할 가능성이 커진다. 그리고 성장 후에는 자기와 비슷한, 낮은 정도의 자기분화 수준을 가진 배우자를 만나게 되는 것이다. 그렇게 정서적으로 많은 문제의 소지가 있는, 자기분화 수준이 낮은 사람들끼리 결혼을 하는 경우 대개 자신들의 미분화 특징을 자녀에게 투사하게 되고 따라서 그 자녀는 더욱 자기분화가 낮은 사람으로 성장할 가능성이 커지는 것이다. 이와 같은 전달이 여러 세대에 걸쳐 일어나면 자기분화 정도가 아주 낮고 정서체계에 혼란을 느끼는 조현병이나 정서적 질환을 가진 자녀가 나타날 수 있게 되는 것이다. 즉, 부모와 자녀 간에는 자기분화 수준에서 큰 차이가 없더라도 세대를 거듭해 가는 과정에서 그 차이는 더 벌어지게 되는 것이다.

(6) 형제 순위

보웬은 자녀의 형제 순위가 가족 역할에 영향을 미친다고 보았다. 사회경제적 환경이 다른 집안에서 태어났음에도 불구하고 동일한 형제 순위의 사람들이 비슷한 성격 특성을 보인다는 점을 발견하였기 때문이다. 예를 들어, 맏이의 경우 리더십을 발휘하는 위치에 있는 경우가 많고, 막내의 경우 따르는 쪽을 선택하는 경우가 많다는 것이다. 이런 출생 순위는 배우자와의 결혼생활 적응을 예측하는 요인이 된다고도 보았다. 예를 들어, 맏아들과 맏딸이 결혼하는 경우보다는 맏아들과 막내딸이 결혼하는 경우가 서로에게 더 잘 적응을 하리라고 보는 식이다. 한편, 부모와 삼각관계에 있던 장남이나 장녀의 경우 삼각관계 안에서 부모 중 어느 한쪽과 강력한 공생관계를 맺은 경우 자기분화 수준이 떨어질 가능성이 크다고 보았다. 이런 경우 친밀한 관계를 맺고 있는 부모 중 어느 한편에 정서적으로 융합되어 있어 자신의 독립된 생각에 따라 행동하는 것이 어렵기 때문이다.

(7) 핵가족 정서과정(Nuclear Family Emotional Process)

한 세대의 가족에서 갈등이 발생하는 관계의 패턴으로, 가족 간에 정서분화가 잘 이루어지지 않고 융합되어 있을 때 나타난다. 예를 들어, 결혼 관계에서 부부 중 한쪽 배우자의 억압으로 인해 다른 쪽 배우자가 제 기능을 하지 못한다면 이것이 자녀에 대한 집착으로 나타날 수 있고 그런 경우 그 자녀는 신체적, 정서적 또는 사회적으로 역기능적 증상을 나타낼 가능성이 크다. 즉, 자기분화 수준이 낮은 가족 구성원들로 구성될수록 가족 전체가 높은 불안 수준을 가지게 되고 가족 구성원은 만성적 역기능이 나타나게 된다.

(8) 사회적 정서 과정(Societal Emotional Process)

이는 가족에 대한 기본 개념을 사회로 확대한 것으로, 보웬은 사회 내의 정서적 문제도 가정 내의 정서적 문제와 동일한 과정을 거친다고 보았다. 즉, 사회도 불안이 증가하면 역기능이 나타나며, 동질화와 개성화의 균형이 깨지면 전체에 대한 관심은 상실되고 하위집단들끼리 융합되기 시작하여 정국의 불안, 폭력, 불신 등이 심화된다고 보았다. 그리고 사회에서 일어나는 여러 가지 정서적 과정은 가족 내의 정서적 과정에 영향을 미치게 되는 것이다.

종합하면 보웬의 가족체계이론은 부모나 자녀의 문제를 가족 구성원을 각각 따로 떼어 보지 말고 가족 구성원 전체를 그 맥락과 함께 보아야 한다는 것이며, 더 나아가 현세대 가족만이 아닌 그 이전 세대 가족까지 연결해 이해하는 것이 필요하다고 보는 이론이다. 아울러 문제가 있는 정서장애가족인 경우, 치료를 통해 가족 구성원의 자기분화 수준을 높임으로써 가족체계를 변화시킬 수 있고, 이것은 다시 더 높은 수준으로 가족 구성원들의 자기분화를 자극하는 순환성을 가진다고 보았다.

2) 생태체계이론(Ecological System Theory)

가) 배경 및 기본 가정

유아와 부모는 가족을 둘러싼 외부 환경에 의해 영향을 받게 된다. 외부 환경은 아주 가까이에서 매일 보고 상호작용하는 가족이나 동네 사람일 수도 있으며 가족의 경제적 안정에 미치는 직장일 수도 있고 사회구성원들이 가지고 있는 가치관이나 역사적 배경이 될 수도 있다.

사람들은 살아가면서 아이를 낳고, 이사를 하고, 가족 구성원이 병에 걸리는 등 다양한 상황에 직면하게 되는데, 이때마다 우리는 그 변화에 적응해야 한다. 나와 가족에게 일어나는 여러 변화는 시간적 측면에서 볼 때 서서히 일어날 수도 있으며 갑작스럽게 일어날 수도 있다. 또한, 영향의 범위 측면에서는 파급 효과가 매우 작고 미약할 수도 있고 광범위하거나 강할 수도 있다. 예를 들어, 부모의 이혼을 겪게 된 유아는 기존의 익숙했던 가족체계를 갑자기 잃고 완전히 새로운 가족체계에 적응해야 하는, 인생 전체를 흔드는 큰 변화를 겪게 된다. 또한 그 변화가 다른 동네로의 이사나 작금의 사태와 같은 코로나바이러스로 인한 부모의 실직 또는 외출 제한과 같이 지역사회 차원, 혹은 국가 차원에서 일어날 수도 있다. 가족의 기능을 파악하고 유아의 발달에 도움이 되기 위해서는 유아의 가족체계 내에서 일어나는 변화뿐 아니라 더 나아가 국가 차원의 정책변화가 유아와 가족에게 어떤 영향을 주는가에 대해서도 파악해야 가족의 요구에 적절하게 반응하고 도움을 줄 수 있다(Bronfenbrenner, 1986).

브론펜브레너(Urie Bronfenbrenner, 1917~2005)는 인간발달에 생태학[3]의 개념을 적용하여 설명하면서, 통합적 접근을 기반으로 하는 일반체계이론에 생태학적 관점을 결합시켜 생태체계이론을 체계화한 사람이다. 인간은 발달하면서 가정처럼 그 안에서 서로 직접적인 영향을 주고받는 환경뿐 아니라 부모의 직장, 정부의 정책 등 다양한 요인으로부터 영향을 받으며 성장하게 된다. 브론펜브레너는 한 개인에게 영향을 미치는 요인으로 가장 가까운 가족에서부터 시작하여 가족 간의 관계나 부모의 직장, 사회적 분위기나 문화 등 살아가는 시·공간적 맥락에 이르기까지 동심원으로 시각화하여 보여주고 있다(〈그림 4-2〉 참조).

---

3) 생태계는 크게 생물과 무생물로 구성되어 있으며 이들 간에는 매우 유기적인 관계가 존재한다. 이와 같은 생태계에 대한 학문이 생태학이다. 생태학은 1869년 헤켈(Ernst Haeckel)이 öekologie라는 용어를 처음으로 도입하면서 하나의 학문 분야로 자리 잡게 되었다. 이후 1985년 크렙스(Charles J. Krebs)가 관계의 개념을 추가하여 생물의 분포와 수를 결정하는 상호작용에 대한 과학적 학문으로 자리 잡았다. 즉, 생태론은 인간과 인간, 개체와 개체 등 세계를 관계의 측면에서 설명하려는 시각을 총칭하는 상징적 표현이다(Bookchin, 1997. p. 237).

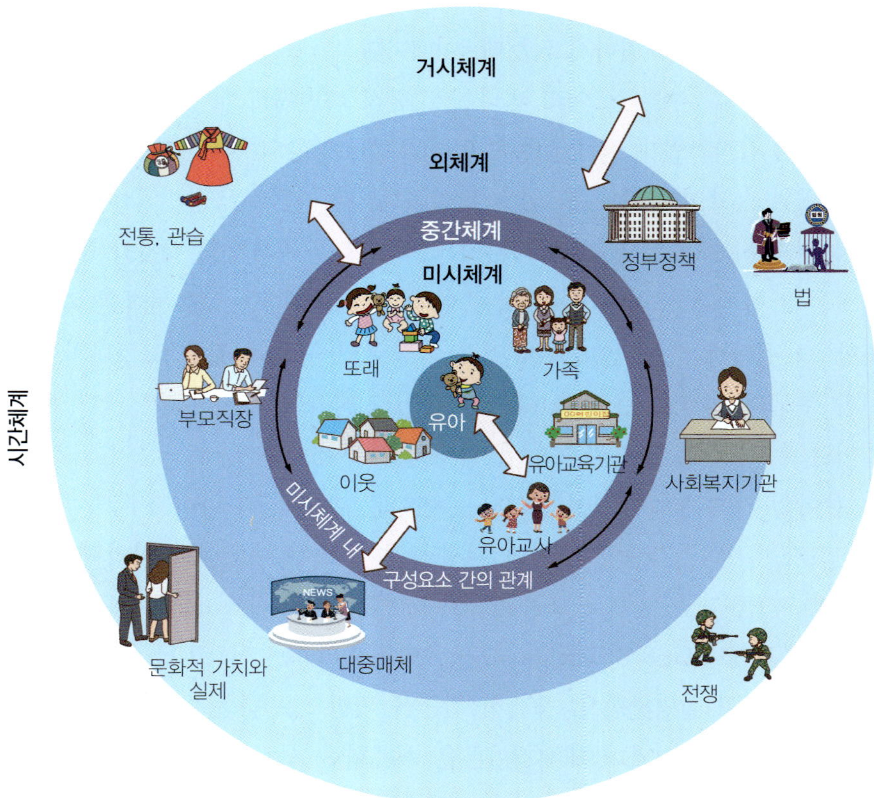

〈그림 4-2〉 브론펜브레너의 생태학적 모형

출처: Berger, E. H. & Riojas-Cortez, M. (2016).

나) 중심 개념

브론펜브레너의 생태체계이론에서 중요한 기본 개념은 두 가지 차원에서 이해할 수 있다. 첫 번째 차원은 가족에게 영향을 미치는 외적 환경체계의 구조와 이들이 영향력을 행사하는 방식에 관한 것이고, 두 번째 차원은 외부 환경의 영향을 받는 가족 내 과정에 관한 고려의 필요성에 관한 것이다.

(1) 외적 환경체계의 구조

먼저 첫 번째 차원에서 살펴보면 그는 유아의 발달이 유아를 둘러싸고 있는 전반적인 환경과 관련되어 있다고 보고, 그 환경을 〈그림 4-2〉에 나오는 것과 같이 다섯 가지 수준으로 나누었다.

(가) 미시체계(Microsystem): 미시체계는 유아의 직접적 환경, 즉 유아가 일상 생활 속에서 직접 접촉하고 상호교류할 수 있는 가족, 또래, 교사 및 이웃들을 예로 들어볼 수 있다. 이 안에서 유아는 다양한 상호작용을 하는데, 여기서 볼 수 있는 중요한 한 가지 특성은 그 영향이 양방향적이라는 것이다. 예를 들어, 아빠가 자녀에게 영향을 주기도 하지만, 반대로 자녀가 아빠에게 영향을 미치기도 한다. 미시체계는 개인의 행동 및 정서발달과 성장에 직접적인 영향을 미친다는 점에서 매우 중요하다.

(나) 중간체계(Mesosystem): 유아의 미시체계에 속하는 구성요소들 간의 상호작용으로 이루어진 체계를 의미한다. 예를 들면 부모와 교사와의 관계, 부모와 이웃 간의 관계 등이 이에 포함될 수 있다. 중간체계는 미시체계의 성격과 기능에 직·간접적으로 영향을 주게 된다. 예를 들어, 부모와 유치원 교사 간의 상호작용은 중간체계에 속하게 되는데, 이 관계가 친밀하고 밀접할수록 유아의 발달에 긍정적인 영향을 주게 된다. 유아를 둘러싼 미시체계 간의 관계가 원만하지 않거나 혹은 그 양이 너무 적어서 중간체계가 빈약한 경우 유아의 발달에 부정적인 영향을 주게 된다(Bronfenbrenner, 1979).

(다) 외체계(Exosystem): 유아들과 직접적이고 개인적인 상호작용을 하지는 않지만, 간접적으로는 여전히 유아들에게 영향을 주는 차원의 환경으로 부모의 직장이나 정부의 교육정책 등을 포함한다. 예를 들어, 부모 직장의 근무 조건변화로 인해 야간 근무를 할 수밖에 없는 상황이 된다면 유아의 생활 전반에 영향을 줄 수 있고, 결과적으로 유아의 발달에도 영향을

미치며 가족 간의 관계에도 영향을 미칠 수 있는 것이다.

(라) 거시체계(Macrosystem): 유아가 속한 사회의 문화나 가치, 태도, 전통, 정치상황 등이 여기에 포함된다. 예를 들어, 성평등 문화가 사회 전체적으로 확산되어 있고, 다양성을 존중하는 사회문화적 분위기에서 자라나는 유아는 남존여비 사상이나 단일한 전통을 강조하는 경직된 사회문화적 분위기에서 자라나는 유아와는 완전히 다른 생활방식과 태도를 가진 사람으로 성장하게 될 것이다.

(마) 시간체계(Chronosystem): 시간체계는 전 생애에 걸쳐서 시간의 흐름에 따라 일어나는 변화와 사회역사적인 환경을 포함하는 것을 말한다. 개인이 성장함에 따라 겪게 되는 외적 사건과 내적 사건 등이 이에 포함된다. 시간체계의 예로는 부모의 이혼이나 이사, 형제자매의 탄생과 가족 구성원의 노화 또는 사망 등을 들 수 있다.

유아기에 부모의 역할은 매우 중요한데, 부모역할을 잘 수행하도록 하기 위해서는 브론펜브레너가 분류한 여러 체계 차원에서의 지원이 필요하다. 예를 들어, 자녀의 양육을 위해 아버지의 육아휴직을 지원하는 회사정책을 마련하거나 저소득 계층 부모교육 방식을 수요자 중심으로 변화시켜 저소득 계층 부모가 자녀를 지원하는 방법을 익히게 하는 등의 지원들이 이루어져야 한다. 또한, 이러한 지원은 유아뿐 아니라 가족의 특별한 요구 또한 충족시켜야 성공할 수 있다.

(2) 외부 환경의 영향을 받는 가족 내 과정에 관한 고려

이와 같은 맥락에서 브론펜브레너 이론의 두 번째 차원에서의 논의가 필요하다. 즉 유아를 둘러싸고 있는 환경체계 간의 상호작용만을 이야기하다 보면 같은 환경 내에서도 가족이 환경의 스트레스를 처리할 수 있는 능력에 따라 결과가 다를 수 있음을 간과하기 쉽다. 예를 들어, 폭력, 노숙, 그리고 약물 중독과 같은 이유로 인해 높은 스트레스를 받으며 사는 가족의 요구(Swick & Williams, 2006)는 장애유아를 양육하거나 맞벌이가족 혹은 다문화가족 및 불법체류가족과 같이 스트레스의 종류가 다른 가족들이 필요로 하는 지원과는 다르다. 따라서 가족이 처한 상황과 가족의 역량을 고려하여 지원을 고려해야 할 필요성이 있다.

종합하면 브론펜브레너의 생태체계이론은 건강한 가정, 건강한 부모-자녀 관계에는 가족 구성원과 같은 가족 내 요인뿐 아니라 가족 외부적인 요인, 즉 부모의 직장이나 지역의 교육 정책 등도 영향을 미친다는 점을 강조한다. 따라서 부모역량을 증진시키기 위해서는 가족 내적인 변화를 시도하는 것만으로는 충분하지 않으며 가족 밖의 사회적 요인까지도 바람직한 방향으로 변화되어야 한다고 본 것이다.

이 장에서는 우리가 부모와 자녀 관계에 국한하지 않고 가족 전체를 부모교육에 참여시켜야 할 필요성에 대해 알아보았다. 가족을 이해하기 위해 유용한 개념인 일반체계이론을 살펴보고 이를 적용한 가족체계이론과 생태체계이론을 살펴보았다. 다음 장에서는 가족의 발달을 생애주기적 관점에서 보는 가족생활주기이론의 개념과 학자별 발달단계에 대해 살펴보기로 한다.

Parent Education

05 CHAPTER

가족생활주기와 부모역할

가족은 개인의 삶에 영향을 미치는 중요한 집단이다. 개인의 생애처럼 가족 역시 결혼, 출산, 육아, 노후 등의 일련의 사건들을 거치며 생성과 소멸의 과정을 보이는데, 이를 가족생활주기라고 한다. 이 장에서는 가족생활주기의 개념과 단계를 살펴보고, 가족생활주기를 신혼기 및 부모 준비기, 자녀출산 및 양육기, 자녀 교육기, 자녀 성인기, 자녀 결혼기, 노년기 6단계로 나누어 각 단계별로 부모의 역할에 대해 좀 더 구체적으로 살펴보도록 하겠다.

1. 가족생활주기의 개념 및 단계

가. 가족생활주기의 개념

한 개인이 태어나서 죽음에 이르기까지 계속 성장하고 발달하듯 결혼을 통해 형성된 가족은 시간의 흐름에 따라 발달한다. 즉, 한 개인은 결혼과 출산을 통해 가정을 이루고, 배우자 및 자녀와 함께 서로의 삶에 영향을 미치며 성장하고 발전한다. 이어 그 자녀가 성장하여 자신의 가정을 새롭게 이루고 이러한 과정은 세대에 걸쳐 계속된다. 이처럼 결혼을 통해 가족이 형성되고 자녀가 생기며 자녀의 성장에 따라 가족의 생활이 변화하는 시간적 연속을 가족생활주기(Family Life Cycle)라고 한다.

가족생활주기는 결혼, 자녀출산 및 양육, 자녀출가, 배우자 사망, 본인 사망 등 일련의 가족생활사건을 단계적으로 거치며 가족의 형성→확대→축소→해체의 과정을 보편적으로 지닌다. 가족생활주기는 시간의 흐름에 따라 가족의 성장과 변화 과정을 반복적으로 보이기 때문에 가족발달에 따라 가족의 가능성과 문제점을 파악하고 가족이라는 집단 속에서 가족의 역할을 이해할 수 있다. 즉, 개인적 차원에서는 자신의 삶을 계획해 볼 수 있으며, 가족 차원에서는 계속되는 발달과 변화에 따라 발달과업을 준비하고 잠재된 문제와 취약점을 파악하여 예방할 수 있다.

나. 가족생활주기의 단계

가족생활주기는 19세기 말 영국의 사회문제 연구가 라운트리(Benjamin Seebohm Rowntree, 1871–1954)가 개인의 발달처럼 가족 역시 발달 주기가 있음을 주장한 이래로 가족생활주기의 단계를 구분하는 다양한 연구들이 활발히 이루어졌다. 가족생활주기 단계는 시대와 문화, 관점과 학자에 따라 다양하지만 모든 가족은 대체로 일반화된 단계를 따른다.

가족생활주기를 단계별로 구분하여 이해할 때 얻는 이점은 다음과 같다. 첫째, 시간 흐름에 따라 가족의 발달과 삶에 대한 기초를 제공해 줄 수 있다. 둘째,

가족의 발달 단계에 따라 가족 구성원들의 발달적 과업들을 제시해 줄 수 있다. 셋째, 결정적 발달 시기에 가족이 직면할 수 있는 스트레스를 인식할 수 있는 계기를 마련해 줄 수 있다. 넷째, 가족생활주기 각 단계마다 가족에게 제공할 수 있는 서비스와 지원을 마련할 수 있는 기초를 마련해 줄 수 있다(Duvall, 1988). 그러므로 가족생활주기 단계를 보다 자세히 살펴볼 필요가 있다. 학자별 가족생활주기 단계에 대해 살펴보면 다음과 같다.

1) 듀발(1957)의 가족생활주기 8단계

듀발(Evelyn M. Duvall, 1906~1998)은 가족발달 분야의 개척자로 결혼, 부모됨, 가족생활과 관련한 수많은 연구를 수행하였다. 듀발에 따르면, 한 가족은 개인처럼 일생을 통해 발달과제를 가지고 계속 성장하는데, 성장을 위해서는 각 단계마다 생물학적, 문화적, 개인적 욕구가 충족되어야 한다고 보았다. 듀발이 체계화한 가족생활주기 8단계를 단계별로 정리해보면 다음 〈표 5-1〉과 같다.

〈표 5-1〉 듀발의 가족생활주기 8단계

단계	시기	발달과업
1단계 신혼부부기 (the married couple)	결혼하여 자녀가 없는 신혼기	부부 상호 간 결혼생활에 대해 적응하기
2단계 자녀양육기 (childbearing)	첫 자녀 출생~30개월	스트레스가 가장 많이 발생하는 시기로 부모라는 새로운 역할 수행하기
3단계 자녀의 유아기 (pre-school aged children)	첫 자녀 30개월~6세	결혼생활 적응 및 자녀 출산과 양육으로 약화된 부부간 애정 결손을 극복하고 부모-자녀 간 긍정적 관계를 지속하여 인간발달의 결정적 시기인 유아기 자녀의 적절한 전인발달이 이루어지도록 도모하기
4단계 자녀의 학령기 (school-aged children)	첫 자녀 6~13세	자녀가 초등학교에 진학하여 학업에 몰두하는 시기로 집단생활에 잘 적응하고 주어진 학습과제를 잘 수행할 수 있도록 격려하고 지원하기

단계	시기	발달과업
5단계 십대 자녀기 (teenage children)	첫 자녀 13~20세	부모로부터 정신적, 신체적 독립을 추구하는 자녀에게 자율적 선택과 결정의 기회를 최대한 부여하고, 자신의 선택과 결정에 따른 결과에 대해 책임의식을 가질 수 있도록 지도하고 격려하기
6단계 자녀 독립기 (launching the children)	첫 자녀부터 막내까지 가정을 떠나는 시기	취업, 군복무, 대학진학, 결혼생활 등 본격적인 자기 삶을 구상하는 성인자녀를 돕고 지원하기
7단계 중년의 부모기 (middle aged parents)	모든 자녀가 출가하고 은퇴하는 시기	부모만 남는 시기로 결혼한 자녀를 돌보면서 그들의 노부모를 부양하는 이중 역할 수행하기
8단계 노년기 (aging family members)	은퇴~사망	신체적, 언어적, 인지적, 사회적, 정서적 모든 발달이 급격하게 퇴화하는 시기로 죽음을 수용하고 아름답게 죽음 준비하기

출처: Duvall(1957).

2) 로시(1968)의 부모기 전이(Transition to parenthood) 4단계

로시(Alice E. Rossi, 1922~2009)는 일하는 여성과 가족 안에서의 여성의 역할과 성(性)에 대한 연구를 하였으며 추후 페미니스트 운동에 많은 영향을 끼쳤다. 로시의 초기 연구들은 낙태 옹호와 임신과 출산에 대한 여성의 결정권에 관한 것으로 여성의 청소년기부터의 생활주기에 관련된 것이었다. 로시는 부모기(parenthood)를 사회학적 관점에서 역할 전환으로 설명하며 각 단계별로 전이될 때 부모의 역할에 주목하며 체계화하였다. 로시가 체계화한 부모기 전이 4단계를 단계별로 정리해보면 다음 〈표 5-2〉와 같다.

〈표 5-2〉 로시의 부모기 전이 4단계

단계	시기	부모의 역할
1단계 예상준비단계 (anticipatory stage)	부모가 되기 위한 준비단계	• 학업 및 직업 준비하기 • 부모가 되기 위해 약혼, 결혼, 임신을 계획하고 부모가 됨을 예상하고 준비하기
2단계 착수단계 (honeymoon stage)	부모가 되기 위해 역할을 인식하는 단계	• 결혼을 통해 부부로서 새로운 가족생활 시작하기 • 부부간 친밀한 관계와 결합 활동을 통해 임신과 출산하기 • 점차 결혼에 대한 환상에서 벗어나 현실 생활을 직시하게 되고, 부모역할에 대한 적응과 학습하기
3단계 역할이행단계 (plateau stage)	부모역할의 수행단계	• 부모의 역할을 오랜 시간 수행하게 되며 역할 세분화하기
4단계 종결단계 (disengagement or termination stage)	부모역할의 정리단계	• 배우자의 죽음이나 별거 및 이혼으로 결혼 생활 마무리하기 • 자녀의 독립과 결혼으로 활성화되었던 심리적 부모역할 축소하기

출처: Rossi(1968), pp 29-30.

3) 갈린스키(1987)의 부모기(Parenthood) 6단계

갈린스키(Ellen Galinsky, 1942~)는 자녀의 성장과 발달에 따라 부모 역시 역할의 도전을 받고, 성장·발달한다고 주장하였다. 갈린스키는 부모기(parenthood)를 하나의 성장발달과정으로 보고 다양한 연령층의 자녀를 둔 다양한 유형의 부모면담과 관찰을 통해 부모기 6단계를 제시하였다. 갈린스키의 부모기 6단계는 보편적인 가족의 형태에서부터 이혼가족, 한부모가족, 입양가족 등 다양한 가족을 대상으로 가족의 경제적, 인종적, 지형적, 종교적 배경을 고려하였을 뿐 아니라 자녀의 연령과 영재아부터 장애아까지 다양한 자녀의 특성을 고려하여 부모기 단계를 체계화하였다는 점에서 의의가 있다. 갈린스키가 체계화한 부모기 6단계는 다음 〈표 5-3〉과 같다.

〈표 5-3〉 갈린스키의 부모기 6단계

단계	시기	특징	발달과업
1단계 이미지 형성단계 (image-making)	임신기간	자녀를 임신한 후 최초로 부모로서의 이미지를 형성하는 시기	• 임신의 수용, 부모가 될 준비, 출산준비하기
2단계 자녀 양육단계 (nurturing)	자녀 출생~ 생후 2년	자신의 이미지와 양육의 실제를 비교하며 적응해 나가는 시기	• 출산, 애착형성, 아기의 기질 및 개인차 수용, 변화된 가족 관계구조 적응하기
3단계 권위 형성단계 (authority)	자녀 2~5세	자녀의 사회화를 돕기 위해 한계를 설정하고 자율과 책임감을 키우면서 부모의 권위를 형성하는 시기	• 권위 형성, 자녀와 거리감 두기, 성역할 및 성정체성 다루기
4단계 설명하는 단계 (interpretive)	자녀 초등학생 시기	지적 상담자와 조언자가 되어 자녀의 의문과 궁금증을 충족시켜 주는 시기	• 부모 자신과 자녀들에 대해 설명해주기, 분리와 결속에 대해 설명해주기, 살고 있는 세계에 대해 설명해주기, 개입의 정도를 결정하여 수평적인 관계로 나아가기
5단계 상호의존하는 단계 (interdependent)	자녀 십대 시기	자녀의 자아정체감과 신념, 논리, 가치 등이 형성되는 시기	• 자녀의 합리성 · 논리성을 객관적으로 수용하고 지지하기, 자녀와 상호의존의 관계 형성하기
6단계 떠나보내는 단계 (departure)	자녀 고등학교 졸업 이후 시기	부모의 돌봄과 보호를 떠나 자녀 스스로 자율적인 생활로 전환하는 시기	• 통제완화, 자녀의 정체감 수용, 성인 자녀와 새로운 관계를 형성하고 자녀를 독립적인 인격체로 인정하기

출처: Galinsky(1987).

4) 카터와 맥골드릭(1988)의 가족생활주기 6단계

카터(Betty Carter, 1929~2012)와 맥골드릭(Monica McGoldrick, 1943~)은 가족치료사로 미국 중산층 가족생활주기에 대한 개념적 분석틀을 제시하였다. 카터와 맥골드릭은 가족생활주기를 6단계로 구분하였으며, 각 단계에 따라 가족의 핵심 발달 과업이 있다고 하였다. 또한, 단계별로 각 가족의 추가적인 변화와 함께 발달적으로 요구되는 바를 구체적으로 정리하였다. 카터와 맥골드릭이 제시한 가족생활주기 6단계는 다음 〈표 5-4〉와 같다.

〈표 5-4〉 카터와 맥골드릭의 가족생활주기 6단계

가족생활주기 단계	전이의 정서적 과정 : 핵심원리	발달과정에서 발생하는 2차적 변화
결혼전기 (Leaving home: single young adults)	자아의 정서적 경제적 책임감 수용	• 원가족으로부터 자아 분리하기 • 친밀한 동료관계 형성하기 • 직업 갖기와 경제적으로 독립하기
결혼을 통한 가족 형성: 신혼기 (The joint of family through marriage: the newly married couple)	새로운 체계의 수용	• 결혼체제 형성하기 • 배우자를 포함한 확대된 가족과 친구들과의 관계 형성하기
자녀 아동기 (The family with young children)	가족체계에 새로운 구성원(자녀)의 수용	• 자녀를 위한 심리적 · 물리적 공간 마련과 부부 체계 적응하기 • 자녀양육과 경제, 가사 업무 연결하기 • 부모됨과 조부모 포함 확대가족의 관계 재정립하기
자녀 청소년기 (The family with adolescents)	자녀의 독립과 조부모의 돌봄의 역할을 포함한 가족 경계선의 유연성 증가	• 가족체계를 자유롭게 드나들며 청소년기의 자녀와의 관계 적응하기 • 결혼생활과 직업 재조명하기 • 기성세대 돌보기
자녀 독립기 (Launching children and moving on)	가족체계의 다양한 역할의 수용	• 가족체계의 다양성에 대한 인식과 협약하기 • 성장한 자녀와 노부모 간 관계 형성하기 • 새로운 확대가족(고부관계, 사위와 장모관계, 조부모와 손자 관계 등) 간 관계 재정립하기 • 부모의 노화와 죽음 및 동반된 신체적 장애에 대해 적절히 처신하기
노년기 (Family in later life)	세대의 변화 수용	• 부부의 기능 유지와 사회적 · 육체적 약화에 대해 대응하기 • 가족 내 중심적 역할하기 • 연장자로서의 지혜와 경험을 가족체계 안에서 적절히 제공하기 • 배우자, 형제자매 등 가족의 상실 적응과 자신의 죽음 준비하기(삶의 재조명과 통합)

출처: Carter & McGoldrick(1988).

종합해보면 가족생활주기는 시간의 경과에 따라 가족의 생활이 변화하는 과정이라고 할 수 있다. 듀발은 가족발달단계에 따라 가족의 발달과업을 구체적으로 제시하였으며, 로시는 부모가 되어 가는 과정 속에서 부모역할을 강조하였다. 갈린스키 역시 부모기의 부모와 자녀 관계에서 자녀의 연령에 따라 부모역할을 구체화하였다. 카터와 맥골드릭은 가족생활주기의 단계별 전환기에 필요한 정서적 과제와 발달을 위한 가족체계의 변화에 대해 설명하였다. 이처럼 각 학자들은 가족생활주기 단계에 따라 다양한 관점을 제안하고 있지만 가족의 보편적인 발달 단계를 공통적으로 제시하고 있다. 즉, 두 성인 남녀가 각자의 가족으로부터 분리되어 결혼을 시작으로 새로운 가족을 형성하고, 자녀 출생, 자녀 양육, 자녀 출가, 배우자 사망과 본인의 사망까지 보편적 가족생활주기 단계를 밟아간다고 할 수 있다. 가족생활주기 단계를 정리해 보면 다음 〈그림 5-1〉과 같다.

〈그림 5-1〉 가족생활주기 단계

〈그림 5-1〉에서처럼 결혼과 동시에 가족생활주기 단계는 시작된다. 가족생활주기 동안 결혼한 두 남녀의 성숙, 원가족과의 적절한 분리, 태어날 자녀에 대한 부모로서 자신에 대한 인식과 자녀양육의 역할 수행 등 개인은 가족체계 안에서 끊임없는 노력이 요구된다. 이 시대의 모든 자녀들이 행복하게 성장하여 성숙한 사회구성원의 역할을 수행하기 위해서는 예비부모 및 부모를 대상으로 교육을 통해을 부모로서의 바람직한 역할 습득을 할 수 있도록 도와주어야 한다. 더불어 자녀 수의 감소로 자녀의 출가 이후 부부가 함께 보내는 시간이 길어지고 수명이 길어졌기 때문에 중·노년기 부부의 행복한 삶의 영위를 위한 관심 역시 높아지고 있다.

현대사회는 초혼 연령이 높아지고 있고, 가족의 형태가 다양화·다원화되어 가고 있다. 그러므로 보편적 가족생활주기 단계에 대한 이해와 함께 보다 유연하고 다양한 접근 역시 필요하다(Glick, 1989). 현대사회에서의 가족의 해체와 붕괴는 더 이상 새로운 일이 아니기 때문에 다양한 형태의 가족발달주기 단계에 대한 이해도 필요하다는 것이다. 다음은 카터와 맥골드릭이 이혼가족과 재혼가족의 새로운 형태의 가족생활주기의 단계에 대한 설명이니 새로운 형태의 가족생활주기에 대해서도 살펴보도록 하자.

이혼가족과 재혼가족의 가족생활주기

현대사회는 점차 초혼연령이 높아지고 출산율이 낮아지고 있다. 이와 함께, 수명연장, 여성의 역할 변화, 이혼과 재혼의 증가 등 가족의 유형과 구조의 변화를 가지고 왔다. 이에 다양한 유형의 가족들은 전통적인 가족생활주기와는 다른 경험을 하게 되고 새로운 발달과정과 과업들을 요구받게 된다. 이에 카터와 맥골드릭(1988)이 제시하는 이혼가족과 재혼가족의 가족생활주기를 살펴보면 다음과 같다.

■ 이혼가족의 가족생활주기

이혼가족이 시간 경과에 따라 어떻게 이혼 과정을 겪어나가는가를 이해하는 것은 가족의 회복과 적응에 있어 매우 중요한 일이다.

단계		전환의 정서적 과정: 태도
이혼결정		부부의 긴장 관계가 심각하게 지속되고 있고, 더 이상 해결할 수 없는 단계에 있음을 부부 모두 수용하기
가족해체계획		가족해체를 위해 필요한 준비하기 (자녀양육권, 경제문제, 확대가족과의 관계 등)
별거		협조적인 공동부모관계를 지속하고 자녀에 대한 경제적 원조를 함께하며, 배우자에 대한 감정을 해결하기 위해 노력하기
이혼		법적 이혼과 함께 상처, 분노, 죄의식과 같은 정서적 상태를 해결하고 극복하기
이혼 후	한부모 (자녀양육)	자녀에 대한 경제적인 책임감을 유지하고, 전 배우자와의 부모적인 접촉을 통해 자녀 돌보기, 전 배우자의 자녀와 그 가족과 지지적 관계 형성하기
	한부모	전 배우자와의 부모적인 접촉을 유지하기, 자녀에 대한 보호적인 부모관계를 유지하려는 의지 갖기

■ **재혼가족의 가족생활주기**

재혼가족은 가족의 구조, 기능, 가족관계, 정서적 측면에서 초혼가족과 다른 특징과 발달단계를 가진다.

단계	요구되는 태도
새로운 관계의 시작	첫 번째 결혼의 상실 회복하기
새로운 결혼생활과 가족에 대한 개념화와 계획	자신의 두려움 및 재혼과 복합가족을 형성하는 것에 대한 새 배우자 및 자녀의 두려움을 수용하기, 역할, 경계, 정서적 문제의 복잡성과 불명확성에 적응하기 위해 시간과 인내가 필요함을 수용하기 – 역할: 새롭고 다양한 역할 – 경계: 공간, 시간, 멤버십, 권위 – 정서적 문제: 죄의식, 부모들에 대한 충성과 관련된 갈등, 상호관계에 대한 바람, 미해결된 과거의 상처
재혼과 가족의 재구성	전 배우자와 이상적인 '완전한' 가족에 대한 애착을 최종적으로 정리하고 유연하게 다양한 가족모델 수용하기

출처: Carter & McGoldrick(1988).

2. 가족생활주기 단계에 따른 부모역할

성인 남녀가 만나 결혼을 통해 한 가족을 이뤄 부모가 되어 가는 과정은 많은 어려움을 참아내고 인내하는 과정이다. 또한, 한 인간으로서 성장과 성숙을 이루는 과정이기도 하다. 자녀 출산을 통해 성인 남녀는 비로소 부모가 된다. 세상에 태어난 어린 자녀들에게 부모는 절대적 존재이다. 부모를 통해 세상을 알게 되고 인간관계를 확장시켜 나간다. 그만큼 부모는 자녀의 삶에 큰 영향을 미친다. 자녀가 부모에게 온전히 존중받고 사랑받는 경험을 했다면 자녀는 그 사랑으로 성장하여 사랑을 이 세상에 전할 수 있는 값진 존재가 될 것이다.

이처럼 부모 되기는 한 개인이 성장하는 것과 같으며 부모의 역할은 한 개인이 성장하며 수행해야 하는 일생의 중요한 과업이라고 할 수 있다. 그러한 의미에서 가족생활주기는 부모가 부모기에 적응하고 수행해야 하는 도전과 과업을 잘 설명해 준다. 앞서 소개한 각 학자들의 가족생활주기 단계를 기초로 신혼기 및 부모 준비기, 자녀 출산 및 양육기, 자녀 교육기, 자녀 성년기, 자녀 결혼기, 노년기로 나누어 부모가 되어 경험하게 되는 것들과 좋은 부모로 성장하기 위해 필요한 것들을 정리해 보고자 한다.

가. 신혼기 및 부모 준비기

신혼기는 성인 남녀가 결혼을 통해 가정을 이루는 시기로 아직 자녀가 없는 상태를 의미한다. 서로 다른 환경에서 성장한 두 사람의 주된 도전은 서로의 성격과 생활습관에 대해 이해하고 부부로서의 결혼생활에 대한 적응을 하는 것이다. 서로 다른 두 사람이 함께 하나가 되어 공동목표를 설정하고 상호 수용적 관계를 형성하는 것이 중요하다. 또한, 시댁과 처가 등 새로운 가족 및 친인척과의 인간관계를 형성하고 예비부모로서 자녀를 낳고 기를 준비를 해야 한다. 〈그림 5-2〉와 〈그림 5-3〉의 2019년 기준 통계청 자료에 따르면 혼인지속기간이 0~4년차 부부의 이혼율이 1999년보다 감소하였으나 2019년 기준으로 여전히 21%의 높은 비율을 차지하고 있으며 다른 연령대에 비해 이혼율이 높은 것으로 나타났다. 이러한 통계 결과는 신혼기 및 부모 준비기에 해당하는 부부의 이혼율이 상대적으로 높음을 알 수 있는데, 가족형성기인 이 시기가 결코 쉽지만은 않음을 의미한다고 할 수 있겠다.

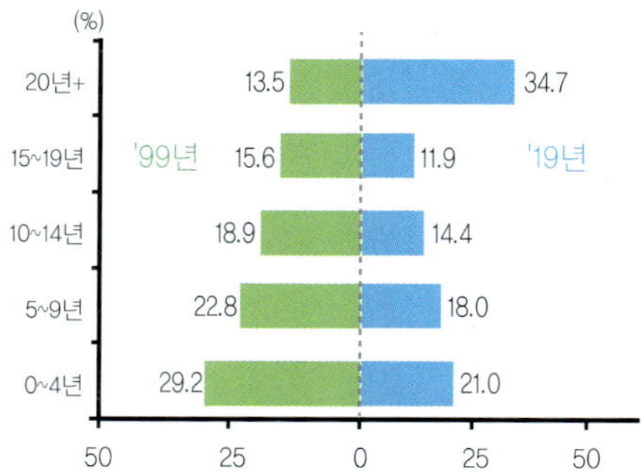

〈그림 5-2〉 혼인지속기간별 이혼 구성비 (1999, 2019)

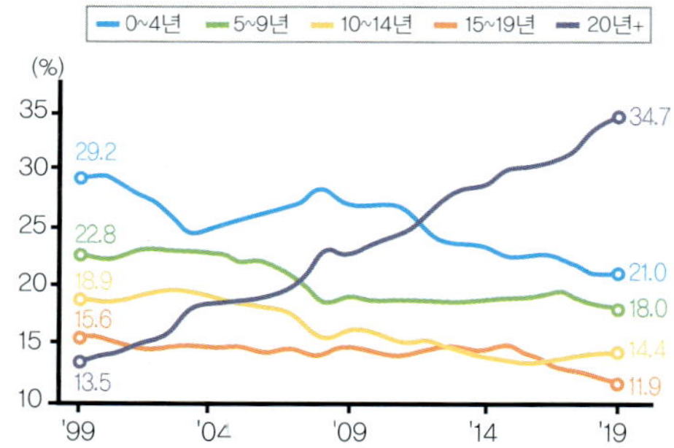

〈그림 5-3〉 혼인지속기간별 이혼 구성비 추이 (1999~2019)

출처: 통계청(2020). 2019 혼인 · 이혼 통계 보도자료.

그렇다면 신혼기 행복한 결혼생활의 기초마련을 위해 필요한 것이 무엇인지 함께 생각해 보도록 하자.

활동해보기

결혼 생활의 만족에 기여하는 요인은 부모의 행복한 결혼생활, 행복한 아동기, 1년 이상의 교제기간, 결혼에 대한 부모의 인정, 연령의 유사한 정도, 공통의 취미나 관심사, 정서적 안정의 정도, 문화적 배경의 유사성, 직업에 대한 만족, 배우자의 욕구에 대한 통찰력, 삶에 대한 긍정적 태도 등 다양하다. 또한, 만족스러운 결혼 생활을 위해 필요한 것으로는 적절한 대화기술, 민주적이고 평등한 관계, 시댁이나 처가와의 원만한 관계, 자녀에 대한 욕구, 관심의 유사성, 성생활의 조화, 여가활동 등에 대한 공동의 참여 등을 들 수 있다. 신혼기 행복한 결혼 생활을 위해 필요하다고 생각하는 것은 무엇인지 나의 생각을 정리해 보자.

〈나의 생각〉

나. 자녀 출산 및 양육기

자녀 출산 및 양육기는 첫 자녀가 세상에 태어나 초등학교에 들어가기 전까지의 시기로 부부에서 부모로의 새로운 역할 수행이 요구된다. 자녀 출산 및 양육에 따르는 정신적, 시간적, 경제적 부담이 늘어나고 영유아 시기의 자녀가 건전한 인격체로 성장할 수 있도록 부모의 세심한 배려와 역할이 요구된다. 자녀의 탄생은 귀하고 축복된 일이지만 막중한 책임감을 가져야 하므로 충분한 준비가 되어 있지 않다면 많은 어려움을 경험할 수 있다. 또한, 영유아기는 발달의 결정적 시기일 뿐 아니라 이후의 성장과 발달에 지속적으로 영향을 미칠 수 있기 때문에 특별한 배려와 지원이 필요하다. 임신과 출산, 육아 등 부모가 된다는 것은 부모 모두에게 특별한 경험이라고 할 수 있다. 그러나 특히, 자녀의 잉태와 출산을 통해 여성은 육체적 변화와 정서적 변화까지도 함께 느낄 수 있어 '산후우울증'과 같은 부정적인 증상을 경험할 수도 있다. '산후우울증'은 정신질환이기 때문에 방치할 경우 산모는 물론 자녀의 발달과 가족관계에도 심각한 영향을 미칠 수 있다.

자녀출산 및 양육기 부모를 위해 여성가족부에는 〈좋은 부모 행복한 아이〉 부모교육 사이트를 운영하고 있다. 이곳에서는 자녀양육을 위한 다양한 자료와 정보를 제공하고 있다. 이외에도 시중에는 초보 엄마들이 느낄 수 있는 다양한 감정과 어려움 혹은 기쁨과 경이로움에 대해 저술한 자녀 양육서들이 다양하게 출판되고 있으며 SNS를 활용한 다양한 육아정보들을 손쉽게 접할 수 있다.

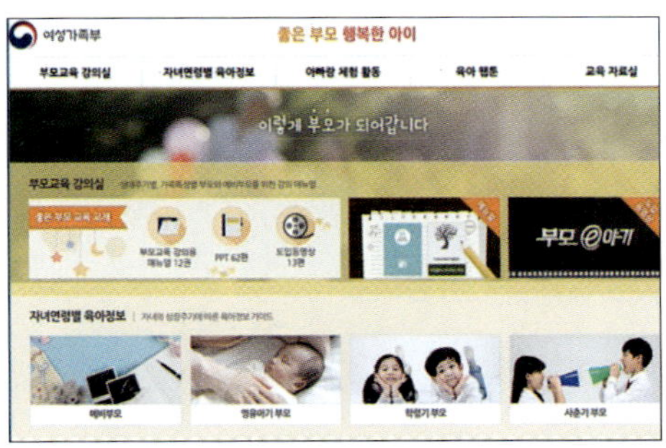

출처: 여성가족부 〈좋은 부모 행복한 아이〉, http://www.mogef.go.kr/kps/main.do.

한편, 자녀의 출산과 양육은 부모 모두에게 새로운 역할을 부여한다. 과거에는 자녀의 출산과 양육을 전적으로 여성이 담당해야 할 역할로 여겨 왔으나 현재는 대부분의 사람들이 아버지의 양육 역시 중요하게 여기고 있는 추세이다. 보다 건강하고 안전한 출산과 자녀양육을 위해 부부 공동의 역할 분담은 행복한 가족문화 형성의 기초가 된다. 과거에 비해 아버지의 자녀양육에 대한 중요성과 관심이 커짐에 따라 아버지의 자녀양육에 대한 다양한 시도들이 이루어지고 있다. 예를 들어, 2011년 보건복지부와 인구보건복지협회에서는 다음 그림과 같이 『아빠라서 행복해요』 행복한 예비·초보 아빠를 위한 육아가이드북을 제작 배포하고 있으며, 2015년 고용노동부에서도 『아빠와 함께하는 우리집』 아빠를 위한 남성육아 휴직 가이드북을 발간하고 아버지의 육아 휴직을 장려하고 있다.

보건복지부 · 인구보건복지협회(2011)

고용노동부 여성고용정책과(2015)

활동해보기

부부가 임신을 하게 되면 가장 먼저 하는 일 중 하나가 '태명' 짓기이다. 태명은 임신한 아기가 태어나기 전까지 뱃속에 있는 동안 임시로 붙여주는 태아의 이름으로 태교에 도움이 된다. 실제 태아는 임신중기쯤 청각이 발달하게 되므로 태명을 불러주게 되면 태아의 뇌발달에도 좋다고 한다. 태명은 부부가 좋아하는 이름이나 단어를 사용하여 짓기도 하고, 바라는 바를 넣어 짓기도 한다. 미래의 자녀를 위한 태명을 지어 보고, 간단하게 편지를 써 보자.

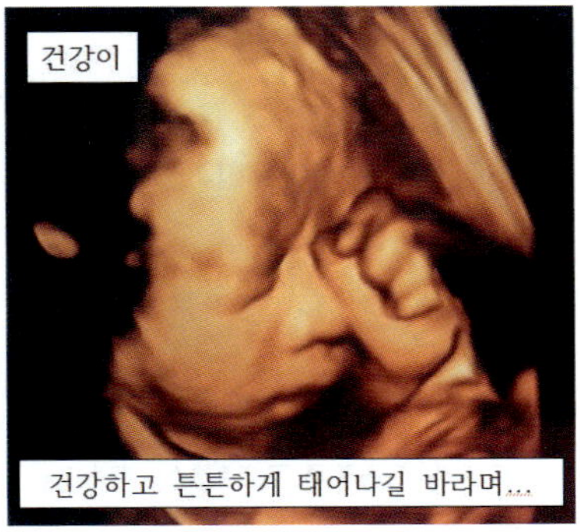

다. 자녀 교육기

자녀 교육기는 자녀의 학령기와 사춘기 시기로 자녀에게 적합한 교육 환경과 학습 경험을 제공해야 한다. 부모는 자녀 출산 및 양육기의 혼란과 어려움에서 벗어나 점차 가족생활에 익숙해지고 어느 정도 안정이 되는 시기라고도 할 수 있다. 부모는 자녀의 학교생활, 교우관계, 소비생활, 취미생활 등에 신경을 쓰게 되는데 특히, 교육열이 높은 우리나라에서는 특유의 학력주의로 인해 학생 1인당 사교육 비율과 비용이 매우 높은 편에 속한다. 〈그림 5-4〉에서처럼 매해 사교육 비용과 사교육에 참여하는 학생의 수는 점차 늘고 있으며, 학년이 높아질수록 비용 또한 점점 늘어나고 있음을 확인할 수 있다.

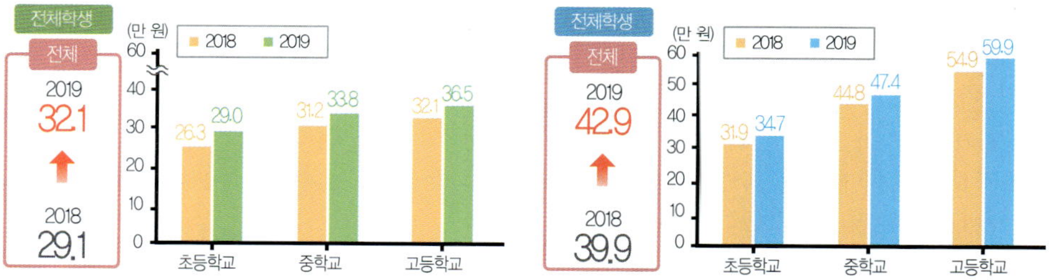

출처: 통계청(2020). 2019년 초중고 사교육비조사 결과 보도자료.

〈그림 5-4〉 2019년 초 · 중 · 고 학생 1인당 월평균 사교육비

우리나라뿐 아니라 전 세계적으로 자녀 교육기에 해당하는 부모들은 자녀를 엄격하게 훈육하며 학업에 매진하도록 양육하는 경향이 있다. 관련하여 자녀의 교육을 위해 열과 성을 쏟는 부모를 지칭하는 타이거맘, 알파맘 등 새로운 신조어들이 만들어지기도 하였다. 자녀 교육기에 해당하는 부모 양육과 관련된 신조어들을 살펴보면 다음과 같다.

자녀 교육기의 부모 양육과 관련된 신조어들

https://www.ft.com/content/2ebc6d28-1f56-11e0-8c1c-00144feab49a#axzz1C0a7foqy
http://www.nytimes.com/2011/01/20/books/20book.html

타이거맘

알파맘: 탄탄한 정보력으로 자녀를 체계적으로 가르치는 엄마. 드라마 스카이캐슬의 예서 엄마. 남다른 정보력으로 자녀를 이끌지만, 자녀가 부모의 결정을 무조건 따르도록 통제하므로 자녀의 독립심을 낮춘다는 지적을 받음.

알파맘

- 헬레콥터맘: 자녀가 성장해 대학에 들어가거나 사회생활을 하게 되어도 헬리콥터처럼 자녀의 주변을 맴돌며 온갖 일에 참견하는 엄마(자녀를 과잉보호한다.)
- 인공위성맘: 자녀의 성장과 변화에 관심을 갖지만, 자녀 스스로 삶을 헤쳐나갈 수 있도록 도움이 필요할 때까지 멀리서 지켜보며 기다리는 유형의 엄마
- 베타맘: 자녀가 원하는 삶을 살 수 있도록 옆에서 조언해주는 유형의 엄마(아이의 행복과 주도성, 자립성 등을 중요시하며 자녀가 스스로 자신의 인생을 결정하게끔 옆에서 도움을 줄 뿐 부모 자신이 원하는 삶을 살도록 강요하지 않는다.)
- 베타대디: 아내 대신 아이들과 집안일을 돌보는 따뜻한 아빠(언제라도 자녀를 돌보며 가사를 맡을 수 있는 자상하고 따뜻한 아빠로 알파맘을 보완해 주는 역할을 한다. 이같은 베타대디는 가정 내에서 축소 또는 상실되었던 아빠들의 역할이 회복되면서 등장하는 것이라 할 수 있다.)
- 스칸디맘/스칸디대디: 북유럽적 가치관을 갖고 있는 30대 엄마와 아빠(고도의 성장기에 태어나 소비에 대한 죄책감이 적으며 자녀에 대한 희생보다는 동등한 입장에서 문화적, 정서적 공감을 중시한다. 북유럽스타일을 선호하고 '합리적 사치'에 관대하다.)
- 빗자루맘: 아이가 극복할 수 없는 큰 장애물만을 적절히 치워주는 엄마

출처: https://blog.naver.com/thebestenglish/221711650025

다양한 신조어만 살펴보아도 자녀 교육기에 해당하는 부모들의 자녀 교육에 대한 관심과 열의가 대단함을 알 수 있다. 그러나 영유아기를 벗어나 학령기와 사춘기를 겪게 되는 자녀들은 점차 부모의 통제에서 벗어나 또래와 어울리기를 좋아한다. 그렇기 때문에 부모들은 때로는 무력감, 좌절감, 소외감을 느낄 수 있으며 점차 독립된 성인으로 성장해 가는 자녀를 위해 부모들은 새로운 인식과 관계 형성을 할 필요가 있다. 즉, 자녀에 대한 통제에 대해 좀 더 융통성을 가지고 부부관계에 재초점을 맞추는 것이 필요하다.

활동해보기

다음 기사를 읽어 보고 4차 산업혁명시대의 자녀 교육을 위해 부모는 어떻게 해야 할지 고민해 보고, 자신의 생각을 적어 보자.

[공감기고]

'평범한 부모'의 자녀교육에 대한 고민 이야기: 4차 산업혁명시대, 어떻게 교육을 시켜야 하나?

...(중략)...

자녀교육에 대한 교육관이 흔들리고 있다. 세상은 정말 순식간에 다른 모습을 보이기도 하고 그 변화의 주기가 너무 빨라지고 있음을 체감하고 있어서일 것이다. 어떤 부모는 자녀들에게 최대한 빠르게 최첨단의 미디어를 접하게 해서 새로운 삶의 도구에 익숙하게 해야 한다는 경우도 봤다. 반면에 그것도 중요하지만 이런 시대일수록 우리의 인간성 회복을 우해 더 자연친화적이거나 독서와 인성의 중요성을 강조하는 교육에 집중하는 부모들도 있다는 것이다…

출처: 일간투데이(2018. 11. 28).

〈나의 생각〉

라. 자녀 성년기

자녀 성년기는 자녀가 성인이 되어 경제적 독립을 위한 준비를 하며, 이성을 선택하고 교제를 하는 시기이다. 그러므로 부모는 자녀의 양육이나 교육에 대한 책임에서 점차 벗어나 시간적, 정신적인 여유가 생긴다. 상대적으로 시간과 에너지가 많아지기 때문에 전문적인 작업에 몰두하거나 취미생활을 시작할 수 있다. 부부가 함께하는 시간을 통해 부부 간 관계를 재정립하기도 한다.

또한, 이 시기의 자녀를 위해 부모는 자녀의 떠남을 준비해야 한다. 그렇다고 그동안의 관심과 사랑을 줄이라는 것은 아니다. 법륜스님은 자신의 저서 『엄마수업』에서 성년이 되면 부모는 "냉정한 사랑"을 해야 한다고 하였다. 즉, 부모는 자기 마음을 억제하고 자식이 제 갈 길을 가도록 일절 관여하지 않는 것이 냉정한 사랑이다. 자녀가 성숙한 독립된 인격체로서의 성인이 되어 한 가정을 행복하게 이룰 수 있는 기초를 마련할 수 있도록 지지해주고 격려해주어야 한다.

다음은 2020년 tvN에서 방영된 〈청춘기록〉의 대사로 자녀 성년기에 해당하는 가족생활주기의 두 어머니의 자녀를 대하는 대조된 태도의 예이다. 독립된 인격체로서 성인 자녀에 대한 부모의 바람직한 모습은 어떤 것이라고 생각되는가.

	〈자녀의 꿈과 사랑을 응원하는 엄마〉 "(여자친구가) 착하면 됐다." ('청춘기록' 8화 중 한애숙이 아들 사혜준에게)
	〈자녀의 꿈과 사랑을 직접 만들어 주는 엄마〉 "자기는 좋겠다. 내버려두면 애들이 알아서 살잖아. 얼마나 편해. 나는 할 게 너무 많아. 우리 해효 배우, 스타, 군대, 결혼, 양육. 해나 로스쿨, 로펌, 결혼, 출산, 양육. 언제 끝나? 70까지 케어하고 살 것 같아." ('청춘기록' 8화 중 김이영이 한애숙에게)

마. 자녀 결혼기

자녀 결혼기는 자녀가 부모로부터 독립하여 부모 곁을 떠날 때부터 부모가 은퇴하기 전까지의 시기에 해당된다. 한 세대에서 다른 세대로의 전환이 이루어지는 시기이기도 하다. 자녀는 완전한 독립체로서 결혼을 통해 새로운 가정을 꾸린다. 각 세대가 한 단계씩 옮겨감에 따라 부모는 이제 할아버지, 할머니라는 새로운 지위가 부여되고 구세대와 젊은 세대 간 친인척 관계를 새롭게 형성하게 되므로 새로운 가족의 형성됨에 대한 적응이 필요하다.

자녀를 결혼시키며 주로 양육자 역할을 도맡았던 어머니들은 이 시기에 외로움과 고독을 느끼기도 한다. 이러한 현상을 '빈둥지증후군(empty nest syndrome)'이라고도 하는데, 중년의 가정주부들이 자녀가 자신의 곁을 떠났다고 느끼고 정체감의 상실과 공허함을 느끼는 경우를 말한다. '빈둥지증후군'은 폐경기를 전후로 호르몬 변화를 겪는 중년의 여성에게 두드러지게 나타나기 때문에 '폐경기증후군'이라고도 한다. 증후군 자체가 질병은 아니지만 오래 지속된다면 심한 우울증으로 발전할 수 있다(Raup & Myers, 1989).

활동해보기

최근 취업률 하락과 늦어지는 결혼 탓에 '빈둥지증후군' 대신 '찬둥지증후군'을 겪는 부모들의 수가 증가하고 있다고 한다. 찬둥지증후군은 독립하지 않은 자녀로 인해 부모가 우울감이나 불안감을 느끼는 현상이다. 이와 같은 현상에 대해 자신의 생각을 정리해 보고, 자녀 결혼기의 바람직한 부모의 역할은 무엇인지 생각해 보고 정리해보자.

〈나의 생각〉

바. 노년기

노년기는 은퇴기라고도 하며 배우자가 사망함으로써 자신을 중심으로 가족생활주기가 거의 끝나가는 시기이다. 노년기에 다다르면 대부분의 부모는 은퇴를 하게 된다. 그래서 노년기를 다른 말로 '은퇴기'라고도 한다. 이 시기의 부모는 조부모가 되어 부모로서의 책임보다는 성인 자녀 및 손자녀와 가까운 관계를 형성할 수 있는 기회를 갖는다. 그러다가 배우자 중 어느 한 쪽이 사망함으로써 가족생활주기는 마무리된다.

자녀의 분가, 혹은 배우자나 친인척의 사망으로 인한 상실감, 은퇴로 인한 일로부터의 소외나 재정의 감소, 신체의 노화 등의 변화를 겪으며 노년기에는 심리적 어려움을 느끼기도 한다. 현대사회는 의학의 발달로 인간의 수명이 과거에 비해 상대적으로 늘어났기 때문에 노년기의 시기가 예전보다 훨씬 길어졌다. 우리나라의 경우, 기대수명이 2011년에는 남자 77.2세, 여자 83.9세였는데, 2019년에는 남자 80.3세, 여자 86.3세이니 부부 둘이 살아가야 하는 기간이 예전보다 훨씬 늘어났음을 알 수 있다(통계청, 2020).

이 시기에는 가족 및 이웃과 원만한 관계를 유지하고, 죽음에 대한 준비와 적응을 하며 자신의 삶을 긍정적으로 되돌아보는 것이 바람직하다. 다음은 노년기의 부부의 사랑을 담아낸 영화들로 삶의 마무리 단계인 노년기 부부의 동반자에 대한 소중함과 부부관계를 되돌아보게 해준다. 〈님아, 그 강을 건너지 마오〉에서는 76년간 부부로 함께 지낸 89세 할머니와 98세 할아버지가 서로 의지하며 삶을 마무리해 가는 과정을 잘 보여준다. 그런가 하면 〈그대를 사랑합니다〉는 노년기에 들어 자녀들이 모두 출가하고 치매를 앓는 아내를 돌보며 살아가는 노부부의 모습을 보여준다. 서로 다른 성인 두 남녀가 만나 결혼하여 가족을 꾸리고, 자녀를 낳고 키워 독립된 성인으로 출가를 시키고 결국은 가족의 출발점이 되었던 두 부부만 남게 된다. 삶의 마무리에서 인생을 함께한 영화 속 노부부의 모습은 사랑의 깊이와 가족의 의미를 다시금 생각해 보게 한다.

〈님아, 그 강을 건너지 마오〉

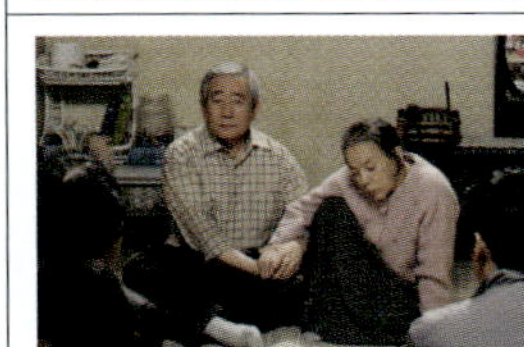

〈그대를 사랑합니다〉

앞서 언급한 가족생활주기 단계에 따르면, 결혼을 통해 가족이 형성되고 자녀 출산을 통해 비로소 부모가 된다. 자녀를 돌보고 양육하며 부모의 역할을 수행하는 일은 결코 쉽지 않다. 자녀가 점차 성장하면서 부모는 많은 역할을 수행해야 할 뿐 아니라 시행착오를 겪을 수도 있다. 많은 부모들은 '좋은 부모'가 되길 소망하지만, '좋은 부모'가 되는 일은 어렵기 때문에 부단히 노력해야 한다.

이제 다음 제6장에서는 가족생활주기 단계 중 자녀 출산 및 양육기에 해당하는 영유아기 부모역할과 자녀양육에 대해 좀 더 자세하게 살펴보고자 한다. 발달의 결정적 시기인 영유아기 자녀의 발달 특징을 살펴보고, 영아기와 유아기 발달에 기초한 부모의 역할과 자녀양육 유형을 학자별로 알아보도록 하겠다.

06 CHAPTER

영유아기 부모역할 특성과 양육 유형

결혼을 통해 가족이 형성되고 자녀 출산을 통해 우리는 부모라는 이름을 갖게 된다. 부모가 되어 자녀를 돌보고 잘 양육하는 것은 결코 쉽지 않다. 자녀를 기르며 많은 시행착오를 겪을 뿐 아니라 자신의 부족함을 발견하기도 한다. 그러나 이러한 과정은 우리에게 삶의 진정한 의미를 알게 해준다. 좋은 부모가 되려다 보니 부모 자신도 발전하고자 노력하고 성숙해지기 때문이다. 자녀를 잘 양육하기 위해 이 장에서는 영유아기 자녀의 발달 특징을 살펴보고 영아기와 유아기의 발달에 기초한 부모의 역할을 알아보고자 한다. 또한, 자녀양육에 대한 개념과 유형을 학자별로 살펴보고자 한다.

1. 영유아기 부모역할

가. 영아기 발달특성과 부모역할

1) 영아기 발달 특성

가) 신체·운동발달

영아기 발달 중 눈에 띄게 가장 큰 변화를 보이는 것은 신체·운동발달로 그 특징은 다음과 같다.

- 키와 몸무게가 빠르게 증가한다.
- 12개월 전까지는 체지방이 증가하다 걸음마기가 되면 운동량이 많아져 체지방이 줄어든다.
- 근육이 점차 증가하고 골격이 성장한다.
- 만 1세를 전후하여 스스로 걸으려는 시도를 한다.
- 점차 대소근육이 발달한다.

〈영아의 신체 · 운동발달〉

생후 1개월 영아 | 3개월 영아 | 만 1세 영아 | 만 2세 영아

나) 인지·언어발달

인지발달이란 사고, 이해, 지각과 같은 정신적 과정으로 피아제(Piaget)는 이 시기를 감각운동기라고 하였다. 감각과 지각에 기초한 영아기 인지발달과 언어발달

의 특징은 다음과 같다.

- 오감을 통해 환경과 상호작용하며 인지발달을 한다.
- 대상영속성 개념이 발달한다.
- 만 1세경이 되면 상징놀이가 나타난다.
- 영아기 언어발달은 울음에서 시작되며, 영아기 초기에는 울음, 얼굴표정, 몸짓과 같은 비언어적 의사소통을 한다.
- 쿠잉, 옹알이 등의 소리언어가 나타난다.
- 한 단어로 말하다가 점차 두 단어, 세 단어를 결합하여 사용한다.

다) 사회·정서발달

영아기 사회·정서발달은 영아가 양육자와 형성하게 되는 정서적 유대감인 애착에서부터 시작된다. 안정된 애착을 형성한 영아는 유아가 되어서도 타인과 긍정적인 관계를 맺을 수 있을 뿐 아니라 건강한 사회적 관계를 맺을 수 있는 기초가 형성된다. 영아의 사회·정서발달 특징은 다음과 같다.

- 점차 낯가림을 하게 된다.
- 혼자놀이나 병행놀이 형태가 나타난다.
- 자기중심적이며 놀잇감의 공유나 나누어 갖는 개념이 아직 형성되지 않았다.
- 희로애락과 같은 기본 정서가 나타난다.
- 점차 정서가 분화되고 다양한 반응과 양상이 나타난다.
- 점차 타인의 정서에 반응한다.

2) 영아기 부모역할

가) 영아의 신체·운동발달을 위한 부모역할

(1) 영아에게 적합한 음식물(수유 및 이유식) 먹이기

영아의 건강한 신체·운동발달을 위하여 잘 먹이는 일은 중요하다. 모유는 갓 태어난 아기에게 풍부한 영양분을 제공해준다. 신생아는 모유 수유 중 잠들기도 하고, 먹는 양이 일정하지 않기 때문에 수유의 간격과 양을 처음부터 완벽하게 가늠하기란 매우 어려울 뿐 아니라 초산의 경우 원활한 수유가 어려울 수도 있다. 그러나 신생아기가 지나가면 점차 수유의 양과 시간을 가늠할 수 있고 수유의 간격도 늘어난다. 생후 6개월 이후에는 모유 수유만으로는 영양섭취가 불충분하기 때문에 이유식을 시작하는 것이 바람직하다. 이유식의 목적은 영양보충도 있지만 다양한 음식 맛의 경험과 먹기에 대한 즐거움을 경험하는 것이다(여성가족부 가족정책과, 2017). 생후 1년이 되면 거의 성인이 먹는 식사와 유사해진다. 특히, 영아는 단백질을 필요로 하므로 고기, 생선, 치즈와 같은 음식물을 제공해 주는 것이 좋다.

〈영아의 즐겁고 행복하게 먹기〉

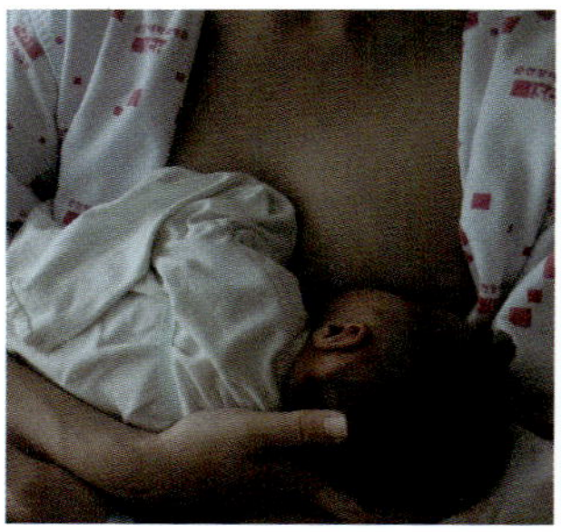
1개월경 모유 수유

6개월경 첫 이유식

만 2세 이유식 후기

(2) 잘 재우기

생후 첫 몇 개월 동안 영아는 수유시간을 제외하고 거의 대부분의 시간을 잠을 자며 지내기 때문에 영아를 잘 재우는 일은 매우 중요하다. 영아는 수시로 잠에서 깨기도 하고 보채기도 한다. 또한, 성인의 수면 패턴과 달라 영아를 잘 재우는 일은 초보 부모에게 있어 매우 어려운 일이다. 영아기 올바른 수면은 건강과 뇌발달에 중요한 역할을 하므로 영아가 편안한 분위기에서 잘 잠들 수 있는 환경을 마련해 주어야 한다. 때로는 수면교육이 필요할 때도 있는데, 수면교육이란 자녀가 다른 도움 없이 혼자서 잠드는 습관을 들이는 교육이다. 단, 돌 이전 영아에게 무리하게 수면교육을 실시하여 아기를 심하게 울릴 경우 아기의 대천문[1]이 들어가는 경우도 있으니 조심스럽게 접근하여야 할 것이다.

(3) 운동발달의 개인차를 이해하고 안전한 환경 제공하기

영아의 운동발달은 성숙에 의해 자연스럽게 이루어지고 개인차가 있다. 그러므로 영아의 운동발달을 위해 시기에 적합하지 않은 무리한 자극을 주는 것은 바람직하지 않다. 예를 들어, 아직 목 가누기가 발달되지 않은 아기를 의자에 앉히거나 무리하게 서기를 가르친다면 뼈를 다치는 결과를 초래할 수도 있다. 영아가 자발적으로 자신의 신체를 움직이며 활동할 수 있도록 기다리고 안전한 환경을 마련해 주는 것이 바람직하다. 특히, 만 1세경은 안전사고가 가장 많이 발생할 수 있는 시기이다. 걸음마를 할 수 있게 되면서 영아는 스스로 이동할 수 있게 되고 호기심이 왕성해진다. 그러나 상황에 대한 이해와 대처 능력이 아직 미성숙하기 때문에 자녀에게 한시라도 눈을 떼게 된다면 자칫 큰 위험에 빠질 수도 있다. 안전펜스, 모서리 보호대, 콘센트 커버 설치 등을 통해 안전한 환경을 구축해 주고 위생에도 힘써야 한다.

나) 영아기 인지·언어발달을 위한 부모역할

(1) 다양한 감각적 자극 반복적으로 제공하기

걸음마기 전 영아의 인지발달을 위해서 풍부하고 다양한 감각적 자극을 반복적으로 제공해 주는 것이 좋다. 영아는 감각기관과 운동기능을 통해 세상을 인식하고 정보를 받아들인다. 감각적 자극을 통해 영아가 직접 경험할 수 있는 기회를 많이 제공해주는 것이 좋다. 예를 들어, 1~3개월 아기에게는 흑백 모빌을 달아주어 시각적 자극을 제공하고 아름다운 음악을 들려주며 청각적 자극을 제공해 준다. 점차 딸랑이, 오뚜기, 촉각인형과 같은 다양한 재질로 이루어진 장난감을 제공해 주어 영아가 직접 손으로 쥐고 탐색하며 눈과 손의 협응력을 향상시킬 수 있도록 돕는다.

1) 머리의 정중부에 전두골과 두정골 사이에 있는 천문, 대천문은 처음 수개월간의 증대하지만, 그 후에는 축소되어 행후 2년 후에는 완전히 폐쇄된다.

〈다양한 감각적 자극 제공〉

공

얼음

지퍼백 안의 물감

두부

⑵ 영아의 탐색과 놀이 지원하기

걸음마 시기가 된 영아들은 호기심이 더욱 왕성해지고 상징적 사고가 발달하여 상상놀이가 보다 구체적으로 나타난다. 만 2세경의 영아들은 사소하면서도 개인적인 경험을 상상놀이의 소재로 삼기 때문에 부모는 다양한 경험을 제공해주고 자녀가 충분히 탐색하고 스스로 활동할 수 있는 시간을 허용해 주어야 한다. 걸음마기 영아의 자율성은 놀이에서뿐 아니라 전반적인 일상생활에서도 나타난다. 영아가 도움을 필요로 하지 않거나 원하지 않을 때에는 활동의 간섭을 줄여 지적 욕구를 충족할 수 있도록 하는 것이 좋다. 부모는 자녀의 놀이를 인정해주고, 놀이를 면밀히 관찰하며 탐색활동을 격려하고 놀이가 지속될 수 있도록 놀잇감의 제공이나 언어적 상호작용을 해준다.

〈영아의 인지발달을 위한 탐색과 놀이 지원하기〉

청소놀이를 하는 만 2세 영아

음식점놀이를 하는 만 2세 영아

(3) 애정을 기반으로 지속적인 언어자극하기

영아의 언어발달을 위해 부모는 지속적인 언어자극을 해 줄 필요가 있다. 영아는 아직 자신의 의사를 충분히 언어로 표현하기는 어렵지만 수용언어 발달이 먼저 이루어지기 때문에 성인의 언어표현에 반응할 수 있다. 부모는 자녀가 보이는 얼굴표정이나 신체언어, 울음 등을 통해 욕구를 이해하고 적절히 반응해주어야 한다. 걸음마기 영아의 어휘 수는 급격히 증가한다. 따라서 부모는 자녀가 탐색이나 놀이를 할 때 함께 참여하며 모델링을 보여주거나 언어적 상호작용을 통해 지도하는 것이 바람직하다. 이외에도 자녀에게 적합한 동요 불러주기, 동화책 읽어주기 등을 통해 풍부한 언어적 환경을 조성하며 언어적 자극을 해주어야 한다.

다) 영아기 사회·정서발달을 위한 부모역할

(1) 기본적인 신뢰감과 안정적 애착 형성하기

영아기 양육자와의 신뢰감과 안정적인 애착형성은 영아기 이후의 사회성 발달에 중요한 영향을 미칠 뿐 아니라 건강한 정서발달의 기초가 된다. 생후 1년 동안의 주 양육자인 부모로부터의 민감하고, 적절하며, 일관성 있는 돌봄은 영아로 하여금 타인과 세상을 믿고 의지할 수 있는 신뢰감을 형성할 수 있도록 한다. 즉, 부모는 자녀의 요구를 민감하게 이해하고, 자녀가 보내는 비언어적·언어적 신호에 적절히 반응해야 한다. 자녀가 보내는 신호에 일관성 있게 반응하여 영아가 양육자의 반응을 예측할 수 있도록 해야 한다. 자녀가 보호받고 있고 사랑받고 있다는 느낌을 지속적으로 전달해 주기 위해 만져 주기와 안아 주기 혹은 쓰다듬어 주기와 같은 충분한 신체적 접촉을 해 주는 것이 바람직하다.

(2) 긍정적인 정서교류하기

영아는 희로애락과 같은 기본적인 정서를 표현하며 정서를 이해하기 시작한다. 영아뿐 아니라 이 세상에 태어난 모든 자녀들은 부모로부터 사랑받고 싶어 하고 인정받고 싶어 한다. 그러나 때로는 육아로 인해 스트레스를 받거나 뜻대로 되지 않는 자녀양육 자체로 인해 부모 스스로 화가 나거나 자녀에게 의도치 않게 화를 내기도 한다. 자녀와 긍정적 정서교류를 위해서는 부모 자신의 감정을 돌아보고 부정적 감정을 조절해야 한다.

(3) 배변 훈련 및 지도하기

영아의 자율성이 발달함에 따라 영아는 점차 독립된 개체로 성장한다. 신경생리학적 발달과 더불어 대소변 가리기가 준비되면 배변 훈련을 하고 기저귀를 뗄 준비와 훈련을 해야 한다. 너무 일찍 대소변 가리기 훈련을 하게 되면 좌절과 수치심, 실망을 경험할 수 있기 때문에 적절한 시기를 파악하여 영아가 자연스럽게 배변 훈련을 할 수 있도록 도와주어야 한다. 이와 함께 자율성을 길러줄 수 있도록 영아가 스스로 탐색하고 활동할 수 있는 기회를 부여해야 한다. 즉, 안전한 범위 안에서 영아가 환경을 마음껏 탐색할 수 있도록 해 준다. 또한, 먹을 것, 입을 것, 놀 것 등에 대해 가능하면 영아가 선택할 수 있도록 하는 것이 영아의 자율성을 기르는 데 도움이 된다.

나. 유아기 발달특성과 부모역할

1) 유아기 발달 특성

가) 유아기 신체·운동발달

만 3세에서 만 5세에 해당하는 유아기의 신체·운동발달은 영아기 만큼 급격히 이루어지지는 않지만 꾸준히 계속적으로 이루어진다. 유아기 신체·운동발달 특징은 다음과 같다.

- 유아의 키는 매해 약 7~10cm씩, 몸무게는 약 2~3kg씩 증가한다.
- 신장 대 머리 크기의 비율은 대략 1/5 정도이다.
- 체지방은 점차 감소하고 근육의 양이 점점 많아진다.
- 뼈와 골격의 성장이 계속 이루어진다.
- 대소근육발달이 점차 정교해진다.

- 운동능력이 발달한다.
- 눈과 손의 협응 능력이 발달하여 세분화된 조작적 소근육 활동을 할 수 있다.

〈유아의 대근육발달〉

만 3세

만 4세

만 5세

〈유아의 소근육발달〉

만 3세의 숟가락 사용

만 4세의 레고 구성물

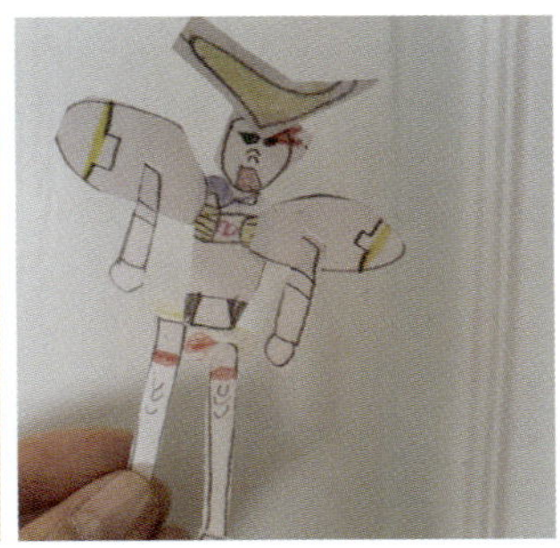

만 5세의 미술활동 결과물

나) 유아기 인지·언어발달

유아기 인지발달은 앞서 언급한 피아제(Piaget)의 인지발달 단계의 전조작기에 해당하며 상징적 사고가 더욱 발달하게 된다. 또한, 유아기 언어발달은 연령이 증가하며 더욱 발달하게 된다. 유아기 인지·언어발달 특징은 다음과 같다.

- 사물에 대한 상징과 심상을 사용하는 표상능력이 증가한다.
- 자기중심적 사고, 상징적 사고, 직관적 사고, 물활론적 사고를 한다.

- 보존개념이 아직 발달하지 않았다.
- 기억력이 향상된다.
- 사용하는 단어의 수가 증가한다.
- 글자에 관심을 갖고, 점차 글자를 읽을 수 있다.
- 글자의 형태가 나타나며 간단한 쓰기가 가능해진다.

다) 유아기 사회·정서발달

유아기는 영아기에 비해 대인관계의 폭이 점차 확대되며 사회·정서발달이 이루어진다. 유아기 사회·정서발달 특징은 다음과 같다.

- 자아에 대한 개념이 보다 확실해지고, 또래 관계가 발달한다.
- 성역할과 도덕성이 발달한다.
- 타인의 마음을 이해하는 마음이론이 발달한다.
- 친사회적 행동이 나타난다.
- 두 가지 이상의 복합 정서를 가질 수 있다.
- 정서 상태의 기복이 심하나 연령이 높아질수록 완만해진다.
- 점차 자신의 감정을 표현하고 조절할 수 있게 된다.

2) 유아기 부모역할 특성

가) 유아기 신체·운동발달을 위한 부모역할

(1) 건강한 식생활과 식습관 지도하기

유아의 건강한 신체발달을 위해 부모는 5대 영양소(탄수화물, 단백질, 지방, 무기질, 비타민)가 포함된 영양가 있는 음식을 제공하고, 올바른 식습관 지도를 해야 한다. 유아기 식습관은 성인이 되었을 때 질병을 예측하는 척도가 되기도 한다. 간혹 음식을 거부하거나 자신이 좋아하는 특정 음식만을 먹으려는 유아들이 있는데, 올바른 음식 섭취는 유아의 성장과 발달에 중요한 요인이므로 음식 먹기를 강요하기보다는 맛을 볼 수 있도록 유도하는 것이 바람직하다. 또한, 부모의 식습관 역시 자녀에게 영향을 미치므로 부모 스스로 편식을 하지 않는지 점검해 볼 필요가 있다.

(2) 다양한 신체 활동 제공하기

유아기는 신체의 성장과 운동 능력의 발달로 자율성이 발달하는 시기이다. 그러므로 대근육과 소근육의 신체를 조작하고, 수행해 볼 수 있는 다양한 신체 활동을 제공해 주어야 한다. 스스로 옷을 입거나 우유를 따라 마시는 것과 같은 일상생활 속 신체 활동뿐 아니라 달리기, 뛰기, 공놀이, 자전거 타기, 게임과 스포츠 활동 등의 기회를 통해 자녀들이 자조기술을 습득하고 신체·운동발달이 자연스럽게 이루어질 수 있도록 하는 것이 바람직하다.

(3) 안전한 놀이 환경 제공하기

유아기는 에너지가 넘치고 운동량 또한 많아지므로 이를 발산할 수 있도록 해 주어야 한다. 그러나 안전을 지나치게 강조하면 유아가 자신의 신체를 사용하고 연습할 수 있는 기회를 박탈할 수 있다. 만약 위험한 상황이 예상되면 위험한 환경을 정리하고, 위험 가능한 상황을 미리 설명해 주어 자녀 스스로 위험에 대비할 수 있도록 도와주는 것이 바람직하다.

나) 유아기 인지·언어발달을 위한 부모역할

(1) 놀이를 자극하고 격려하기

유아의 상징과 표상능력 증가는 유아 인지발달의 대표적 특징이다. 유아의 탐색욕구를 자극할 수 있는 다양한 환경적 자극을 제공하고 유아가 직접 보고, 듣고, 만지는 체험을 할 수 있도록 한다. 또한, 일상생활 속에서 놀이를 통해 유아가 시행착오를 경험하며 자연스럽게 인지발달을 경험할 수 있으므로 다양한 놀이 기회를 제공한다. 놀이는 유아의 발달과 학습의 견인차 역할을 한다. 영아의 경우 감각을 사용하여 세상을 인지하기 때문에 다양한 감각을 활용한 탐색과 놀이가 이루어질 수 있도록 하는 것이 바람직하다. 유아들은 상징과 상상을 사용하고 비현실적 논리가 나타난다는 점에서 상상놀이 등이 활발히 나타난다. 또한, 연령이 증가할수록 또래와의 협력놀이가 나타난다. 따라서 자녀들이 충분히 놀이할 수 있도록 공간, 시간, 놀잇감 등을 제공해주고 부모는 놀이 관찰자, 공동 놀이자, 조력자 등의 역할을 하며 유아의 놀이가 활성화될 수 있도록 한다.

〈유아의 상상놀이〉

원시인 놀이

베트맨 놀이

잠수부 놀이

음식점 놀이

(2) 학습기초 다지기

유아기는 인지발달과 언어발달이 지속적으로 이루어지며 사회에서 요구하는 핵심기술을 배우는 시기이다. 학습은 '경험을 통해 지식, 기술을 배우고 익힌다.'는 의미로 유아기는 놀이를 통해 스스로 생각하고 탐구하는 법을 배우는 것이 중요하다. 이에 우리나라 국가 수준의 유치원 교육과정인 '2019 개정 누리과정'에서도 유아중심·놀이중심 교육과정을 강조하고 있다. 그러나 일부 부모들 사이에서는 초등학교 입학 전 선행학습을 통해 한글과 수학 등 학문을 익히는 것을 선호하며 조기교육이 성행하기도 한다. 조기교육은 유아의 정신건강에 부정적이며, 학습은 적기가 있으므로 유아기는 자녀의 놀 권리를 존중하고, 놀이를 통해 학습의 기초를 다질 수 있도록 해야 한다.

(3) 의사소통 및 문해능력 발달 지원하기

유아의 언어발달을 위하여 부모는 자녀와 의사소통할 수 있는 기회를 많이 갖도록 한다. 즉, 자녀와 대화를 시도하고 유아의 이야기를 경청해야 한다. 또한, 유아에게 읽기와 쓰기를 경험할 수 있는 기회를 제공해야 한다. 책을 가까이 하고 책을 읽는 습관을 형성할 수 있도록 해 준다. 자녀의 바람직한 언어발달을 위해 부모 역시 바르고 고운말을 사용하며 모델링을 해주어야 한다. 더불어 쓰기 활동에도 관심을 갖고 참여할 수 있도록 해야 한다.

〈유아의 문해(읽고, 쓰기) 활동〉

다) 유아기 사회·정서발달을 위한 부모역할

(1) 자율성과 주도성 지원하기

유아기는 자신의 일을 스스로 주도하고자 하는 경향이 있다. 신체기능과 정신기능이 발달함에 따라 이러한 자율성과 주도성이 길러진다. 자신의 일을 스스로 주도해 보고 조절하며 목표를 성취하는 경험이 많은 유아일수록 독립된 성인으로 성장할 수 있다. 따라서 자녀가 스스로 자신의 일을 계획하여 실행해 볼 수 있도록 격려하는 것이 필요하다. 이러한 경험은 자녀가 자신에 대해 보다 잘 인식할 수 있는 기회를 제공할 뿐 아니라 성취감은 긍정적 자아개념 형성에도 도움이 된다.

(2) 또래관계 지지하기

영아기의 사회적 관계가 부모와 가족 관계 안에서 이루어진다면 유아기는 또래들과 본격적으로 관계를 만들어 가는 시기이다. 유아는 점차 또래에 관심을 가지고 다른 유아와 함께 놀이하는 것을 좋아한다. 유아기 또래관계는 대인관계의 기초가 되므로 또래와의 경험을 통해 사회적 관계를 맺는 방법을 배울 수 있도록 한다. 부모는 자녀가 또래와 놀이할 수 있는 기회를 제공해 줄 필요가 있다.

(3) 긍정적인 성역할과 도덕성 발달 지원하기

유아기는 성역할과 도덕성 발달이 이루어지는 시기로 균형 잡힌 성역할 개념의 획득과 옳고 그른 것에 대한 사회적 규범을 받아들이고 내면화시켜야 한다. 그러므로 부모는 남성과 여성의 차별을 두지 않고 타고난 성을 기쁘고 소중하게 여길 수 있는 분위기를 조성해야 한다. 특히, 양육 시 아버지의 적극적 참여는 바람직한 양성평등 가치관을 형성하는 데 도움이 될 수 있다.

또한, 개인이 타인과 상호작용할 때 지켜야 할 규칙이나 관습과 관련 있는 도덕성은 부모–자녀 간의 상호존중이나 애정적 유대에 기초한 긍정적인 훈육이 이루어질 때 발달할 수 있다. 그러므로 부모는 도덕적으로 바람직한 모델링을 보여야 하며 생활 속에서 도덕적 행동이 습관화될 수 있도록 꾸준히 지도해야 한다.

(4) 자신의 정서를 인식하고, 상황에 맞게 표현하고 조절할 수 있도록 격려하기

유아의 사회적 관계가 확장되면서 유아는 자신의 정서뿐 아니라 타인의 정서까지도 이해해야 한다. 다른 사람과 잘 지내기 위해서 유아는 자신의 감정을 정확히 이해하고, 상황과 맥락에 따라 적절히 표현하며 조절해야 한다. 그러므로 유아는 자신이 느끼는 감정을 구체적인 언어로 표현하고 자신의 정서와 타인의 정서가 다를 수 있음을 이해해야 한다. 부모는 자녀의 정서를 잘 파악하여 다양한 어휘를 사용하여 표현해 줄 필요가 있다. 이를 위해 부모는 자녀와 많은 대화를 나누고 교감하며 부정적 정서에 대처할 수 있는 효과적인 방법을 마련할 수 있도록 도와야 한다. 가트만(Gottman)은 자녀가 느끼는 모든 감정을 공감하고 감정을 조절할 수 있는 양육이 필요하다고 하였는데, 이 부분은 자녀양육 유형에서 좀 더 알아보도록 하겠다.

2. 자녀양육 유형

가. 자녀양육의 의미와 부모역할

동서고금을 막론하고 자녀를 키우는 부모라면 자녀를 잘 키우고 싶어 한다. 자녀가 건강한 성인으로 성장하기 위해서 부모의 사랑과 바른 양육은 매우 중요하다. 부모가 자녀를 낳고 기르면서 부모는 자녀와 관계를 맺으며 다양한 이슈와 변화를 맞이하게 된다. 제5장 가족생활주기와 부모역할에서도 살펴보았듯이 가족을 형성한다는 것은 성인남녀가 만나 가정을 이루고 자녀를 출산하여 부모의 역할에 적응해가는 과정이라고도 할 수 있다. 그렇기 때문에 많은 학자들(Carter & Goldrick, 1988; Duvall, 1988, Galinsky, 1987; Rossi, 1968)은 가족생활주기 단계를 구분할 때에도 자녀의 출산과 양육 및 교육을 중요한 단계로 여겼다.

자녀양육은 자녀를 보살펴서 자라게 하는 것이다. 과거에는 자녀양육을 부모가 감당해야 하는 역할로 보았으나 현재는 지역사회 및 정부도 나서서 부모가 자녀를 잘 키울 수 있도록 다양한 지원을 하고 있다. 특히, 현대와 같은 소핵가족화 사회에서는 국가 정책적으로 자녀양육 지원을 위한 시스템이 구축되어야 한다.

"부모가 되어야 진정한 어른이 된다."라는 말이 있다. 좋은 부모가 되기 위해서는 많은 인내와 성찰이 필요하며 끊임없이 노력해야 한다. 부모가 되어 자녀를 양육한다는 것은 희생이 필요하며, 연습이 없는 실제 상황이기도 하다. 또한, 자녀의 발달단계에 따라 역동적인 변화가 요구되기도 하며 중도에 포기할 수도 없다(Rossi, 1968). 그렇기 때문에 부모가 되어 자녀를 양육하며 부모역할을 잘 수행하는 것은 부모 자신의 일생에서 자기 자신의 성숙을 이루기 위한 중요한 과업이라고도 할 수 있다.

그렇다면 자녀를 양육할 때 부모의 역할은 무엇일까?

홀든과 리치(Holden & Ritchie, 1988)는 아동에게 긍정적인 영향을 주는 부모역할에 관한 연구를 통해 부모의 역할을 양육자(caring giver), 관리자(management role), 발달자극자(nurturing role) 세 가지로 정리한 바 있다. 첫째, 부모는 자녀의 안전, 생존과 같은 물리적이고 정서적 욕구에 대해 적절한 사회적·물리적 자원을 제공하는 양육자 역할을 해야 한다. 이 역할에서 부모는 자녀의 기본적 욕구를 충족시켜 주고 안전감을 느끼도록 환경을 조성해 주어야 한다. 둘째, 부모는 자녀의 발달적 맥락에서 자녀의 행동을 관리하는 관리자 역할을 해야 한다. 부모의 관리자 역할은 크게 두 가지로 나누어지는데 일반적 관리와 집행적 관리이다. 일반적 관리는 자녀가 하루를 보내는 것과 같은 스케줄의 관리를 의미하며, 집행적 관리는 의사결정과정에서 자녀가 어떻게 해야 하는지를 관리해 주는 것을 의미한다. 예를 들어, 집행적 관리는 훈육(discipline)을 의미하는데, 훈육이란 부모가 자녀가 바르게 사고하고 행동하도록 통제하고 지도하는 것이다. 마지막으로 부모는 발달자극자의 역할을 해야 한다. 부모는 자녀의 돌봄뿐 아니라 교육적 지원을 통해 자녀의 잠재력 개발을 위해 노력해야 한다.

우리나라의 숙명여자대학교 아동센터연구소(1996)에서도 부모의 역할을 다음과 같이 5가지로 정리하였다. 첫째, 부모는 출산 및 양육의 책임자이다. 둘째, 부모는 자녀의 신체적, 심리적 보호 및 적절한 훈육의 책임자이다. 셋째, 부모는 자녀를 교육하는 교육자의 역할을 해야 한다. 넷째, 부모는 자녀에게 동일시 모델의 역할을 수행한다. 다섯째, 부모는 자녀의 상담자 및 친구의 역할을 해야 한다.

이처럼 시대적 문화적 차이에도 자녀양육에 있어 자녀를 돌보고 교육하는 부모의 역할은 거의 유사하다고 볼 수 있다. 다만 현대를 살아가는 부모들은 자녀를 양육할 때 제3장에서 설명한 현대사회의 5가지 특징(4차 산업혁명시대, 포노 사피엔스 시대, 인류세 시대, 다원화·다문화 시대, 소핵가족 시대)을 고려해야 한다. 현대사회에서 자녀가 보다 주도적인 삶을 살아갈 수 있도록 부모는 미래 세대인 자녀에게 4C[2]를 길러주고, 지속가능한 삶의 양식을 내재화시켜 주며, 자녀의 개성을 존중해 주어야 한다. 이를 그림으로 정리하여 제시하면 다음 〈그림 6-1〉과 같다.

---

2) 미래세대에게 길러줄 핵심 역량으로 창의성(Creativity), 협업능력(Collaboration), 비판적 사고능력(Critical thinking), 의사소통 능력(Communication).

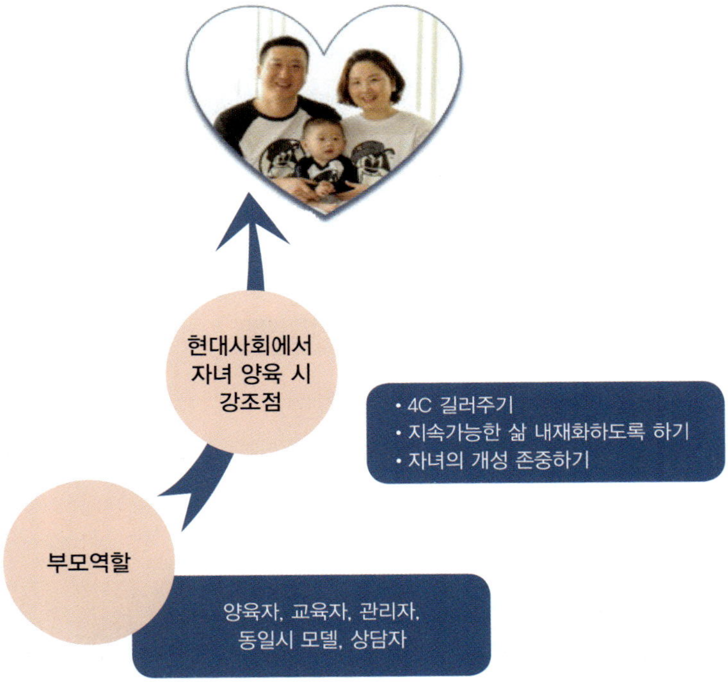

〈그림 6-1〉 부모의 역할

나. 자녀양육 유형 분류

많은 학자들은 자녀양육과 관련하여 부모로서 기대되는 바람직한 부모역할에 대해 관심을 가져왔으며, 자녀를 양육하는 과정에서 이루어지는 부모의 양육태도 혹은 양육행동 등을 유형화하였다. 학자에 따라 부모의 양육태도에 초점을 맞추거나 행동에 초점을 맞추어 설명하고자 하였으나 대개는 양육태도나 행동을 특별히 구분하지 않고 혼용하여 쓰고 있다. 학자별로 부모의 양육 유형을 분류하여 정리하면 다음과 같다.

1) 사이몬드(Symond, 1938; 1949)의 부모의 수용과 거부 유형

부모의 양육태도를 처음으로 유형화한 사이몬드(Percival M. Symonds, 1893~1960)는 크게 수용적 양육과 거부적 양육 두 가지로 구분하였다. 이후 많은 학자들에 의해 이 두 가지 양육 유형은 지속적으로 연구되어 왔다. 부모의 수용적 양육과 거부적 양육에 대한 범주를 정리하면 다음 〈그림 6-2〉와 같다(Rohner, Khaleque, & Cournoyer, 2012).

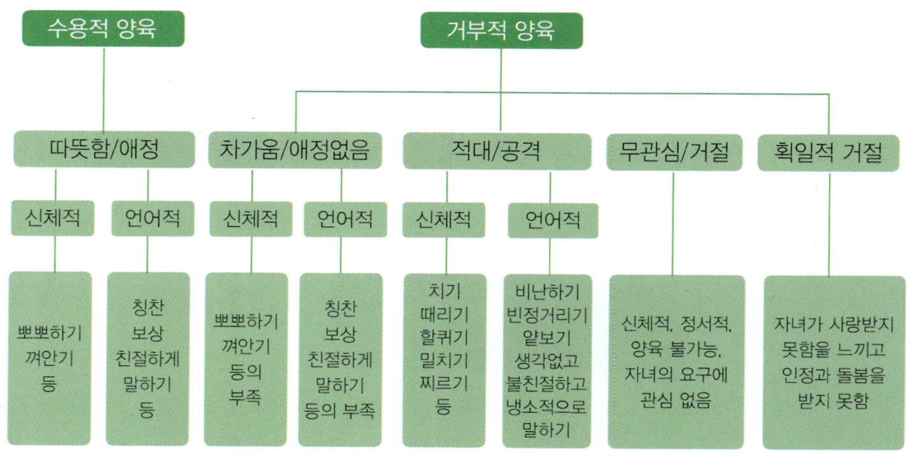

〈그림 6-2〉 자녀양육의 범주(The warmth dimension of parenting)

출처: Rohner & Cournoyer(2012); Rohner, Khaleque, & Cournoyer(2012).

2) 쉐퍼(Schaefer, 1959)의 어머니의 양육태도 유형

쉐퍼(Earl S. Schaefer, 1926~2016)는 부모, 특히 어머니의 양육태도에 관심을 가졌으며, 애정과 적대를 x축으로 자율과 통제를 y축으로 놓고 〈그림 6-3〉과 같이 두 축에 따라 애정-자율형, 애정-통제형, 적대-자율형, 적대-통제형으로 구분하였다.

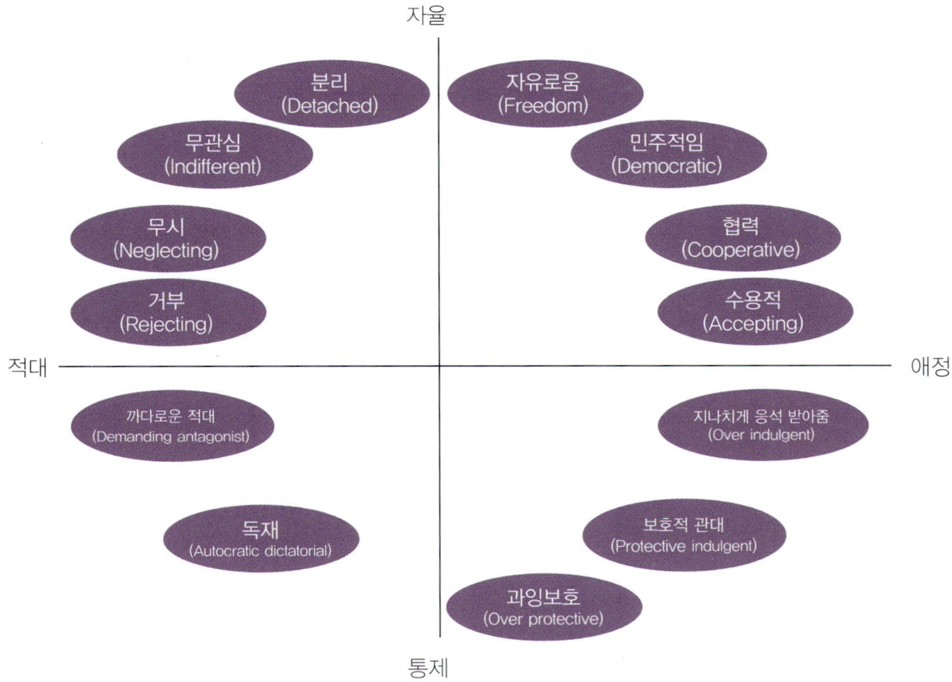

〈그림 6-3〉 어머니의 행동 개념에 대한 가설적 순환
(A hypothetical circumplex of maternal behavior concepts)

출처: Schaefer(1959).

첫 번째, 애정-자율형 부모는 가장 이상적인 부모의 양육태도이다. 부모는 자녀에게 애정을 갖고 자녀를 인격체로 존중한다. 이러한 부모는 자녀의 자율성을 인정하며 동시에 그에 따른 책임과 의무도 강조한다. 즉, 자녀의 권리, 개성을 존중하며 자녀 스스로 생각하고 책임질 수 있도록 가르친다. 그러므로 자녀는 능동적이며 외향적이고 독립적이며 사회적응을 자신 있게 할 수 있는 사람으로 자랄 수 있다.

두 번째, 애정-통제형 부모는 자녀를 사랑하고 애정을 갖고 있지만 그에 따른 행동의 제약과 통제도 함께 이루어진다. 부모의 지나친 애정은 자녀의 과잉보호로 나타나기도 한다. 그러므로 이러한 양육태도를 지닌 부모의 자녀들은 애정-

자율형 부모의 자녀보다 더 의존적이고 사교성과 창의성이 적을 수 있다. 또한, 내성적인 성격을 가지고 상상적인 적대 감정을 품을 수도 있다.

세 번째, 적대–자율형 부모는 자녀를 수용하고 받아들이지 못하는 동시에 자녀를 방임한다. 이러한 태도를 가진 부모는 자녀를 소홀히 여기며 냉담하거나 무시하는 경향이 있다. 그러므로 자녀들은 자신을 무시하면서도 방임하는 부모들의 태도로 인해 불안해하고 공격적이다. 또한, 반항적·반사회적이며 자신의 행동조절을 못해 사회에서 고립되기도 한다. 때로는 정서적으로 미성숙한 행동을 보이기도 한다.

네 번째, 적대–통제형 부모는 애정–자율형 부모와는 완전히 반대이다. 독재적이고 권위주의적인 태도를 보이며 자녀를 애정적이고 따뜻하게 대하지 않을 뿐만 아니라 자녀의 행동에 대해 체벌이나 심리적 통제를 사용하여 엄격히 규제한다. 그러므로 자녀는 자아에 대해 분노가 발생하여 내면화된 갈등, 고통을 많이 가지고 있다. 경우에 따라서는 자학적, 퇴행적이 되기도 하며 수줍음이 많아 사회성이 부족하고, 정상적인 친구관계를 유지하기 어렵다.

3) 바움린드(Baumrind, 1971)의 부모양육 태도

바움린드(Diana B. Baumrind, 1927~2018)는 부모의 양육태도를 권위적인 태도(authoritarian), 권위 있는 태도(authoritative), 그리고 허용적인 태도(permissive) 3가지로 구분하였다. 권위적인 태도는 전적으로 자녀를 통제하려고 하는 반면 허용적인 태도는 자녀의 개별성을 존중해주는 서로 정반대의 입장이라고 할 수 있다. 반면에 권위 있는 태도는 자유와 엄격함의 균형을 이루기 위해 노력하는 입장이다. 권위적인 태도와 권위 있는 태도 모두 자녀에게 높은 요구를 하지만 권위주의적인 부모들은 좀 더 보수적인 반면, 권위 있는 부모는 목적 달성을 위해 규칙을 합리화하며 자녀의 자율성을 좀 더 강조한다. 3가지 부모양육 태도를 정리하면 다음 〈표 6–1〉과 같다.

〈표 6-1〉 바움린드의 3가지 부모양육 태도의 비교

	권위적인 부모 (Authoritarian parenting)	권위 있는 부모 (Authoritative parenting)	허용적인 부모 (Permissive parenting)
통제 (control)	높음 강압적이며 전통적 기준, 힘의 논리와 벌에 의거하여 통제한다.	높음 지시적이며, 지침, 이유, 강화를 활용하여 통제를 조절한다.	낮음 수용적이고 애정적이며 이유와 조정을 통해 통제를 조절한다.
요구 (demand)	높음	높음	낮음
언어교환에 관한 규칙 (rule related verbal exchange)	권고하지 않음 자녀는 질문 없이 부모의 의견을 따라야 한다.	권고 부모는 자녀에게 규칙을 설명하고 규칙을 따르고 싶지 않다면 거부할 수 있다.	권고 규칙에 대해 자녀의 의견을 들어주고 상담한다.
강조 (emphasis)	복종, 전통적 훈육	자기 의지적이며, 합리적 훈육	자녀를 위한 부모의 지원
자녀의 자율성 (children's autonomy)	제한	장려	제한을 두지 않음
자녀의 개성 (children's individuality)	제한 자녀의 행동과 태도는 절대적이고 전통적인 기준에 의거하여 형성되도록 한다.	제한적이지는 않지만 지시 자녀의 욕구를 인지하지만 합리적 기준에 의거하여 지도한다.	허용 자녀는 자유롭게 활동을 하며 기준이나 규범에 얽매일 필요가 없다.

출처: Baumrind(1966, 1967, 1971a, 1971b).

바움린드는 추가로 무관심한 부모양육 태도(negligent parenting)를 제안하였다. 무관심한 양육태도를 가진 부모는 자녀의 요구에 어떠한 반응도 하지 않는다. 그러므로 자녀들은 부모와 유대감이 낮고, 타인과의 관계에 있어 어려움을 겪는다. 이들은 정서적으로 불안하고 자존감도 낮다. 비행을 통해 분노와 적개심을 표현하기도 한다. 바움린드가 제안한 이러한 부모양육 태도는 이후 맥코비(Maccoby)와 마틴(Martin)에 의해 권위적인 양육태도, 권위 있는 양육태도, 허용적인 양육태도, 그리고 무관심한 양육태도 4가지로 구체화되었다(Gafoor & Kurukkan, 2014).

4) 가트만(Gottman, 1988)의 4가지 부모양육 유형

가트만(John Gottman, 1942~)은 심리학자이자 임상가로 부모자녀관계, 부부관계 등 다양한 인간관계에 관심을 갖고 '감정코칭' 개념을 정립하였다. 가트만연구소(The Gottman Institute)를 설립하고 감정코칭과 관련하여 4가지 부모의 양육스타일을 소개하였다. 부정적인 감정을 무시하는 묵살형 부모(The Dismissing Parent), 나쁜 감정을 억압하는 억압형 부모(The Disapproving Parent), 어떠한 감정도 방임하는 자유방임형 부모(The Laissez-Faire Parent), 그리고 공감과 지도로 감정을 코칭하는 감정코치형 부모(The Emotion Coach Parent)에 대해 자세히 설명하면 다음 〈표 6-2〉와 같다.

〈표 6-2〉 가트만의 4가지 부모양육 유형

유형	내용	자녀에게 미치는 영향
묵살형 부모 (The Dismissing Parent)	• 자녀의 감정을 중요하게 생각하지 않고 대수롭지 않게 여긴다. • 자녀의 감정을 방임하거나 무시한다. • 자녀의 부정적 감정이 빨리 사라지기 원한다. • 자녀의 감정은 수정되고 고쳐야 하는 것으로 여긴다. • 감정을 유발하는 사건을 과소평가하고 자녀의 감정을 최소화한다. • 자녀와 함께 문제를 해결하지 않고 시간이 지나면 자연스럽게 해결될 것이라고 여긴다.	자녀들은 자신의 감정이 부적절하고 정당하지 않다고 생각한다. 자녀들은 자신이 느끼는 감정 자체가 잘못된 것이라고 여길 수도 있다. 결국 자녀들은 자신의 감정을 조절하는 데 어려움을 겪을 수도 있다.
억압형 부모 (The Disapproving Parent)	• 묵살형 부모보다 더 부정적인 방식으로 표현한다. • 자녀의 감정 표현을 판단하고 비판한다. • 좋은 행동의 기준의 적합성을 강조한다. • 부정적인 감정은 통제되어야 한다고 믿는다. • 감정은 사람을 약하게 만든다고 믿으며, 자녀는 생존을 위해 감정적으로 무뎌야 한다고 생각한다. • 부정적인 감정은 비생산적이고, 시간낭비라고 생각한다.	묵살형 부모의 자녀에게 미치는 영향과 동일

유형	내용	자녀에게 미치는 영향
자유방임형 부모 (The Laissez-Faire Parent)	• 자녀의 모든 감정 표현을 자연스럽게 수용한다. • 행동에 대한 지침을 거의 제공하지 않는다. • 한계를 설정하지 않는다. • 부정적인 감정을 없애는 것 외에는 할 수 있는 것이 거의 없다고 믿는다. • 자녀가 문제를 해결하는 데 도움을 주지 않는다. • 부정적인 감정은 발산하면 되는 것으로 간주한다.	자녀들은 감정 조절을 배우지 못하고, 집중력, 우정형성, 또래와 잘 지내는 데 어려움을 겪을 수도 있다.
감정코치형 부모 (The Emotion Coach Parent)	• 부정적 감정에도 관심을 가지고 친숙해질 수 있도록 한다. • 자신의 감정을 인식하고 소중하게 여길 수 있도록 한다. • 부정적 감정을 양육에 있어 중요한 요소로 간주한다. • 자녀의 부정적 감정을 가볍게 생각하지 않는다. • 자녀가 어떤 감정을 가져야 하는지 규정짓지 않는다. • 자녀가 느끼는 감정을 경청하고, 공감하며, 자녀가 느끼는 감정을 인식할 수 있도록 도와주고 감정 조절을 도우며 한계를 설정하고 수용 가능한 감정 표현과 문제해결 기술을 가르친다.	자녀들은 자신의 감정을 신뢰하고, 조절할 수 있으며 문제해결 방법을 배운다. 자녀들은 자존감이 높고, 학습을 잘하며, 다른 사람과 잘 어울린다.

출처: http://www.gottman.com/blog/the-four-parenting-styles/

양육 유형을 학자별로 정리한 결과, 부모의 양육태도는 학자에 따라 관점에 따라 다를 수 있으며 상황과 맥락에 따라 복합적이며 역동적일 수 있다. 그러나 궁극적으로 앞서 제시한 학자들은 자녀를 바람직하게 기르기 위한 방법을 모색하기 위한 노력으로 부모의 양육 스타일을 유형화하고 연구하였다. 또한, 부모의 양육 유형 혹은 스타일에 따라 자녀의 행동이나 성격 등 성장과 발달이 달라질 수 있음을 보여준다. 그러므로 부모는 자녀의 바람직한 성장을 위해 자신의 양육방식을 점검해 보고, 긍정적이고 일관성 있는 양육태도를 갖기 위해 노력해야 할 것이다. 자녀를 잘 양육하고 좋은 부모가 되기 위해서는 부단히 노력하고 인내해야 한다. 자녀를 낳고 키우는 일은 행복이기도 하지만 부모가 되는 길은 멀고도 험난한 여정이다.

이제 다음 제7장에서는 다양화·다원화되고 있는 현대사회의 다양한 가족 유형을 살펴보고, 다양한 가족 유형의 부모들이 역할 수행을 잘하기 위한 부모교육과 지원에 대해 좀 더 살펴보도록 하겠다.

07 CHAPTER

다양한 가족 유형에 따른 부모교육

현대사회의 급격한 변화는 가족에 대한 인식과 혼인과 혈연으로 맺어지는 전통적 가족구조의 변화를 가져왔다. 또한, 최근 젊은 층 사이에서는 주거 등 사회·경제적인 문제나 성차별적 결혼문화에 대한 거부감 등 다양한 이유로 전통적인 법률혼을 거부하고 사실혼, 비혼, 동거 등 다양한 관계를 선택하는 비중도 늘고 있다. 이러한 현상으로 다양한 형태의 가족 유형이 등장하고 있다. 이 장에서는 점차 보편화되고 있는 맞벌이가족부터 한부모가족, 재혼가족, 조손가족, 그리고 문화적 다양성에 기인하는 다문화가족, 입양가족, 장애가족까지 다양한 형태의 가족에 대해 알아보고자 한다. 이를 기초로 다양한 유형의 가족이 겪을 수 있는 부모역할의 어려움과 이들을 위한 부모교육과 지원을 살펴보고자 한다.

1. 맞벌이가족

가. 맞벌이가족의 특성과 현황

1) 맞벌이가족의 정의

맞벌이가족이란 부부(夫婦)가 함께 고용근로자로서 취업을 하여 임금 수입을 얻고 있는 가족이다. 현대사회는 여성의 교육 수준이 높아졌고, 경제활동의 참여 역시 증가하고 있기 때문에 취업모의 수가 꾸준히 증가하고 있다. 이에 따라 맞벌이가족의 수는 지속적으로 늘고 있다.

2) 우리나라 맞벌이가족 현황

〈그림 7-1〉을 살펴보면, 2019년 10월 기준 우리나라 맞벌이 가구는 566만 2천 가구로 전체 가구의 47%를 차지하는 것으로 나타났다. 18세 미만 자녀를 둔 맞벌이 가구는 전체 가구 대비 51.4%를 차지하고 있다. 특히, 자녀의 연령별로 살펴보았을 때, 취학 이전인 6세 이하 자녀를 둔 맞벌이가구 비중은 44.6%로 가장 낮았고, 초·중학생 연령의 자녀를 둔 가구의 맞벌이 비중은 절반을 넘어 7~12세가 54.8%, 13~17세가 59.5%로 나타났다.

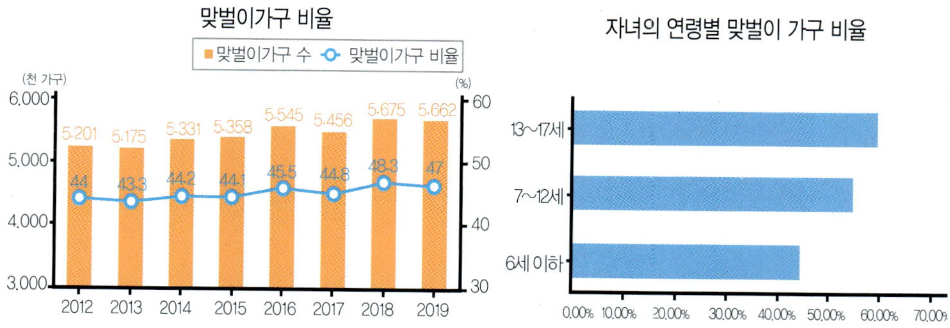

〈그림 7-1〉 맞벌이 가구 비율

출처: 통계청(2020). 2019년 하반기 지역별 고용조사: 맞벌이 가구 및 1인 가구 고용현황.

나. 맞벌이가족의 부모역할 어려움

맞벌이가족이 직면하고 있는 가장 큰 어려움은 일과 가정생활을 양립하기 위해 노력하는 과정에서 겪게 되는 어려움이다. 맞벌이가족 부모는 직장생활과 함께 자녀양육, 가사참여, 가족관계 등의 역할을 동시에 수행하며 어려움을 경험한다. 맞벌이가족 부모역할의 어려움을 정리해 보면 다음과 같다.

- 부모역할 수행에 있어 시간의 부족
- 자녀의 안전과 돌봄에 대한 한계
- 자녀양육에 필요한 요구를 잘 충족하지 못하는 데서 기인하는 죄책감

다. 맞벌이가족 부모교육

1) 맞벌이가족을 위한 정책적 지원

가) 맞벌이가족을 위한 안전하고 쾌적한 돌봄 체계 구축

맞벌이가족의 부모는 직장에 있는 동안 자녀를 안심하고 맡길 수 있는 곳이 필요하다. 이를 위해 국가에서는 안전하고 쾌적한 보육시설을 마련하고 연령에 맞는 보육프로그램을 제공하기 위해 노력하고 있다. 또한, 여성가족부에서는 아이돌보미 지원사업과 영아종일반 돌봄서비스를 도입하여 시설보육의 사각지대를 보완하고 자녀양육 부담을 경감하기 위해 노력하고 있다.

나) 일과 가정의 양립 문화 조성

맞벌이가족은 직장생활을 하며 동시에 자녀를 돌보고 양육해야 하기 때문에 시간의 부족을 느낀다. 그러므로 일과 가정생활의 균형을 위한 제도와 환경 조성이 필요하다. 배우자의 출산휴가 보장과 활성화, 아버지의 가사 및 육아참여 확대를 위한 사회분위기 조성과 노력들이 다각도로 이루어지고 있다.

2) 맞벌이가족을 위한 맞춤형 부모교육

맞벌이가족 부모는 자녀와 함께 보내는 시간의 양적 측면과 함께 어떻게 시간을 보내는지에 대한 질적 측면도 중요하게 생각한다. 즉 맞벌이부모는 가능한 한 자녀와 함께하는 시간을 많이 갖도록 노력해야 하며, 함께 있는 시간에는 부모의 마음을 자녀에게 잘 전달하고 구체적인 애정을 표현할 수 있는 다양한 기술과 방법이 필요하다. 맞벌이가족을 위한 실제 부모교육 프로그램의 사례들을 살펴보면 다음과 같다. 한국지역사회교육협의회에서는 한국건강가정진흥원의 후원을 받아 맞벌이부모를 대상으로 맞벌이 부모교육을 진행한 바 있다. 프로그램 내용은 맞벌이부모가 일과 가정 양립을 위한 다양한 방법을 모색하고 가족 간 효과적인 소통에 대한 것이었다. 이외에도 경기도 무료온라인 평생학습 지식(GSEEK)에서는 맞벌이 부모를 대상으로 다양한 부모교육 강좌를 제공하고 있다. 맞벌이 부모들이 시간과 공간의 제약에서 벗어나 자녀양육에 대한 무료 학습을 할 수 있도록 지원하고 있다.

〈맞벌이가족을 위한 부모교육 프로그램〉

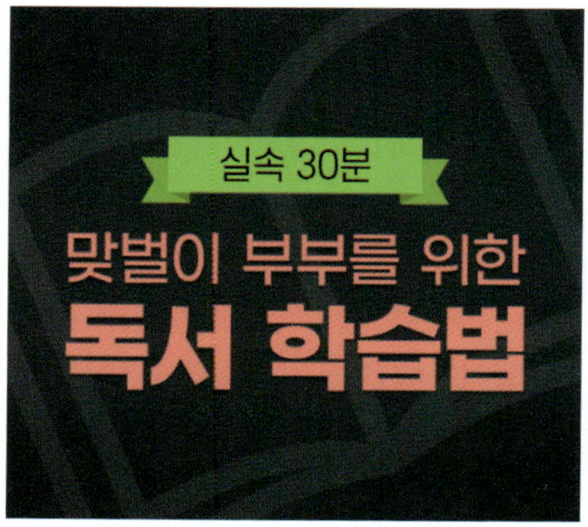

'경기도 무료온라인 평생학습 GSEEK 지식'에서
제공하는 무료온라인
맞벌이 부모 대상 부모교육 강좌

2. 한부모가족

가. 한부모가족의 특성과 현황

1) 한부모가족의 정의

한부모가족이란 부모 중 어느 한 명과 그 자녀로 이루어진 가족을 의미한다. 한부모가족은 자녀 보호를 누가 맡고 있느냐에 따라 어머니와 자녀로 구성된 여성 한부모가족 혹은 아버지와 자녀로 구성된 남성 한부모가족으로 구분할 수 있다. 결혼을 하지 않은 상태에서 자녀를 둔 미혼모나 미혼부 가족도 포함된다. 「한부모가족지원법」은 한부모가족을 다음과 같이 정의하고 있다.

한부모가족의 정의

"모" 또는 "부"란 다음 각 목의 어느 하나에 해당하는 자로서 아동인 자녀를 양육하는 자를 말한다.

가. 배우자와 사별 또는 이혼하거나 배우자로부터 유기된 자
나. 정신이나 신체의 장애로 장기간 노동 능력을 상실한 배우자를 가진 자
다. 교정시설·치료감호시설에 입소한 배우자 또는 병역복무 중인 배우자를 가진 사람
라. 미혼자(사실혼 관계에 있는 자는 제외한다.)
마. 가목부터 라목까지에 규정된 자에 준하는 자로서 여성가족부령으로 정하는 자

1의2. "청소년 한부모"란 24세 이하의 모 또는 부를 말한다.
2. "한부모가족"이란 모자가족 또는 부자가족을 말한다.
3. "모자가족"이란 모가 세대주(세대주가 아니더라도 세대원을 사실상 부양하는 자를 포함한다)인 가족을 말한다.
4. "부자가족"이란 부가 세대주(세대주가 아니더라도 세대원을 사실상 부양하는 자를 포함한다)인 가족을 말한다.
5. "아동"이란 18세 미만의 자를 말한다.

출처: 「한부모가족지원법」 제4조(정의).

최근에는 「한부모가족지원법」이 일부 개정(법률 제17540, 2020.10.20.)되어 2021년 4월 21일부터 시행될 예정이다. 이로 인해 생계급여를 받고 있는 중위 30% 이하 한부모도 아동양육비 지원이 가능할 것으로 보이며, 추가 아동양육비 지원 대상이 기존 24세 이하 한부모에서 34세 이하 한부모로까지 확대될 예정이다. 아울러 다문화 한부모가족 지원 사각지대를 해소하고자 외국인이 모 또는 부로서 대한민국 국적의 아동을 양육하는 경우에도 혼인 여부와 관계없이 지원 대상이 될 수 있도록 관련 조항이 개정되었다.

2) 우리나라 한부모가족 현황

〈표 7-1〉 한부모가구 현황 조사에서처럼 우리나라 한부모가족은 2019년 기준 약 153만 가구로 전체 가구의 약 7.3%를 차지한다. 한부모가족의 생성 원인은 한쪽 부모의 사망으로 사별의 이유가 크지만 최근에는 이혼이 가장 큰 요인으로 등장하고 있다.

〈표 7-1〉 한부모가구 현황 조사

(단위: 천 가구, %)

	2016	2017	2018	2019
전체가구	19,838	20,168	20,500	20,891
한부모가구	1,540	1,533	1,539	1,529
한부모가구 비율	7.8	7.6	7.5	7.3

출처: 통계청(2020). 장래가구추계, 인구총조사.

2018년부터 「한부모가족지원법」에 따라 한부모가족에 대한 국민의 이해와 관심 제고를 위해 매년 5월 10일을 한부모가족의 날로 지정하고 있다.

나. 한부모가족의 부모역할 어려움

한부모가족은 부나 모의 부재로 인해 불가피하게 가족생활에서의 변화를 경험하게 된다. 부모의 사망, 이혼, 미혼 등 원인이 무엇이든 부모가 모두 있을 때 보다 자녀를 양육하며 부모역할을 수행하는 데 많은 어려움을 겪는다. 한부모가족의 부모역할 어려움은 다음과 같다.

- 자녀양육과 교육 시 경제적 어려움
- 배우자 부재에 대한 심리적 혼란
- 혼자 자녀를 양육하고 교육하며 겪는 심리적인 부담
- 한부모가족에 대한 사회적 편견과 부정적 시각

다. 한부모가족 부모교육

1) 한부모가족을 위한 국가주도의 정책적 지원

한부모가족은 배우자의 부재로 부와 모의 역할을 동시에 수행해야 하기 때문에 자녀양육과 교육에 있어 경제적 어려움을 겪는다. 그러므로 안정적이고 지속적인 사회적 지지체계가 필요하다. 여성가족부(2020)에서는 〈한부모가족지원사업〉을 통해 한부모가족을 다각도로 지원하고 있다. 예를 들어, 저소득 한부모가족에게는 아동교육지원비, 생활보조금, 주거지원, 창업지원대여 등을 지원하고 있다. 뿐만 아니라 경제적 능력이 미약한 청소년 한부모가 스스로 자녀를 양육할 수 있도록 안정된 양육환경과 자립을 위한 지원도 하고 있다.

2) 한부모 대상 맞춤형 자녀양육 및 부모교육

여성단체 주도의 자발적 자조모임이나 인터넷 카페 등을 활용하여 한부모 대상 맞춤형 부모교육이 다양하게 이루어지고 있다. 서울시는 2009년 6월 '서울특별시 한부모가족지원센터'를 설립하고 다양한 한부모가족지원 프로그램을 진행하고 있다. 이 센터의 목적은 한부모에게 자립을 위한 의지를 일깨워주고 가족 및 지역공동체의 지지체계를 구축하는 것이다. 이를 위해 한부모가족의 특성에 맞게 지속적인 상담 및 사례관리, 교육·문화사업, 위기지원사업을 운영하고 있다. 특히, '도담학교'라는 부설 대안학교를 설립하여 미혼모들이 학업을 계속하고 부모교육을 받을 수 있는 기회를 제공하고 있다.

3. 재혼가족

가. 재혼가족의 특성과 현황

1) 재혼가족의 정의

재혼가족은 자녀의 유무에 관계없이 부부 중에 한 사람 혹은 두 사람이 이전에 결혼을 했다가 이혼 혹은 사별을 겪고 난 뒤 결혼을 통해 새롭게 형성된 가족을 말한다. 재혼의 '재'는 '다시'란 의미로 먼저 결혼을 잘못했거나 무효화하거나 없앤다는 의미가 담겨 있기 때문에 최근 들어 '새혼가족'이라는 용어를 사용하기도 한다. 재혼가족의 유형은 재혼부부의 결혼상태(미혼, 이혼, 사별 등), 자녀 유무, 양육권 유무, 재혼부부와 전 배우자 가구와의 관계 등을 고려하여 구분되며 그 유형 또한 다양하고 복잡하다. 재혼은 전혼(前婚)이 해소되면 언제든지 할 수 있으나 이혼, 자녀문제, 상속문제 등의 이슈와 관련하여 「민법」, 「가사소송법」, 「가족관계의 등록에 관한 법률」 등 관련법들이 복잡하게 연결되어 있다.

2) 우리나라 재혼가족 현황

우리나라 재혼가족은 이혼이 증가하면서 함께 증가하고 있는 추세이다. 〈표 7-2〉 혼인종류 별 신혼부부 수에 따르면 2019년 기준 혼인건수 중 재혼부부는 259,538쌍으로 전체 혼인 중 20.6%를 차지하고 있는 것으로 나타났다.

〈표 7-2〉 혼인종류 별 신혼부부 수

(단위: 쌍, %, %p)

		2018	구성비	2019	구성비	증감	증감률	구성비차
합계		1,322,406	100.0	1,260,117	100.0	-62,289	-4.7	-
초혼		1,052,352	79.6	998,365	79.2	-53,987	-5.1	-0.4
재혼		268,552	20.3	259,538	20.6	-9,014	-3.4	0.3
	남자	49,169	3.7	47,449	3.8	-1,720	-3.5	0.1
	여자	77,276	5.8	74,541	5.9	-2,735	-3.5	0.1
	둘다	142,107	10.7	137,548	10.9	-4,559	-3.2	0.2
미상		1,502	0.1	2,214	0.2	712	47.4	0.1

출처: 통계정(2020). 2019 신혼부부통계.

나. 재혼가족의 부모역할 어려움

재혼가족의 어려움은 가족구조의 복잡성과 경계의 모호함에 기인한다. 경계의 모호성이란 누가 가족 안에 또는 밖에 있으며 가족체계 내에서 누가 어떤 역할을 하는가에 대한 가족 구성원들 간의 지각이 불확실한 것을 의미한다. 예를 들어, 자녀가 부모의 재혼으로 계부모를 인정하지 않고 누가 진정한 가족인지 갈등하게 되면 이는 가족 내 경계의 모호함과 혼란을 야기하고 자녀뿐 아니라 재혼부부에게도 스트레스를 가중시킬 수 있다. 또한, 재혼으로 인해 자녀는 의붓형제와의 관계에서 출생순위 변화를 경험할 수도 있다. 이러한 변화는 가족 내에서 새로운 역할에 적응해야 하는 문제를 발생시켜 가족 간 유대를 방해할 수도 있다. 재혼가족 부모역할의 어려움을 정리해 보면 다음과 같다.

- 새로운 가족 구성원 간의 심리적 갈등
- 전혼자녀를 양육하는 부모의 경우, 자신의 친자녀와 새 배우자 사이에서 감정의 균열과 어려움
- 시간, 금전, 애정, 그리고 에너지 등의 자원 배분에서의 갈등
- 재혼에 대한 고정관념과 편견

다. 재혼가족 부모교육

1) 재혼가족의 새로운 관계 형성을 위한 부모교육 지원

재혼가족은 초혼가족에 비해 보다 복잡하고 확장된 가족관계망을 형성하게 된다. 그러므로 재혼가족은 '재혼가족이란 무엇인가?'에 대한 질문을 통해 부부뿐 아니라 새롭게 구성된 가족 구성원 모두가 서로에 대해 충분히 이해할 수 있는 시간을 가져야 한다. 이러한 기회를 통해 새롭게 형성된 가족들이 새 가족에 대한 믿음과 희망을 가질 수 있어야 한다. 또한, 재혼가족의 원만한 가족관계 향상을 위해 의사소통기술과 문제해결방식에 대한 교육, 친자녀와 재혼자녀에 대한 부모의 역할, 양육권이 없는 이전 배우자와의 관계와 관련된 내용들이 부모교육에 포함될 수 있다. 재혼 후 서로 자연스럽게 적응할 것이라는 막연한 기대감보다는 보다 적극적인 개입을 통해 재혼가족의 부모가 재혼생활에 잘 적응하고 자녀와의 관계를 보다 건강하게 형성하기 위한 적극적인 부모교육이 이루어져야 한다(김미옥 외 3인, 2017).

2) 새로운 가족 체계 속에서 자녀의 발달단계에 따른 부모교육

재혼가정의 자녀들은 변화와 상실의 감정을 경험하고 새로운 가족 체계에 적응해야 한다. 이러한 과정은 때론 자녀에게 큰 상처가 될 수 있으며 퇴행과 같은 문제행동을 야기하기도 한다. 그러므로 자녀의 발달 단계에 따른 부모교육이 요구된다. 예를 들어, 유아기 자녀는 발달 특성상 현실과 상상을 잘 구분하지 못하여 자녀는 자신으로 인해 가정이 분리되었다는 죄책감을 가질 수 있다. 그렇기 때문에 부모는 가족의 분리와 재구성에 대해 자녀와 솔직하게 이야기 나누고 자녀를 안심시켜 줄 필요가 있다. 이처럼 새로운 가족 체계 속에서 자녀의 발달 단계에 적합하게 대처할 수 있는 부모교육이 필요하다.

4. 조손가족

가. 조손가족의 특성과 현황

1) 조손가족의 정의

조손가족은 부모세대 없이 조부모와 미성년 손자녀로 구성되는 가족형태로 조부모가족이라고도 한다. 2008년 「한부모가족지원법」 개정으로 조손가족에 대한 법적 근거가 마련되었다. 「한부모가족지원법」 제5조2(지원대상의 범위에 대한 특례)는 공적 지원을 목적으로 조손가족을 법적으로 정의내리고 보호대상에 포함하였다.

「한부모가족지원법」에 따르면 조손가족은 "부모의 유기 등의 이유로 65세 이상의 조부모가 18세 미만의 아동을 양육하는 가정"이다. 조손가족은 가족기능을 유지하고 건강한 생활을 영위할 수 있도록 한부모가족 지원사업을 통해 지원받고 있다.

2) 우리나라 조손가족 현황

최근 이혼율의 증가, 가구 분화 등으로 조손가족의 수는 급속히 늘고 있는 것으로 추정된다. 하지만 사회적 차별과 조부모의 디지털 기기 작동 미숙 등의 이유로 실태조사가 정확히 이루어지고 있지 않은 실정이다. 〈그림 7-2〉 조손가족 증가 추이를 살펴보면 2015년 기준 조손가족 수는 153,000가구였으나 2035년에는 321,000가구로 추정돼 가구 수가 배로 늘어날 것으로 예상하고 있다.

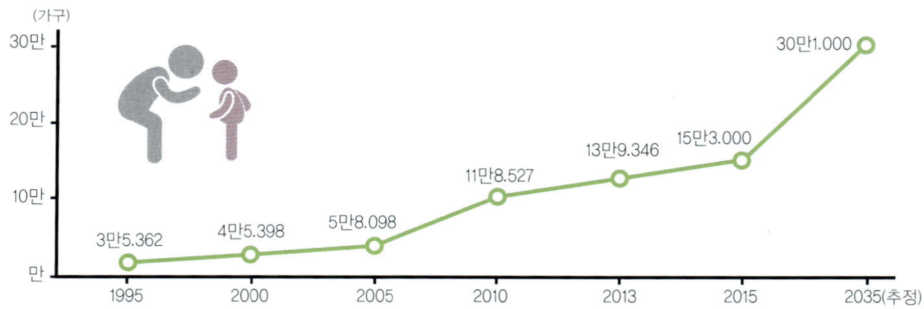

〈그림 7-2〉 조손가족 증가 추이

출처: https://www.hankookilbo.com/News/Read/201810151323346675

나. 조손가족의 부모역할 어려움

조손가족은 이미 자녀양육의 부담에서 벗어났지만 성인 자녀를 대신해서 어린 손자녀를 책임져야 하는 조부모들의 어려움이 있다. 조부모들은 성인 자녀를 제대로 기르지 못했다는 자책과 함께 손자녀로 인한 양육부담과 본인의 노화로 인한 생활의 곤란 등을 해결해야 하는 어려움을 겪기도 한다. 손자녀 양육 시 조부모 역할의 어려움을 정리해 보면 다음과 같다.

- 조부모의 경제적 여력이 부재한 경우, 손자녀에게 빈곤의 대물림으로 이어지는 빈곤의 악순환
- 손자녀의 양육부담에 따른 조부모들의 정신적, 신체적 건강상태의 악화
- 조부모와 손자녀 간의 세대 차이로 인한 갈등
- 손자녀의 적절한 교육과 학습 지원 어려움

다. 조손가족 부모교육

1) 경제적으로 취약한 조손가족을 위한 정책적 지원

현재 우리나라의 조손가족에 대한 지원은 취약가구 저소득 지원이라는 측면에 국한되어 있다. 예를 들어, 빈곤가족지원정책(국민기초생활보장제도, 한부모가족

지원정책, 조손가족지원조례에 기초한 지원, 건강가정지원법 등), 조부모 관련 지원 정책(기초연금제도, 노인복지서비스, 손자녀 관련 지원 정책 등)은 경제적 지원을 제공하고 있다.

2) 조부모의 손자녀 양육을 위한 부모교육 지원

조부모는 그동안 경험하지 못한 디지털 사회에서 손자녀 양육을 담당해야 한다. 그러므로 조손가족에 대해 손자녀 양육과 교육을 위한 다양한 부모교육 지원이 필요하다. 예를 들어, 훈육방법, 의사소통방법, 손자녀를 존중하는 태도, 조부모 자신을 돌보는 방법, 사회적 지지체계를 활용하는 방법 등을 제공해 주어야 한다. 육아종합지원센터, 경기도 무료 온라인 평생학습 지식(GSEEK) 사이트는 조부모를 위한 다양한 부모교육 콘텐츠를 제공하고 있는데, 그 내용을 살펴보면 다음과 같다.

〈조부모 부모교육 강의자료〉

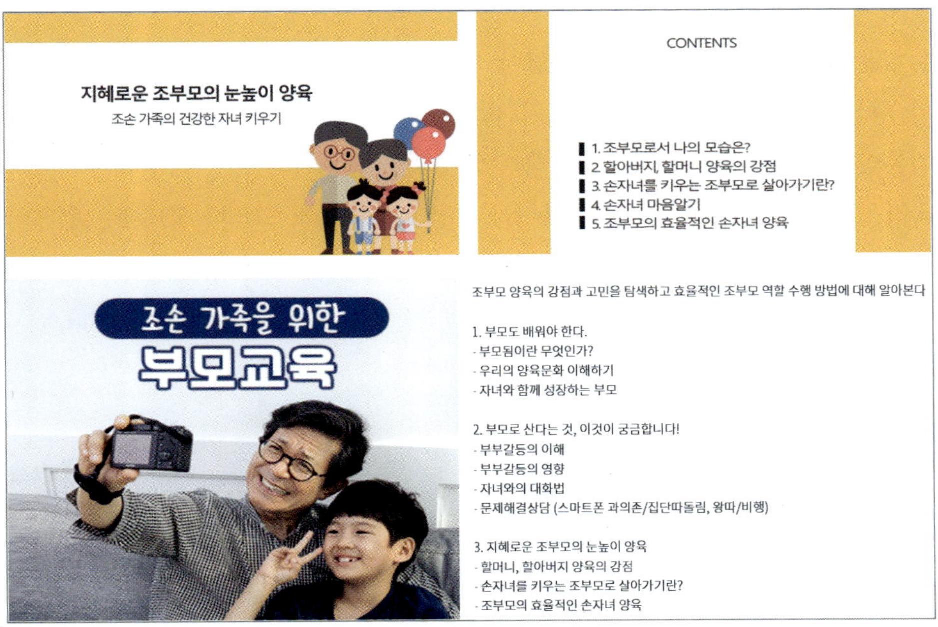

출처: https://www.gseek.kr/learn/learn.read?SG_CODE=5d6dc9a376f7c

3) 조부모의 손자녀 양육을 위한 심리적·정서적 지원

노년기에 손자녀 양육 역할을 담당해야 하는 조부모는 심리적·정서적 부담을 느낄 수 있다. 부모가 된 성인 자녀의 부재로 손자녀에 대한 막중한 책임감을 느끼며 스트레스를 받아 좌절을 느끼고 이러한 심리적 문제는 노화가 진행되는 조부모의 건강에 영향을 미칠 수 있다. 그러므로 손자녀 양육에 대한 조부모의 심리적·정서적 지지 및 지원을 위한 노력 역시 필요하다.

5. 다문화가족

가. 다문화가족의 특성과 현황

1) 다문화가족의 정의

다문화가족이란 부부 중 한 사람이 외국 출신으로 국제결혼을 통해 가족관계가 형성된 가족이다. 「다문화가족지원법」에서는 다문화가족을 「재한외국인 처우기본법」에 따라 결혼이민자 또는 「국적법」에 따른 귀화자와 출생 시부터 우리나라 국적을 취득한 자로 이루어진 가족이라고 정의하고 있다. 그러나 국내에는 결혼이민자 외에도 다양한 이주민(예: 외국인근로자, 북한이탈주민, 난민 등)과 그 가족이 있기 때문에 다문화가족에 대한 개념 범위를 좀 더 확대시킬 필요가 있다.

2) 우리나라 다문화가족 현황

세계화로 인해 우리나라에서는 국제결혼이 증가하고 있다. 국제결혼은 한국전쟁 전후 미군과 한국인 여성 간 결혼에서부터 시작되었으며 1990년대 이후 국제무역의 활성화와 교통·통신의 발달로 가속화되었다. 〈그림 7-3〉의 국제결혼 현황에서처럼 2019년 기준 외국인과의 혼인은 23,743건으로 전년보다 4.2% 증가하였으며 남성의 국제결혼이 상대적으로 많은 것으로 나타났다. 이는 전통적으로 우리나라의 남아선호사상으로 인한 남녀성비 불균형과 국내 여성의 결혼기피 현상과 함께 국내에서 짝을 찾지 못한 남성들이 국제결혼을 선호하고 있기 때문이다.

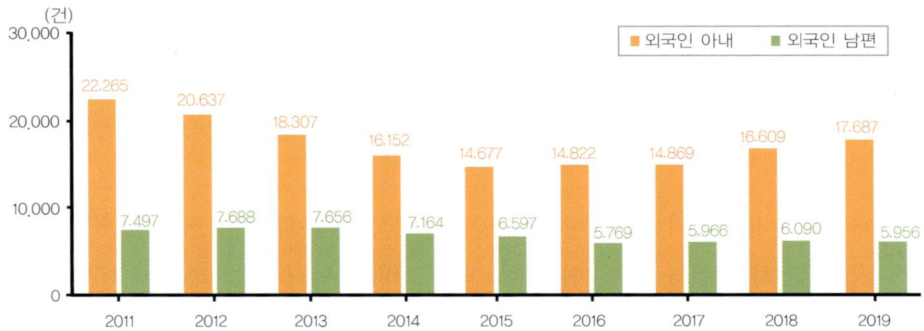

〈그림 7-3〉 **국제결혼현황**

출처: 통계청(2020). 인구동태통계연보.

나. 다문화가족의 부모역할 어려움

국제결혼을 통해 부부가 된 다문화가족은 가족 내 다양한 문화가 공존한다. 그러므로 부모가 새로운 문화에 대한 적응 정도에 따라 부모역할 어려움이 다양할 수 있다. 문화적 차이와 언어소통의 문제로 야기되는 어려움은 부부생활뿐 아니라 자녀양육과 교육에까지 영향을 미칠 수 있다. 또한, 다문화가족의 부모역할 어려움은 자녀의 연령에 따라 다를 수 있다. 예를 들어, 영유아기 자녀의 다문화가족 부모는 바쁘거나 아플 때 자녀를 돌봐줄 사회적 인프라의 제한이 있고, 자녀에게 한글을 직접 가르치는 것이 어렵다고 호소한다. 학령기 자녀의 다문화가족 부모는 자녀의 학업, 진학, 진로 등에 대한 정보가 부족하고, 교육비 및 용돈 부담과 학부모회 등 학부모 활동 참여 등에 주로 어려움을 겪는다고 한다. 이외에도 다문화가족이 겪는 문제로는 한국에서 생활하면서 외국 출신이라는 이유로 차별받은 경험이 있다고 하였다. 다문화가족의 부모역할 어려움을 정리해 보면 다음과 같다.

- 한국어가 능숙하지 못해 자녀양육과 교육 시 겪게 되는 언어적 소통의 어려움
- 문화적 차이에 따라 발생할 수 있는 부부관계 및 가족관계의 어려움
- 다문화에 대한 편견과 차별

다. 다문화가족 부모교육

1) 다문화가족 생애주기별 맞춤형 서비스 지원

2008년부터 보건복지부에서는 다문화가족 대상 '다문화가족 생애주기별 맞춤형 서비스'를 제공하고 있다. 이는 입국 전 결혼 준비기, 입국 초 가족관계 형성기, 자녀양육 및 정착기, 역량 강화기 등 다문화가족의 생애주기를 4단계로 나누고 '생애주기별 맞춤형 서비스'를 지원하고 있다. 이를 보다 자세하게 살펴보면 다음 〈표 7-3〉과 같다.

〈표 7-3〉 다문화가족 생애주기별 맞춤형 서비스

단계		주요내용
1단계	입국 전 결혼 준비기	• 국제결혼 과정의 인권보호와 교육 프로그램 – 국제결혼중개업 등록제 시행(2008년) – 18세 미만 및 집단 맞선 소개 금지, 국제결혼중개업 등록 시 자본금 요건 (1억 이상) 도입(2012년) – 결혼중개업자 전문지식 및 윤리의식 향상 교육 실시 – 결혼이민(예정자)자 현지 사전교육 운영의 내실화
2단계	입국 초 가족 관계 형성기	• 결혼이민자의 조기적응 및 안정적 생활 지원 – 한국어교육, 문화이해교육, 가족통합교육, 상담 등 종합서비스 제공 – 한국생활 정보제공: 다국어판 생활 · 정책정보 마거진(Rainbow+), 한국생활 가이드북, 소비자 정보안내 책자 발간 · 배포, 다문화가족 포털 '다누리' 운영 등 – 의사소통 지원을 위한 통 · 번역 서비스 제공 • 다양한 매체를 통한 한국어 교육 – 집합교육: 언어별 · 수준별로 세분화된 교육 프로그램 실시 – 방문교육: 다문화가족지원센터에서 '찾아가는 서비스' 실시 – 온라인교육 – 방송교육: 방송매체를 활용한 한국어교육 실시

단계		주요내용
2단계	입국 초 가족 관계 형성기	• 위기개입 및 가족통합교육 실시 – 가정폭력 피해 상담 · 보호를 위해 이주여성 긴급전화 및 전용쉼터, 법률구조기관 등 관련 기관 및 연계 강화 – 다문화가족지원센터 및 방문교육지도사의 남편교육 · 상담기능 강화 – 결혼이민자, 배우자, 시부모, 부부관계, 부모자녀 등 가족관계 증진을 위한 가족통합교육 추진
3단계	자녀 양육 및 정착기	• 다문화가족 자녀의 양육 · 교육 지원 – 부모의 자녀양육 능력 향상을 위해 부모교육서비스 실시 – 다문화가족 자녀 언어발달 지원 – 보육시설에서 사회정서 증진 프로그램 등 다문화 프로그램 실시 – 다문화가족 자녀 이중 언어 역량 개발 – 어릴 때부터 이중 언어 사용을 통해 글로벌 인재 육성
4단계	역량 강화기	• 다문화가족의 경제적 · 사회적 자립 지원 – 다문화가족 취업연계 및 취업 기초 소양교육 실시 – 통 · 번역 요원 및 다문화강사 등 결혼이민자 적합 직종 개발 – 국가별 결혼이민자 자조집단 지원

2) 다문화가족을 위한 종합 서비스 지원

여성가족부 산하 한국건강가정진흥원에서 운영하는 다문화가족지원 포털 다누리(http://liveinkorea.mogef.go.kr)에서는 다문화가족을 위한 다양한 정보와 지원을 13개국 언어로 제공하고 있다. 다문화가족 부모를 위한 한국생활 안내 및 언어 문제 해결을 위해 한국어 교육도 지원하고 있다. 학습마당에서는 한국어를 초급, 중급, 고급 수준으로 나누어 배울 수 있으며 한국요리를 배우는 코너도 있어 다문화가족 부모가 쉽고 재미있게 한국어와 한국문화에 적응할 수 있도록 돕고 있다. 또한, 전국의 다문화지원센터와 연결되어 있어 보다 실질적인 도움을 제공하고 있다.

〈다문화가족 지원 포털 '다누리'〉

다문화지원센터는 「다문화가족지원법」에 근거하여 전국에 약 170여 개의 센터를 운영하고 있다. 다문화가족이 살고 있는 지역 중심으로 다문화가족을 위한 가족교육, 상담, 문화 프로그램 등 서비스 제공을 통해 결혼이민자의 한국사회 조기적응 및 다문화가족의 안정적인 가족생활을 지원하고 있다. 다문화가족지원센터의 세부적 사업내용은 한국어교육, 통역·번역, 상담 및 사례관리, 결혼이민자 대상 사회적응 교육과 취업교육 지원, 가족교육, 다문화가족 자녀언어발달 지원, 방문교육(자녀생활), 다문화가족 이중언어 환경조성 등이 있다.

6. 입양가족

가. 입양가족의 특성과 현황

1) 입양가족의 정의

입양이란 혈연적으로 친자관계가 없는 사람 사이에 법률적 친자관계를 맺는 것으로 법적 정의를 내릴 수 있다. 즉, 양부모가 되려는 사람과 양자가 될 사람 사이에 합의가 있거나(「민법」 제883조 제1호), 가정법원의 허가(「민법」 제867조 제1항)를 얻을 때에 입양신고를 함으로써 그 효력이 발생하게 된다. 입양신고로 양부모와 양자 사이에는 법적 친자관계가 생기고, 부양이나 상속 등에서 자연혈족의 경우와 동일한 권리가 인정된다(「민법」 제772조 제1항). 입양이 성립되면 친생부모의 입양아동에 대한 모든 권리와 의무는 입양부모에게 옮겨지고 합법적 가족을 형성하게 된다.

입양의 궁극적 목적은 아동이 안정적인 가정환경에서 건강하게 성장할 수 있도록 지원함으로써 아동의 복지증진을 도모하는 것이다. 입양아동은 18세 미만의 요보호 아동[1]으로 부모, 직계존속이나 후견인의 동의가 있어야 한다. 15세 이상의 아동의 경우에는 본인의 동의가 필요하다. 입양부모의 자격 기준은 「입양특례법」에 의거하여 자격을 다음과 같이 규정하고 있다.

입양부모의 자격기준

- 입양아동을 부양하기에 충분한 재산이 있을 것
- 입양아동의 종교의 자유를 인정하고 사회의 구성원으로서 그에 상응하는 양육과 교육을 할 수 있어야 함
- 아동학대, 가정폭력, 성폭력, 마약 등의 범죄나 알코올 등 약물중독의 경력이 없어야 함
- 입양아동이 될 아동의 복리에 반하는 직업이나 그 밖에 인권침해의 우려가 있는 직업에 종사하지 아니하도록 함
- 대한민국 국민인 경우, 입양부모가 될 사람의 나이 범위는 25세 이상으로서 입양아동이 될 사람과의 나이 차이가 60세 이내여야 함. 대한민국 국민이 아닌 경우에는 25세 이상 45세 미만인 자이어야 함
- 입양부모가 되려는 사람은 입양 성립 전에 입양기관 등으로부터 보건복지부령으로 정하는 소정의 교육을 마쳐야 함

출처: 입양특례법 제10조(양친이 될 자격 등).

1) 부모 및 그 밖의 보호자에게 여러 요인으로 인해 보호, 양육되지 못하는 18세 미만의 아동.

2) 우리나라 입양 현황

우리나라 입양 현황은 표 〈표 7-4〉 입양 아동 수를 통해 확인할 수 있다. 표에서처럼 2019년 기준 입양 아동 수는 국외 317명, 국내 387명으로 나타났다. 2012년부터 입양 아동 수는 점차 감소하고 있는데, 이는 「입양특례법」이 전면 개정되면서 '가정법원허가제[2]'와 '입양숙려제[3]'가 도입되었기 때문이다. 또한, 전반적으로 요보호 아동의 수가 감소하고 있기 때문이기도 하다(보건복지부, 2017).

〈표 7-4〉 입양 아동 수

	2011	2012	2013	2014	2015	2016	2017	2018	2019
국외	916	755	236	535	374	334	398	303	317
국내	1,548	1,125	686	637	683	546	465	378	387
465계	2,464	1,880	922	1,172	1,057	880	863	681	704

출처: 보건복지부(2020). 입양, 세상을 바꿀 수 없지만 한 아이의 세상은 바꿀 수 있습니다!

우리나라는 매년 5월 11일을 입양의 날로 정하고 입양의 날부터 일주일을 입양주간으로 제정하여 혈연중심 가족문화나 비밀입양의 문제 등을 극복하고 국내 입양을 장려하고 있다. 참고로 육아정책연구소(2021)에서는 아동의 이익을 최우선으로 하는 입양을 위해 다음 그림과 같이 단계별 개선점을 제시하고 있다.

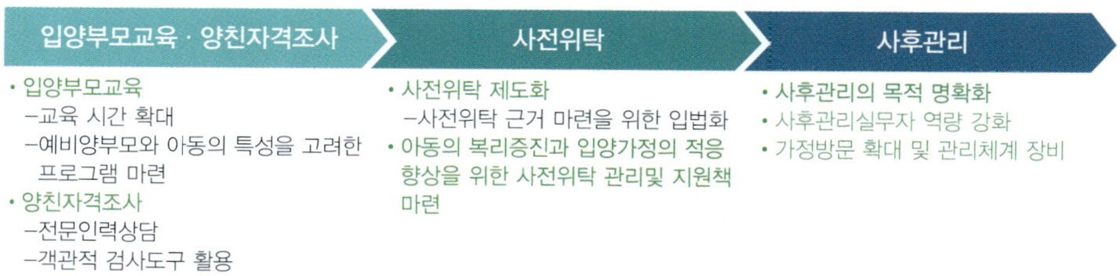

출처: 육아정책연구소(2021).

---

2) '가정법원허가제' 도입으로 국내외 입양 시 입양허가 심리를 위해 법원에 제출해야 하는 서류의 종류를 명시하여 입양절차를 좀 더 강화하였다.

3) 친생부모의 입양 동의가 아동의 출생 후 일주일이 지난 후에 이루어질 수 있도록 규정한 제도이다.

나. 입양가족의 부모역할 어려움

입양 부모는 자녀를 양육한다는 점에서 친생 부모가 자녀를 양육할 때 겪는 어려움과 유사한 어려움을 느낀다. 한편, 입양 부모로서 특수한 어려움을 경험하기도 한다. 입양가족의 부모역할 어려움은 다음과 같다.

- 입양을 완전히 받아들이는 데 따른 심리적인 어려움
- 친척들과 지역사회가 입양에 대해 갖고 있는 태도
- 친자가 있는 경우 친자와 양자 간의 갈등
- 비밀 입양인 경우 공개될지 모른다는 두려움

활동해보기

다음 영상을 시청한 후 토론을 해보도록 하자.

- 정인이는 왜 죽었나?
  –271일간의 가해자 그리고 방관자(SBS '그것이 알고 싶다' 1244회, 2021년 1월 2일 방송)
- 정인아 미안해, 그리고 우리의 분노가 가야 할 길(SBS '그것이 알고 싶다' 1247회, 2021년 1월 23일 방송)

2020년 서울 양천구에서 아동학대 살인사건이 발생하였다. 홀트아동복지회에서 입양된 16개월 된 정인이가 양부모에 의해 학대당하다 결국 사망에 이른 것이다. 정인이 입양 부모의 문제점은 무엇이라고 보는가?

다. 입양가족 부모교육

1) 의무적인 입양 부모교육

입양가족의 부모교육은 2017년 10월부터 전국 15개 법원에서 「입양특례법」에 따라 입양허가 전 3~4시간 의무적으로 실시하도록 규정되었다. 부모교육의 내용은 입양의 법률적 이해, 자녀 발달과 적응, 아이와 부모의 행복한 소통으로 구성되어 있다. 예비양부모교육을 통해 입양 신청 부모가 입양의 법률적 효과에 대해 이해하고, 입양 아동의 심리적 특성을 이해함으로써 건강한 입양가정을 이루고 궁극적으로 입양아동의 건강한 발달과 적응을 지원하는 데 있다(아동권리보장원 홈페이지).

2) 일반적인 입양 부모교육

가) 입양의 정책적 지원에 대한 정확한 안내

입양 부모교육은 입양을 정확히 이해하고, 입양부모로서 갖추어야 할 자질과 역할을 정립할 수 있도록 하는 데 목적이 있다. 가장 기본적인 사항으로는 입양부모를 돕는 정책적 방안–입양휴가제, 입양아동의 양육수당과 입양수수료, 입양아동의 교육비와 의료급여지원, 장애 입양아동의 지원 등 입양가족의 복지서비스에 대해 안내한다.

나) 자녀의 발달단계에 따른 교육

영아를 입양한 부모는 아기를 돌보는 방법부터 애착 관계 형성까지 어려움을 겪는다. 그런가 하면 유아기 입양 부모는 아이가 자라나면서 자녀와 입양에 대해 어떻게 말해 주어야 할지, 자녀에게 어떻게 사랑을 확인시켜 주어야 할지 그 방법을 잘 모를 수 있다. 이와 같이 자녀의 성장 단계에 따른 교육이 필요하다.

다) 정서적 불안감 지원

입양부모들은 자신이 자녀를 끝까지 잘 키울 수 있을까 하는 불안감을 갖기도 하고, 친생부모에게 다시 자녀를 빼앗기지는 않을까 하는 두려움을 느낄 수 있다. 따라서 이와 같은 불안감에 대해 정서적 지원을 해 주면서 부모로서의 자의식과 정체감을 키워 줄 필요가 있다.

라) 입양 부모들끼리의 자조모임과 정보 교환 지원

입양을 한 부모들끼리의 소모임을 통해 서로 정보를 공유하고 연대하도록 돕는다. 자조모임을 통해 입양부모들은 구성원들 간 상호교환적인 도움을 통해 실제적, 심리적 지원을 받을 수 있다.

7. 장애아가족

가. 장애아가족의 특성과 현황

1) 장애아가족의 정의

UN 장애인 권리선언에서는 장애인을 선천적 혹은 후천적으로 신체적·정신적 불완전함으로 인해 개인적 혹은 사회적 생활에서 필요한 것을 스스로 확보할 수 없는 사람으로 정의하고 있다. 우리나라는 「장애인복지법」 제32조에 근거하여 장애를 분류하고 있으며 지체장애와 시각 및 청각장애, 신체적·정신적 결함으로 인해 장기간에 걸쳐 일상생활 또는 사회생활에 제약을 받는 경우를 장애인으로 규정하고 있다. 가족 구성원 가운데 이러한 장애를 가진 구성원이 있는 경우 장애인가족이라고 한다. 그러나 「장애아동 복지지원법」에 따라 장애아동은 18세 미만에 해당하므로 이 장에서의 장애아가족은 18세 미만의 장애를 가진 자녀가 있는 가족이라고 하겠다.

2) 우리나라 장애아가족 현황

〈표 7-5〉 2019년 장애통계연보의 장애아동 현황에 따르면, 2018년 말 기준으로 전체 아동인구(8,176,335명) 대비 장애아동 인구(72,618명)는 0.89%로 나타났다. 연도별로 장애아동 인구 수는 감소 추이를 보이다가 2017년 이후 소폭 증가하였다. 반면, 전체 아동 인구 대비 장애아동 인구 비율 추이는 꾸준히 증가하고 있

다. 이는 전체 아동 인구의 감소폭이 장애아동 인구에 비해 상대적으로 크기 때문인 것으로 보인다.

〈표 7-5〉 장애아동 현황

(단위: 명, %)

구분	전체 아동 인구	장애아동 인구	비율
2013	9,431,699	74,617	0.79
2014	9,186,841	73,195	0.80
2015	8,961,805	72,583	0.81
2016	8,736,051	72,139	0.83
2017	8,480,447	72,260	0.85
2018	8,176,335	72,618	0.89

출처: 조윤화 외(2019).

나. 장애아가족의 부모역할 어려움

자녀가 장애를 가지고 태어났거나 장애로 진단을 받을 경우 부모는 충격, 슬픔, 분노 등 다양한 감정을 느낄 수 있다. 부모는 자녀의 장애를 받아들이고 인정하는 데 시간이 필요하며 사회적 편견과 차별에 고통을 받기도 한다. 장애를 가지고 있는 자녀를 양육할 때 부모역할의 어려움을 정리해 보면 다음과 같다.

- 자녀의 장애로 야기되는 시간적, 경제적 부담
- 다양한 장애 종류와 유형에 따른 적절한 자녀양육과 교육 제공의 어려움
- 장애인에 대한 사회적 편견과 차별

다. 장애아가족 부모교육

1) 장애아가족 지원 사업

국가에서는 장애를 가진 영유아 및 아동이 발달에 필요한 서비스를 받을 수 있

도록 2014년부터 장애아동 양육수당을 신설하였다. 어린이집을 이용하지 않는 만 5세 이하 장애아동에 대해 소득 수준에 관계없이 양육수당을 지원하고 있으며, 장애아 무상보육료지원, 장애인 자녀 교육비 지원, 장애아가족 양육지원 등이 해당한다. 또한, 장애아가족을 위한 양육지원이 있다. 이는 이웃과 함께 가족 돌봄 문화를 정착하고 장애 아동에 대한 인식 전환을 위해 지역사회의 자원봉사자가 장애아 돌보미 서비스를 제공하는 것이다. 이를 통해 장애아가족은 연 720시간의 돌봄서비스와 휴식지원 프로그램을 제공받을 수 있다.

2) 장애에 따른 특별한 부모의 양육기술 지원

장애의 종류는 다양하며 장애에 따라 특별한 요구가 필요하다. 그러므로 부모는 자녀의 장애에 대해 정확히 인지하고 특별한 교육적·발달적 지원을 해 주어야 한다. 이를 위해 장애아가족 부모를 위한 개별화 계획을 세우고 부모, 교사, 교육기관, 지역사회가 함께 장애아의 건강한 발달과 행복을 위해 노력해야 한다. 부모가 적극적인 중재자, 교육자 역할을 하며 자녀의 장애에 개입하고 지원할 수 있도록 돕는다.

3) 장애아가족 부모의 심리적 지원

장애아가족의 부모는 자신의 자녀가 장애아라는 현실을 인지하기까지의 심리적인 고통을 겪을 수 있다. 죄의식에서 벗어나지 못하는 부모들을 위해 심리적 긴장감을 해소할 수 있도록 도와주어야 한다. 또한, 장애가 있는 자녀를 둔 부모와 가족은 자녀를 돌보는 가운데 심리적·신체적 스트레스를 받을 수 있기 때문에 심리상담서비스를 제공해 주는 것도 좋은 방법이다.

다음은 국가에서 지원하고 있는 장애아가족을 위한 부모교육에 대한 사례이다.

〈장애아가족을 위한 부모교육 및 지원 사업〉

한국장애인개발원
중앙장애아동 · 발달장애인지원센터
장애아가족 양육지원사업

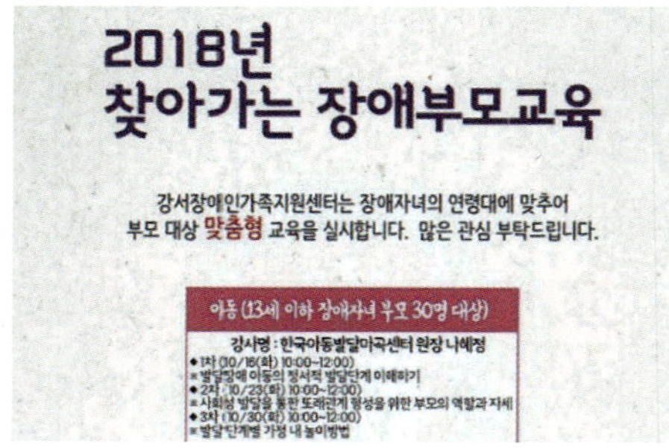

강서장애인가족지원센터 장애부모교육

종합해보면, 현대사회는 다양한 형태의 가족들이 있다. 각 가족들은 유형에 따라 특징을 가지고 있으며, 그로 인해 자녀양육과 부모역할을 수행하는 데 어려움을 겪기도 한다. 유아교사는 유아만을 대상으로 교육하고 발달을 지원하는 것이 아닌 유아들의 삶에 직접적으로 영향을 미치는 부모를 비롯한 가족에 대한 관심도 가지고 부모교육에도 관심을 가져야 한다. 유아교사는 유아와 그 부모, 그리고 지역사회의 다양한 지원 체계를 이해하고 도움을 줄 수 있어야 한다.

이제 Part 2를 마무리하고 Part 3으로 넘어가 부모교육에 대한 학문적 이론들과 이를 근거로 실제 이루어지고 있는 부모교육 프로그램에 대해 좀 더 구체적으로 살펴보기로 하겠다.

참고문헌

건강가정기본법 제3조 제1항 https://www.law.go.kr/lsSc.do?section=&menuId=1&subMenuId=15&tabMenuId=81&eventGubun=060101&query=%EA%B1%B4%EA%B0%95%EA%B0%80%EC%A0%95%EA%B8%B0%EB%B3%B8%EB%B2%95+%EC%A0%9C+3%EC%A1%B01%ED%95%AD#undefined (2020.12.15. 인출).

권영배 (2005). 가족체계이론을 적용한 부모교육 프로그램이 초등학교 학부모-자녀 간의사소통에 미치는 영향. 한국교원대학교 교육학과 석사학위 논문.

김미옥, 천성문, 심운경, 김찬미 (2017). (온맘) 재혼가족 부모교육 코칭프로그램. 서울: 학지사.

김유숙 (2014). 가족치료 이론과 실제(3판). 서울: 학지사.

김정원, 전선옥 (2020). 영유아교육기관의 부모교육. 서울: 창지사.

김춘경, 이수연, 이윤주, 정종진, 최웅용 (2016). 상담학 사전. 서울: 학지사.

김혜숙 (2016). 가족치료 이론과 기법(3판). 서울: 학지사.

박근주, 김연진, 서명원, 윤매자, 이종숙, 조경옥 (2012). 영유아기 부모역할을 위한 부모교육. 경기: 양서원.

베이비뉴스 (2020.1.17.). "유아기 때 두뇌 완성? 선행학습이 뇌 발달 망친다" https://www.ibabynews.com/news/articleView.html?idxno=81578 (2020.12.15. 인출).

보건복지부 (2020). 2020년 장애아동가족지원 사업안내.

송진숙, 권희경, 김순기 (2006). 결혼과 가족 그리고 부모됨. 서울: 창지사.

숙명여자대학교 아동연구센터 (1996). 현대사회와 부모. 숙명여자대학교 출판부.

여성가족부 (2020). 2020년 한부모가족지원 사업안내.

여성가족부 가족정책과 (2017). 부모교육 매뉴얼 제5권(영아 부모). 경성문화사(연구보고 2017-38).

여성가족부 가족정책과 (2017). 부모교육 매뉴얼 제6권(유아 부모). 경성문화사(연구보고 2017-38).

육아정책연구소 (2015). 부모교육 제도화를 위한 시스템 구축 및 표준교육과정 개발. 세종: 경제인문사회연구회.

이원영, 김정미 (2007). 대학생을 위한 예비 부모교육. 서울: 북카페.

이재연, 황옥경, 이완정, 한유미, 김연하, 문의정 (2019). 부모교육. 경기: 파워북.

정계숙, 문혁준, 김명애, 김혜금, 신희이, 심희옥, 안효진, 양성은, 이희선, 정태회, 제경숙, 한세영 (2018). 부모교육. 서울: 창지사.

조윤화, 김용진, 오윤지, 왕영민, 김태용 (2019). 2019 장애통계연보. 서울: (재)한국장애인개발원.

중앙일보 (2020.12.9.). "한강에 유기된 세 살배기… 5살 누나는 동생 죽음 알고 있었다." https://news.joins.com/article/23941057 (2020.12.20. 인출).

한겨레 (2020.6.22.). '창녕 아동학대' 부모 모두 검찰 송치… 친모 "감정 조절 못해 미안" http://www.hani.co.kr/arti/area/yeongnam/950406.html#csidx9d2ba9f3b (2020.12.20. 인출).

한국여성정책연구원 (2020). 제3차 코로나 19 관련 여성·가족 분야별 릴레이 토론회: 코로나 19로 인한 가족의 변화와 정책과제 자료집.

현미숙 (2004). 아동 부모교육·상담을 위한 부모역할지능척도의 개발과 타당화. 숙명여자대학교 대학원 박사학위 논문.

Baumrind, D. (1966). Effects of authoritative parental control on child behavior. *Child Development, 37*(4), pp. 887–907.

Baumrind, D. (1967). Child care practices anteceding three patterns of preschool behavior. *Genetic Psychology Monographs, 75*(1), pp. 43–88.

Baumrind, D. (1971a). Harmonious Parents and their preschool children. *Developmental Psychology, 4*(1), pp. 99–102.

Baumrind, D. (1971b). Current patterns of parental authority. *Developmental Psychology Monograph, 4*(1), pp. 1–103.

Bavelas, J. B. & Segal, L. (1982). Family systems theory: Background and implications. *Journal of Communication, 32*, pp. 89–107.

Beavers, W. R. (1981). A system model of family for family therapist, *Journal of Marital and Family Therapy, 7*, pp. 299–307.

Bertalanffy, L. von. (1967). *General system theory: Foundation development, application*. New York: Brazilier.

Bertalanffy, L. V. (1990). 일반체계이론*(General system theory)*. (현승일 역). 서울: 민음사. (원저: 1968).

Bertalanffy, L. von. (1972). The history and status of general systems theory. *The Academy of Management Journal, 15*(4). pp. 407–426.

Bigner, J. J. (2006). *Parent-child relations: An introduction to parenting*). (7th Ed.). Upper Saddle River: Pearson Education Inc.

Bookchin, M. (1997). 사회생태론의 철학*(The philosophy of social ecology)*. (문순홍 역). 서울: 솔출판사. (원저: 1997).

Bronfenbrenner, U. (1979). *The ecology of human development: Experiments by nature and design*. Cambridge, MA: Harvard UP.

Bronfenbrenner, U. (1986). Ecology of the family. Research perspectives. *Developmental Psychology, 22*, pp. 723–742.

Buckley, W. (1967). *Sociology and modern systems theory*. Englewood Cliffs. N.J.: Prentice Hall.

Carter, B. & McColdrick, M. (1988). Overview: The changing family life cycle: A framework for family therapy. In B. Carter & M. McGoldrick (Eds.), *The changing family life cycle: A framework for family theraphy*(pp. 3–28). New York: Gardner Press.

Duvalll, E. M. (1957). *Family development*. Philadelphia: J. B. Lippincott.

Duvall, E. M. (1988). Family development's first forty years, *Family Relations, 37*(2), pp. 127–134.

Fishbein, M., & Aizen, I. B. (1975). *Attitude intension and behaviour: An introduction theory and research reading*. Massachusetts: Addison–Wesley.

Gafloor, A. K. & Kurukkan, A. (2014). Construction and validation of scale of parenting style. *Guru Journal of Behavioral and Social Sciences, 2*(4), 315–323.

Galinsky, E. (1987). *The six stages of parenthood*. Addison Wesley Publishing Co., Inc.

Glick, P. C. (1989). The family life cycle and social change. *Family Relations, 38*(2), 123–129.

Holden, G. W., & Ritchie, K. L. (1988). Child reaing and the dialectics of parental intelligence, In J. Valsiner (Ed.), *Parental cognition and adult-child interaction*, 30–59. New Jersey: Ablex.

McGoldrick, M., Preto, N. G., & Carter, B. (2016). *The expanding family life cycle: Individual, family, and social perspectives 5th edition*. Upper Saddle River, N.J.: Pearson co.

Kuhn, K. & Janosik, E. H. (1980). *Establishment of a family function*. New York: McGraw Hill Book Company.

Nichols, M. P. (2007). 가족치료*(Essentials of family therapy)*. (김영애, 김정택, 심혜숙, 제석봉 역). 서울: 시그마프레스. (원저: 2007).

Nichols, M. P. & Davis, S. D. (2017). 가족의 치료: 개념과 방법*(Family therapy: Concepts and methods*(11th ed.). (김영애 역). 서울: 시그마프레스. (원저: 2016).

Raup, J. L. & Myers, J. E. (1989). The empty nest syndrome: myth or reality?, *Journal of Counseling & Development, 68*(2), 180–183.

Rohner, R., Khaleque A., & Cournoyer, D. E. (2012). Introduction to parental acceptance–rejection theory, methods, evidence, and implications. Retrieved from csiar.uconn.edu/.../INTRODUCTION–TO–PARENTAL–ACCEPTANCE–3–27–12.pdf.

Rossi, A. S. (1968). Transition to parenthood. *Journal of Marriage and Family, 30*(1), pp. 26–39.

Schaefer, E. S. (1959). A circumplex model for maternal behavior, *The Journal of Abnormal and Social Psychology, 59*(2), pp. 226–235.

Swick, K. & Williams, R. (2006). An analysis of Bronfenbrenner's bio–ecological perspective for early childhood educators: Implications for working with families experiencing stress. *Early Childhood Education Journal, 33*(5), pp. 371–378.

Symonds, P. M. (1938). A study of parental acceptance and rejection. *American Journal of Orthopsychiatry, 8*(4), pp. 679–688.

Symonds, P. M. (1949). *The Dynamics of parent-child relationship*. N.Y.: Bureau of Publications, Teachers College, Columbia University.

참고 사이트

https://blog.naver.com/jiuwl134652/221932861652

https://blog.naver.com/mj0147won/222131202989

https://blog.naver.com/thebestenglish/221711650025

https://www.gottman.com/blog/the–four–parenting–styles/

https://blog.naver.com/futurehope2017/222143036517
https://blog.naver.com/mogefkorea/222016591461
https://blog.naver.com/mogefkorea/222098636099
https://n.news.naver.com/article/001/0011881701
https://blog.naver.com/mogefkorea/221771599053
http://www.parents.go.kr/
https://www.gseek.kr/main/intro
https://www.ncrc.or.kr/ncrc/main.do
https://www.thebowencenter.org/core-concepts-diagrams
http://www.mogef.go.kr/kps/main.do
https://www.hankookilbo.com/News/Read/201810151323346675
https://www.thebowencenter.org/core-concepts-diagrams

지속가능한 사회를 위한

부모교육

부모교육이론과
프로그램

Ⅲ

P-A-R-T

부모교육이론과 프로그램

부모교육이론과 프로그램에는
과연 어떤 것들이 있을까?

Parent Education

CHAPTER 08

부모교육이론

제8장에서는 제9장에서 다루고 있는 부모교육 프로그램의 기초가 되는 이론들을 다룰 것이다. 부모교육 프로그램의 대부분은 부모-자녀 관계 향상에 목적을 두고 부모의 의사소통 기술을 증진시키고자 한다. 이러한 부모교육 프로그램에 이론적 기반을 제공하는 주요 이론으로는 드라이커스의 민주적 부모교육이론, 기노트의 인본주의 부모교육이론, 고든의 부모효율성 훈련이론, 번의 교류분석이론, 왓슨, 스키너 및 반두라 등의 이론에 영향을 받은 행동수정이론 등이 있다. 즉, 부모교육 프로그램을 제대로 이해하고 운영하기 위해서는 먼저 이 이론들에 대한 이해가 선행되어야 한다. 그런 맥락에서 이 장에서는 주요한 부모교육이론 5가지를 구체적으로 살펴보고자 한다.

1. 민주적 부모교육이론

민주적 부모교육이론은 부모-자녀 관계의 평등성에 기반하여 민주적인 방식으로 자녀를 양육해야 함을 강조한다. 특히 자녀의 인성을 형성하는 데 있어서 가정의 중요성을 강조하며 부모는 자녀의 생활양식 형성의 기초를 마련해야 한다고 주장한다.

가. 배경

드라이커스(Rudolf Dreikurs, 1897~1972)는 가정 내에서 이루어지는 사회화 과정의 중요성을 강조하며 결혼과 가족상담, 그리고 부모-자녀 관계를 비롯한 부모교육 관련 연구에 평생을 헌신하였다(Terner & Pew, 1978). 그는 부모-자녀 관계가 평등해야 한다고 보았으며 가정에서 민주적으로 부모와 자녀가 상호작용하는 것이 중요하다고 보았다. 이와 같은 드라이커스의 이론은 그의 스승이자 동료이기도 하였던, 개인심리학의 창시자인 아들러(Alfred W. Adler, 1870~1937)에게 큰 영향을 받은 것이다.

아들러는 한때 프로이트(Sigmund Freud, 1856~1939)와 같은 심리학회 소속으로 활동하였다. 그러나 인간관과 성격에 영향을 미치는 요인 등에 관한 생각에서 프로이트와 달랐던 아들러는 심리학회를 탈퇴하였다. 이후 자신만의 심리학을 창시하여 이를 '개인심리학(Individual Psychology)'으로 명명하였다. 여기서 프로이트와 아들러의 주요한 차이점을 두 가지만 살펴보면 다음과 같다. 먼저 프로이트는 인간의 무의식을 강조하면서 인간의 현재 행동방식은 과거의 어떤 사건이나 감정에 뿌리를 두고 있다고 보는 견해라면, 아들러는 인간의 의식을 강조하면서 현재 행동방식은 과거의 경험에 대해 스스로 부여한 의미에 따라 삶의 목표를 주체적으로 정한 결과로 보고 있다는 점이다. 또 다른 중요한 차이점으로는, 프로이트가 인간의 성격발달에서 심리성적 동인(Psychosexual Drive)을 강조했다면, 아들러는 사회적 동기(Social Interest)를 강조했다는 것이다. 개인 내적인 것에 집중해서 인간을 이해해야 한다고 주장한 프로이트와 달리 아들러는 인간이란 외적으로 대인과 맺는 관계를 통해 더 잘 이해될 수 있다고 생각하였다. 즉, 그는 인간의 중심 동기를 다른 사람들로부터 인정받고 소속되고자 하는 사회적 욕구로 보았다. 사회적 욕구는 인간이 성장하면서 크게 세 가지 영역인 우정 혹은 대인관계, 사랑과 결혼, 일과 직업과 관련된 목표 세우기와 노력으로 나타난다. 그리고 이때 자신의 열등감을 극복하고 우월성을 추구하는 것이 개인의 성장 동력으로 작용한다(Hall & Lindzey, 1975).

드라이커스 이론에 대한 이해를 위해 또 한 가지 유의하여 살펴보아야 할 아들러 이론은 생활양식(Life Style)이다. 생활양식이란 생각하고 느끼고, 행동하는 개인의 독특한 방식으로, 어떤 유형의 생활양식을 가지고 있느냐에 따라 우정, 사랑, 일에서 사람들과 맺는 대인관계 방식이 다르게 나타난다. 활동 수준과 사회적 관심의 두 축을 준거로 나누어 본 4가지 생활양식 유형은 〈그림 8-1〉과 같다. 이 중에서 가장 바람직한 생활양식은 '사회적 유용형'으로 사회적 관심도 높고 그에 따른 목적 달성을 위해 열심히 활동하는 사람이다. 이와 같은 생활양식은 6세 이전에 상당 수준 형성되며 이후 삶의 과정에도 계속 영향을 미치게 된다(노안영, 2016; Adler, 2018).

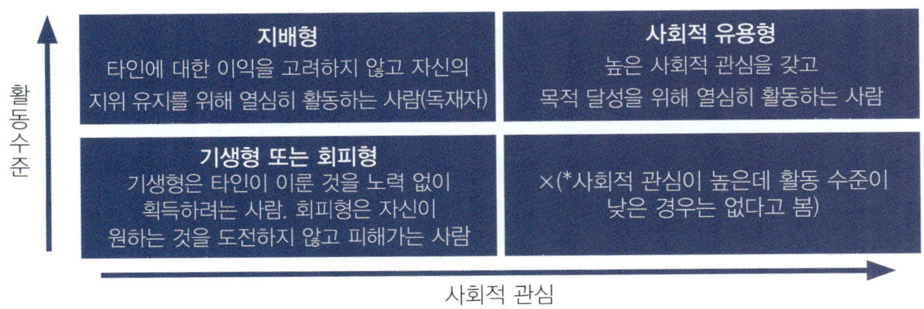

〈그림 8-1〉 **아들러의 생활양식 유형 분류**

정리해 볼 때, 아들러는 인간을 목적론적 존재, 사회적 존재, 창조적 존재, 통합적 존재로 가정하였다. 더불어 아동을 바르게 파악하기 위해서는 아동의 가족

구도를 파악해야 하고 아동을 둘러싸고 있는 사회적 환경인 가정과 학교 등에서 아동을 관찰해야 한다고 보았다. 이를 위해 아들러는 1919년 비엔나에 아동지도센터(Child Guidance Center)를 설립하여 아동 및 부모와 교사를 대상으로 상담을 하며 혁신적인 상담방법을 개발하였다(Christensen & Thomas, 1980).

드라이커스는 아들러가 설립한 아동지도센터에 참여했던 동료 중 한 명으로 아들러의 이론을 실행 가능하고 역동적인 사고방식으로 전환하는 데 이바지하였다(Terner & Pew, 1978). 실제로, 그는 가족, 학교, 또는 사람들이 서로 교류하는 여러 상황에서 사용할 수 있는 민주적 갈등 해결 시스템을 개발하였다(Dreikurs, 1970, 1972). 드라이커스는 오스트리아에서 미국에 이민을 온 후 1939년 미국 시카고의 링컨센터에 부모상담센터를 설립하여, 부모교육과 가족교육을 강조한 프로그램을 운영하면서 전 세계적으로 부모교육에 영향을 주었다.

나. 부모-자녀 관계에 대한 견해

드라이커스는 가정 내에서 일어나는 사회화 과정의 중요성을 강조하였다. 그의 이론에 따르면, 가족 분위기 특히 가족 구성원의 태도, 가치관 그리고 구성원 간의 관계는 자녀의 성격 형성에 결정적인 역할을 하게 된다. 따라서 가정에서 부모는 자녀를 존중하고 사랑하는 태도로 자녀를 양육하여 자녀가 인간으로서의 가치를 학습하고 스스로에 대한 자부심이나 협동심 및 책임감을 갖도록 지도해야 한다.

그는 부모와 자녀는 인간이라는 가치 측면에서 볼 때 동등하며 서로 평등한 존재로, 서로 존중하고 민주적으로 상호작용을 해야 한다고 보았다. 이는 아들러의 평등주의이론에서 영향을 받은 것으로 자녀는 가정 내에서 민주적인 상호작용 기술을 익힐 수 있다고 보았다. 그런가 하면 자녀들은 인종, 종교, 경제, 교육, 그리고 여러 사회적 요소에 대해 부모와의 상호작용을 통해 학습하게 된다. 즉 가정은 자녀가 세상을 알아가고 적응하는 법을 배우는 기본적인 사회적 단위이다(Dreikurs, 1955).

다. 주요 개념 및 원리

드라이커스가 제창한 부모교육의 기본원리를 이해하기 위해서는 그의 인간관을 먼저 이해해야 한다. 그는 아들러와 마찬가지로 '인간이란 목적을 위해 행동하는 존재'이며 '사회적인 소속감과 자기 가치감(Self-worth)에 대한 기본적인 욕구를 가진 존재'로 보았다. 그러므로 자녀들도 자신의 기본적 욕구가 충족되는 상황에서는 기대하는 대로 행동하는 반면, 가정 내에서 소속감과 자기 가치감에 대한 확신이 부족한 경우 이를 채우기 위해 잘못된 행동목표를 세우게 된다. 예를 들어, 부모가 자기에게는 관심을 기울이지 않고 동생만 예뻐한다고 생각하는 경우 괜히 소리를 지른다거나 성가시게 하는 식으로 관심을 끌려고 하는 것이다. 드라이커스는 이처럼 자녀들이 설정하는 잘못된 행동목표를 4가지로 유형화하였는데, 이는 관심 끌기(Attention), 힘 행사하기(Power), 복수하기(Revenge), 무능함 보이기(Display of Inadequacy)이다. 각각의 행동목표에 대해 자세히 살펴보면 다음과 같다(Dreikurs, 1967).

1) 잘못된 행동목표

① 관심 끌기(Attention): 거의 모든 자녀에게 보편적으로 나타나는 행동이다. 큰소리를 지르거나, 괜히 주변을 어정어정 돌아다니는 등의 행동을 하여 다른 사람들의 관심을 받을 수 있다면 부정적인 결과를 경험하더라도 원하는 목표가 달성된 것이다.

② 힘 행사하기(Power): 자녀가 고집을 부리면서 부모나 어른의 말에 반항하고 고집을 부려 자신이 원하는 방향으로 끌고 가려는 의도적 행동이다. 자녀들은 부모와 힘겨루기를 하면서 자신의 의지를 관철하고자 한다. 이를 통해 자녀들은 자신의 가치를 증명하고자 한다.

③ 복수하기(Revenge): 자녀는 관심을 받지 못하거나 자신의 의지를 관철하기 어려울 때 다른 사람에게 상처를 주는 것이 소속감이나 가치를 느낄 수 있는 유일한 방법이라 여기고 복수하기를 목표로 설정한다.

④ 무능함 보이기(Display of Inadequacy): 앞에서 설정한 목표를 모두 달성하기 어려울 때, 자녀는 낙담해서 다른 사람과의 상호작용을 회피하는 방법을 택하게 된다. 이런 경우 자녀는 사회적 상호작용이나 책임지는 행동을 하지 않으면서 무능함 보이기를 목표로 삼는다.

2) 행동통제

자녀가 잘못된 목표를 가지고 행동을 할 때, 부모는 자녀가 긍정적인 행동을 통해 원하는 바를 성취할 수 있도록 적절한 훈육방법을 사용해야 한다. 이때 중요한 점은 어떤 방법을 사용하든, 민주주의에 기반한 상호존중과 평등성의 개념과 일치된 방법으로 훈육이 이루어져야 한다는 것이다. 평등이라는 개념은 종종 '허용'으로 오인되지만, 이는 무조건적인 허용보다는 자녀에게 책임 있는 선택을 하는 데 필요한 최소한의 한계를 주는 것을 의미한다. 따라서 부모는 자녀가 안전성을 느끼고 자신의 행동에 책임감을 느낄 수 있도록 자녀의 수준에 맞추어 쉽게 이해할 수 있는 허용의 범위를 제공하는 것이 필수적이다. 이때 사용할 수 있는 훈육방법이 자연적 귀결과 논리적 귀결 방법이다.

가) 자연적 귀결

자연적 귀결이란 자녀가 자신의 행동으로 인해 발생하는 결과를 자연적으로 경험하게 하는 것이다. 즉, 자신이 한 행동의 결과에 대해 책임을 지게 하는 것이다. 예를 들어, 꽤 추운 가을에 자신이 좋아하는 공룡 티셔츠가 그려진 반소매 티셔츠를 입고 유치원에 가야 한다고 고집부리는 자녀가 있다면 이를 허용해서, 자녀가 자신의 행동 결과인 '추움'을 자연적인 귀결로 직접 경험하게 하는 것이다.

나) 논리적 귀결

논리적 귀결이란 어떤 행동의 결과에 대해 사전에 부모와 자녀가 미리 약속을 정해 지키는 것이다. 이때 약속 정하기는 자녀도 충분히 약속의 의미를 알고 실천할 수 있는 정도의 것이어야 한다. 예를 들어, 자녀가 저녁을 먹을 때마다 괜히

왔다갔다하면서 시간을 오래 끌다가, 자기가 좋아하는 텔레비전 프로그램이 시작되면 밥그릇을 들고 가서 텔레비전 앞에 앉는다고 가정해 보자. 그런 상황이 문제라고 생각한다면 부모와 자녀가 약속을 정해 그 프로그램 이전에 저녁 먹기를 끝내기로 하는 것이다. 만약 약속 시각까지 밥을 먹지 못했다면 서로 약속한 대로 그 프로그램을 보지 못하게 되는 것이다.

활동해보기

내가 경험(직접적 또는 간접적으로)한 자연적 귀결과 논리적 귀결의 사례를 들어보고 옆 친구와 이야기 나누어 보자.

2. 인본주의 부모교육이론

가. 배경

이스라엘의 초등학교 교사였던 기노트(Haim Ginott, 1922~1973)는 미국으로 이주하여 컬럼비아 대학교에서 수학하며 인본주의 심리학에 영향을 받았다. 인본주의 심리학은 인간의 자유의지와 자기실현 능력에 초점을 두고 자유롭고 능동적인 인간관에 기초하여 제창된 심리학이다(노안영, 강연신, 2018). 그러므로 인본주의 심리학에서는 개인의 경험을 중요시하며 개인의 성장과 잠재력의 실현을 도모할 수 있도록 격려하고, 인간의 성장과정에서 개인의 선택, 자유, 가치 등을 강조한다(Seligman, 2006). 기노트는 놀이치료의 대가인 엑슬린(Virginia M. Axline, 1911~1988)으로부터 놀이치료 훈련을 받았으며 아동을 대상으로 놀이임상치료 경험을 쌓아가며 아동의 성장을 위해서는 성인의 관심이나 공감적인 반응 및 정서적 경험이 중요함을 알게 되었다.

그 후 어린이 집단심리치료의 선구자 중 한 명인 슬레브슨(Samuel R. Slavson)과 일하는 동안 집단심리요법을 배우게 되어 이를 부모교육 방법에 적용하는 기틀을 마련했다(Orgel, 1980). 기노트는 정서장애가 있는 아동의 부모와 상담하면서 부모-자녀 관계에 대하여 새로운 관점을 도입하였다. 그는 부모-자녀 관계에서 부모가 역할을 잘하지 못하는 것은 병리적인 태도나 개인적인 문제라기보다는 잘못된 부모 모델에 노출되었거나, 경험이 부족하거나 혹은 잘못된 정보 등에 기인한 것으로 보았다. 이런 과정을 거치면서 기노트는 1950년대 초에 부적응아나 정서장애아의 부모들을 위한 전통적인 심리치료의 대안으로 부모교육을 시험적으로 시작하였다.

또한, 기노트는 정상적이고 문제가 없는 자녀의 부모 역시 부모 역할 수행에 어려움을 겪을 수 있다고 보았다. 즉, 병리학적으로 문제가 없는 부모들도 자신이 과연 부모 역할을 제대로 하는 것인지 불안해하고 자신 없어 한다는 사실을 알게 된 기노트는 정상아의 부모교육에도 관심을 가지게 되었다. 이를 통해 부모-자녀 문제 발생 시 치료로 접근하는 것보다는 사전 문제 예방에 주력하기로 한 것이다. 그리고 부모교육 시에는 전문가들이 가지고 있는 아동발달에 대한 지식과 양육기술 등을 바르게 알려주는 것이 중요하다고 보았다.

초등학교 교사로서의 경험은 기노트가 자녀를 양육하는 부모를 이해하는 데 많은 도움이 되었다. 특히 어린 자녀를 다루는 데 서툴고 비효율적으로 접근하는 부모의 경우 자녀와 의사소통하는 방법이나 훈육 기술을 개발하여 알려주는 것이 필요하다고 보았다. 아울러 부모와 같은 성인학습자인 경우 '이론'보다는 문제중심의 실제적인 기술을 습득하도록 하는 것이 효율적이라는 사실을 깨닫고 이를 부모교육에 반영하였다.

나. 부모 자녀 관계에 대한 견해

기노트는 인본주의 심리학의 영향을 받아 인간을 자유의지가 있고 변화 가능성이 있는 존재로 보았다. 그에 따르면, 인간은 자신의 행동을 조절하고 통제하여 궁극적으로 변화시켜 나갈 수 있는 존재이다. 따라서 부모는 자녀를 있는 그대로 받아들이고 자녀가 자신의 마음을 표현할 수 있도록 환경을 조성해 주어야 한다. 부모가 자녀를 진정으로 존중하며 관심을 보여줄 때, 자녀는 부모의 사랑을 신뢰하게 된다.

또한, 부모는 자녀와 효과적으로 의사소통을 하는 기술을 익히는 것이 중요하다. 자녀가 자신의 감정이나 느낌을 표현할 때 부모는 진심 어린 관심과 공감적 반응을 통해 자녀에게 반응하여, 자녀가 부모로부터 수용 받고 있다는 것을 느끼게 하는 것이 중요하다. 이때 부모는 자녀의 문제해결에 도움을 줄 수 있는 조력자나 조언자의 역할을 해야 하며 자녀의 감정을 판단하지 않는 중립적인 상담자의 역할을 하는 것이 중요하다(Ginott, 1965).

다. 주요 개념 및 원리

기노트가 자녀와 대화하는 방법, 자녀를 효과적으로 훈육하는 방법에서 강조한 점들을 살펴보면 다음과 같다.

1) 상호존중

상호존중은 부모-자녀의 대화에서 가장 중요한 원리이다. 상호존중을 위해 부모는 자녀를 존중하고 격려해야 하지만 칭찬이나 긍정적 강화를 남발해서는 안 된다. 칭찬 시에는 바르게 행동하거나 성취한 점을 정확하게 표현할 수 있는 칭찬을 하여야 한다. 자녀가 저녁을 차리는 것을 도왔다면 "우리 승현이 최고!"라고 하기보다는 "승현이가 엄마 저녁 차리는 것을 도와주었네. 덕분에 훨씬 빨리 저녁 준비가 끝났어. 고마워."라고 칭찬하는 것이 자녀의 행동에 대해 정확하게 칭찬하는 것이다.

2) 훈육

자녀와의 갈등상황에서 체벌은 효과가 없다. 체벌보다는 언어적인 의사소통을 통해 문제를 해결해야 한다. 이때 유의해야 할 점이 몇 가지 있다. 먼저, 자녀와 이야기할 때 먼저 부모는 하던 일을 멈추고 자녀의 이야기에 집중하여야 한다. 둘째, 자녀와의 거리를 좁히고 눈높이를 맞추어야 한다. 그래야 서로의 눈을 바라보며 진심으로 의사소통할 수 있기 때문이다. 셋째, 훈육 시에는 잘못된 행동에 관해서만 이야기하고 자녀의 인격을 공격하거나 비난해서는 안 된다. 동생을 때린 진영이에게 "넌 맨날 동생을 울리기나 하고…. 아주 못 됐어."라고 말하기보다는 "네가 동생을 때려서 동생이 울었구나. 그래서 엄마도 화가 많이 나고 속상해."라는 말로 훈육할 수 있다.

3) 책임감 키우기와 행동의 한계 설정

자신의 행동에 대한 책임을 지고, '충분히 기능하는 사람(The Fully Functioning Person)'(Rogers, 1959)으로 성장하게 하려면 자녀의 책임감을 발달시켜야 한다. 책임감을 발달시키기 위해, 부모는 자녀가 책임져야 할 문제와 부모가 책임져야 할 문제에 대해 한계를 설정하고 자녀가 일상생활 중에서도 선택하고 책임질 기회를 제공해야 한다. 이를 위해 부모는 자녀가 해야 할 일을 스스로 선택하고, 선택한 일을 끝까지 완수할 수 있도록 도와주어야 한다. 이때 자녀가 어릴수록 선택할 수 있는 사항의 개수를 적게 주는 것이 좋다. 즉, 유아기 자녀에게는 여러 가지 선택사항보다는 두 가지 선택사항 중의 하나를 골라 해볼 수 있게 함으로써 책임지는 것을 학습하게 할 수 있다(Ginott, 1965). 이때 중요한 점은 자녀가 이해할 수 있는 합리적인 한계를 설정해 주어야 한다는 점이다. 그렇게 될 때 그것을 지키면서 자녀의 책임감이 발달할 수 있다. 다음은 자녀의 감정을 수용하면서 잘못된 행동에 대해서는 합리적인 한계를 설정해 주는 예시이다. 이런 방법을 통해 지도하게 되면 자녀도 반발하지 않고 차츰 협조하는 쪽으로 변화하게 된다(Ginott, 1965).

[상황]
서영이는 주말에 이모네 집 놀러 가는 것을 매우 좋아한다. 그런데 수요일인 오늘, 유치원에 안 가고 이모네 집 가겠다고 떼를 쓰면서 운다.

① 자녀가 원하는 것을 비판하거나 반대하지 않고 간단하게 반복해서 말해준다.

예 서영이가 이모 집에 정말 가고 싶구나.

② 자녀에게 제한할 행동에 대해 명확하게 한계를 지어 말해준다.

예 그런데 오늘은 수요일이라 이모도 집에 없고, 서영이는 유치원에 가야 해.

③ 자녀가 원하는 것을 최소한이라도 성취할 수 있는 다른 방법을 제시한다.

예 대신 이번 주말에는 이모 집에서 하룻밤 자고 오는 것으로 하면 어때?

④ 원하는 행동이 통제될 때 자녀가 느끼는 분노의 감정을 표현할 수 있도록 허용하고 도와준다.

예 이모 집에 못 가서 속상하지? 얼마나 화가 났는지 엄마한테 말해도 돼. 이모한테 전화해서 이야기해도 좋고.

자녀를 지도할 때, 이상의 예에서 사용한 순서를 절대적으로 따라야 하는 것은 아니다. 때에 따라서는 자녀의 행동을 먼저 제지하고 나서, 나중에 감정을 대신 표현하는 방법도 사용할 수 있다. 예를 들어, 자녀가 자신의 화를 표현하기 위해 위험한 행동을 하려고 할 때는 그 행동을 먼저 제지할 수 있다.

3. 부모효율성 훈련이론

가. 배경

고든(Thomas Gordon, 1918~2002)은 로저스(Carl Rogers, 1902~1987)의 내담자 중심 상담이론에 근거한 상담 전문가 훈련을 받고 모교인 시카고 대학교에서 전문 상담가로 활동하였다. 아동과 그 가족을 대상으로 임상상담을 하던 고든은 개인이 고통받는 대부분의 문제 원인은 성격보다는 대인관계 기술의 부족에서 오는 것으로 판단했다. 특히 아동의 경우 상대적으로 영향력이 큰 부모와 교사로부터 문제가 시작되는 경우가 많았기 때문에 부모와 교사들이 자신의 역할을 효과적으로 수행하도록 하기 위해서는 그들을 위한 훈련이 필요하다고 보았다. 이를 위해 각각 개발한 프로그램이 부모효율성 훈련(Parent Effectiveness Training: PET) 프로그램과 교사효율성 훈련(Teacher Effectiveness Training: TET) 프로그램이다. 그의 이론은 대인관계를 위한 의사소통기술을 향상하는 데 효과적이어서, 최근에는 PET 원리를 활용한 기업지도자효율성 훈련(Leader Effectiveness Training: LET) 프로그램도 넓게 활용되고 있다.

출처: amazon.com.

전술한 바와 같이 부모와 교사를 위한 프로그램은 특히 로저스의 내담자 중심 상담이론의 영향을 가장 많이 받았다. 이 이론은 내담자의 지적인 면보다는 감정과 생각을 중요하게 생각하고 공감을 기본요소로 하며, 상담자와 내담자의 관계 형성을 강조한다. 기본적인 상담기법으로는 적극적 경청, 감정의 반영, 명료화, 공감적 이해 등이 포함되는데, 이들은 PET의 핵심개념으로 사용되고 있다. 이와 같은 핵심개념을 간단히 살펴보면 다음과 같다.

- 적극적 경청: 상대방이 말하고 있는 것에 집중하여 잘 듣는 것. 이때 말하는 내용뿐 아니라 비언어적인 메시지 전달이 무엇인지에도 신경을 쓰며 정확히 파악하려고 노력하는 것. 참고로 듣기에는 듣지 않고 딴짓하기–듣는 척만 하기–듣고 싶은 것만 골라 듣는 선택적 듣기–적극적 듣기(경청)가 있다.
- 감정의 반영: 상대방이 느끼고 있다고 생각한 감정을 이야기해 줌: "친구들이 너랑 안 놀아줘서 화가 많이 났구나!"
- 명료화: 상대방의 말을 정확하게 파악하기 위해 확인하는 것: "네가 한 말은… 이런 뜻이었니?"
- 공감적 이해: 상대방의 입장에서 느끼고 이해하는 것: "그때 정말 속상했겠다."

나. 부모–자녀 관계에 대한 견해

고든은 부모–자녀 간의 갈등을 각자 자신의 기준에서 옳고 그름만을 주장하기 때문으로 보고, 부모교육에서 서로의 문제와 욕구를 소통할 수 있는 방법과 기술을 가르치게 되면 부모–자녀 관계를 향상할 수 있다고 믿었다. 그는 부모들이 잘못된 태도를 보이는 것은 전통적으로 자신의 부모나 부모의 부모 때부터 사용해 온 훈육 방식으로 계속 자녀를 대하고 있기 때문으로 보았다(Gordon, 2016).

고든은 대부분의 부모를 3가지 유형 즉, '승자형', '패자형', '동요형'으로 분류할 수 있다고 보았다. 승자형에 속한 부모는 자녀에게 권위나 권력을 행사하는 것이 당연하다고 생각하고 자녀를 구속하고 한계를 정하고 명령을 내리고 복종을 요구한다. 부모가 원하는 것과 자녀가 원하는 것 사이에 갈등이 발생하면 부모의 의견을 관철하는 쪽으로 갈등을 해결한다. 반대로 패자형 부모는 자녀들이 마음대로 하도록 내버려 두는 타입이다. 그러면서 자신이 권위적인 방식을 따르지 않는다는 것을 오히려 자랑스럽게 생각한다. 이런 유형의 부모들은 자녀가 원하는 것과 부모가 원하는 것 사이에 갈등이 발생하면 언제나 자녀가 이기는 쪽으로 해결한다. 마지막으로 동요형 부모는 승자형 부모의 방식과 패자형 부모의 방식을 왔다갔다하며 사용하는 유형으로 가장 많은 부모가 이 유형에 해당된다. 동요형 부모는 자주 혼란을 겪는 유형이며 자녀 또한 혼란과 문제를 겪을 가능성이 크다(Gordon, 2016).

그러나 부모가 어느 유형에 속하건 부모–자녀 간에 문제는 발생할 수 있고 부모는 이러한 문제를 해결해야 한다. 그렇다면 고든은 문제해결의 원리를 어떤 식으로 제시하였을까? 주요 개념 및 원리에서 살펴보자.

다. 주요 개념 및 원리

부모효율성 훈련이론의 중심 개념 및 원리는 행동의 창(Behavior Window), 문제 소유자(Problem Ownership)의 원리, 그리고 무승부 갈등 해결(No Lose Conflict Resolution)의 원리이다. 이에 대해 알아보면 다음과 같다.

1) 행동의 창(Behavior Window)

'행동의 창'이란 자녀의 행동을 부모가 얼마나 수용할 수 있는가에 관한 개념이다. 이와 같은 '행동의 창'과 관련하여 생각해 보아야 할 점은 크게 3가지이다. 첫째는 '행동의 창'으로 시각화해 보는 목적이 무엇인가 하는 점이다. 둘째는 부모의 수용 정도와 일관성에 대한 것이다. 셋째는 거짓 수용에 관한 것이다. 하나씩 살펴보자.

첫째, '행동의 창'으로 시각화해 보는 목적이다. 이는 문제 있는 부모-자녀 관계를 진단해 보기 위함이라고 할 수 있다. 진단의 목적은 문제가 무엇이고, 부모와 자녀 중 누가 문제를 느끼느냐에 따라 접근 방법이 달라져야 하기 때문이다. 다음 그림을 보자.

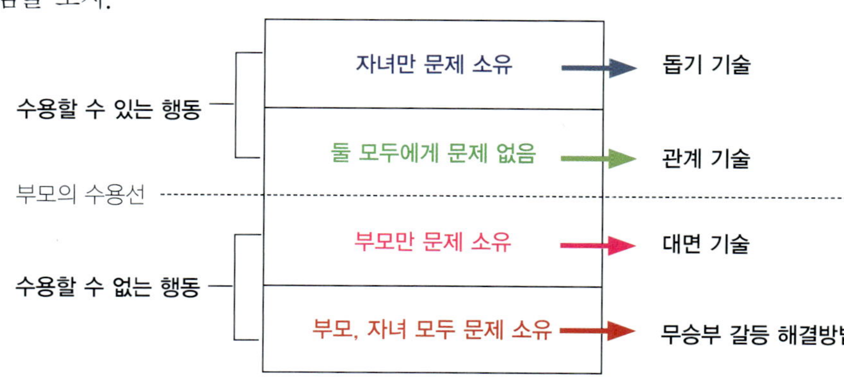

〈그림 8-2〉 행동의 창

둘째, 부모의 수용 정도와 일관성에 대한 것이다. 보편적으로 허용적인 부모의 경우 자녀의 행동에 대해 수용할 수 있는 범위가 수용할 수 없는 범위보다 넓다. 권위적인 부모는 그 반대이다. 그렇기는 하나 부모의 수용 정도가 늘 일정하고 일관적인 것은 아니다. 부모의 특성(부모의 정서적 성숙 정도, 욕구나 기분, 심신 건강 정도, 부모 각자의 지각), 자녀의 특성(자녀의 인성이나 발달연령), 환경적 특성(예: 시간과 장소–손님이 있을 때 허용되던 행동이 손님이 가고 난 후 허용되지 않음) 등이 수용의 범위와 정도에 영향을 미치기 때문이다(박성연 외, 2008). 부모는 이처럼 자신의 수용 정도가 다르게 표현될 수 있음을 의식하고 자녀를 대할 필요가 있다.

셋째, 거짓 수용에 대한 것이다. 때로 부모는 자신이 수용할 수 없는 자녀의 행동을 거짓으로 수용하는 척하기도 한다. 부모가 거짓 수용을 할 때, 말로는 "알았다", "그렇게 하렴", "그래도 돼"라고 하지만, 표정이나 음성의 고저, 안면근육 등을 통해 거짓 수용의 메시지를 무의식적으로 자녀에게 보내게 된다. 자녀는 부모가 자신을 수용하고 있지 않다는 '비언어적 메시지'를 받게 된다. 부모가 거짓 수용을 하면서 실제로는 거부하는 이중적 메시지를 보내는 것이다. 이런 일이 계속 반복되면 자녀는 부모에게 사랑받고 있지 않다고 느끼게 되고 불안감을 느낄 수 있으며 부모와 자녀의 관계를 악화시킬 소지가 있다(Gordon, 2016).

2) 문제 소유자(Problem Ownership)의 원리

앞에서 행동의 창 그리기를 통해 누가 문제를 소유하고 있는지 진단해 볼 수 있다고 한 바 있다. 즉, 문제를 부모가 느끼는지, 자녀가 느끼는지, 부모–자녀 모두 문제를 계속 느끼고 있는지 하는 것이다. 하나씩 살펴보자.

가) 부모가 문제를 소유한 경우

자녀의 어떤 행동을 수용할 수 없는 경우, 종종 부모는 화가 많이 나거나, 소화가 안 되거나, 너무 당황스러워하는 등 신체적, 심리적 문제를 갖게 된다. 이런 경우 사용할 수 있는 방법이 '대면기술(Confrontation Skills)'이고, 그중에서도 '나–

전달법'이다. 나-전달법을 사용할 때 자녀의 인격에 상처를 주거나 공격하는 느낌을 주지 않으면서 부모의 감정을 정확하게 전달할 수 있다. 그렇게 할 때 자녀는 부모의 감정을 정확하게 인식하게 되면서 행동을 고치려고 하게 된다. 실제로 자녀들의 경우, 자신의 행동에 대해 부모가 어떻게 느끼는지 잘 모르는 경우도 종종 있다. 나 전달법을 활용할 때는 3가지 구성요소-수용할 수 없는 자녀의 행동, 그로 인한 부모의 감정, 부모에게 생긴 문제-를 넣을 필요가 있다. 다음에서 구체적 사례를 보자.

[상황]

곧 손님이 오실 거라고 엄마가 만 4세 연수에게 이야기했는데도 불구하고 연수는 거실 여기저기에 작은 레고 조각들을 어질러 놓았다. 엄마가 손님 맞을 거실을 청소한 후 잠시 차 준비하러 간 사이에 해 놓은 일이다. 지난번에도 이 비슷한 일이 있었고, 손님은 곧 올 것 같아서 엄마는 정말 화가 많이 난다. 그렇지만 화를 꾹 참고 나 전달법을 활용해 보기로 하였다.

① 받아들일 수 없는 **행동**을 정확하게 이야기한다.

예 연수야 손님이 곧 오신다고 했는데, 거실에 또 레고를 어질러 놓았네.

② 자녀의 행동에 대한 부모의 **감정**을 그대로 표현한다.

예 그래서 엄마는 정말 속상하구나!

③ 자녀의 행동이 부모에게 끼치는 **문제**를 설명한다.

예 지금 손님이 오실 시간이 거의 다 되어 가는데, 엄마가 레고를 급하게 다시 치워야 해서 힘들어.
(* 해결: 연수는 엄마의 감정과 곤란한 상황을 이해하고 얼른 엄마와 함께 레고를 치웠다.)

나) 자녀가 문제를 소유한 경우

부모는 문제를 느끼지 않고 있는데 자녀가 문제를 느끼는 경우도 있다. 원하는 것을 얻지 못해서 너무 속상하다든가, 걱정되어 잠을 잘 자지 못한다든가 하는 경우이다. 이런 경우 부모는 자녀의 속상한 마음을 알아주고 무엇보다 자녀의 이야기를 잘 들어줌으로써 자녀 스스로 문제를 찾아 해결하도록 '돕는 방법(Helping Skill)'을 사용할 수 있다. 이때 유용한 방법으로 추천되는 것이 적극적 경청(Active Listening)이다. 적극적 경청을 하는 경우, 부모가 유념할 점은 크게 3가지이다. 첫째, 판단이나 비판 금지이다. 부모는 자녀가 자신의 문제를 이야기할 때 비판하거나 판단하려고 하지 말고 자녀의 감정을 그대로 수용하는 한편, 말하는 것의 의미를 제대로 파악하기 위해 노력해야 한다. 그래서 필요한 것이 '듣기기술(Listening Skill)'이다. 둘째, 적극적 경청 후 자녀와의 의사소통이다. 부모는 적극적 경청 후에는 자신이 이해한 내용을 자녀에게 확인하면서 자녀의 문제를 함께 들여다본다. 셋째, 마지막으로는 자녀의 문제해결 조력이다. 적극적 경청으로 끝난다면 아무 의미가 없다. 그런 과정을 거치면서 자녀 스스로 문제가 무엇인지 파악하는 한편, 문제해결 방안을 찾도록 부모는 조력하여야 한다. 다음을 살펴보자.

[상황]
엄마가 퇴근 후 집에 와보니 유치원에 다니는 만 4세 신주 얼굴이 어두워 보이고 평소보다 말수도 적다. 무슨 일이 있었느냐고 물었지만 아무 일도 없었다고 한다. 엄마는 아이가 피곤해서 그런가 생각하고 일찍 들어가 자도록 해주었다. 그런데 한 10분 후에 다시 나와 엄마한테 안기더니 눈물을 흘리며 운다. 놀란 엄마가 무슨 일이냐고 묻자 그제야 유치원에서 있었던 일을 이야기한다.

- 적극적 경청: 적극적 경청을 통해 엄마는 신주가 오늘 유치원에서 하고 싶었던 역할놀이에 끼지 못했음을 알았다. 그래서 몹시 속이 상했고 내일 유치원에도 가고 싶지 않다고 느끼는 것을 알았다.
- 의사소통을 통한 자녀의 문제 들여다보기: 다른 친구들과 함께 역할놀이를 매일 하고 싶은데, 신주를 안 끼워 주려고 한다.
- 해결방안 찾도록 조력하기: 함께 이야기하면서 '다른 친구들이 신주를 역할놀이에 참여시키지 않는 이유'는 신주가 언제나 자기만 엄마 역할을 하겠다고 고집 피웠기 때문이라는 것을 알았다. 그렇게 이야기하는 동안 신주는 문제 원인을 찾았고 내일 유치원에 가서 친구들과 해결하기로 하였다.
  (* 이런 과정을 거치는 동안 신주의 기분이 풀리고 스스로 문제를 해결하고자 하는 의욕도 고취되었다. 엄마는 내일 담임선생님께 전화를 걸어 신주와의 대화 내용을 알려드리고 신주가 친구들과 노는 모습을 주의 깊게 지켜봐 달라고 부탁드릴 생각이다.)

활동해보기

최근 내가 가진 문제에 대해 적극적 경청으로 임해 준 사람은 누구인가? 적극적 경청 후에 일어난 결과는 무엇인가? 주변에서 경험한 사례도 나누어 보자.

3) 무승부 갈등 해결(No Lose Conflict Resolution)의 원리

부모효율성 훈련에 대해 잘 모르는 부모들은 자녀와의 사이에 문제 발생 시 자칫 힘겨루기 양상으로 치닫곤 한다. 그 결과로 부모가 이기거나 자녀가 이기든가 하는 것이다. 이렇게 되면 점점 부모–자녀 관계는 소원해지고 문제 또한 점점 더 커지게 된다. 이와 관련하여 고든(2016)은 '나 전달법'이나 '적극적 경청' 방법으로도 문제가 해결되지 않는 경우 부모–자녀 간 갈등 해결방법으로 '무승부 갈등 해결(No Lose Conflict Resolution)' 방법을 제안하였다. 무승부 갈등 해결방법은 부모와 자녀가 함께해야 하는 6단계로 이루어져 있다. 하지만 모든 갈등해결 상황이 6단계를 반드시 거쳐야 하는 것은 아니다. 단계별로 살펴보면 다음과 같다(Gordon, 2002).

① 1단계: 문제가 무엇인지를 확인하고 정의한다.

갈등을 해결하기 위한 가장 핵심적인 단계로 갈등이나 문제를 이야기해서 해결해야 할 문제가 무엇인지 확인하고 문제를 분명히 한다.

② 2단계: 가능한 여러 해결책을 생각해 낸다.

자녀의 해결방법을 먼저 듣고 부모의 의견을 나중에 덧붙인다. 자녀에게 가능한 한 많은 해결방법을 생각해 보게 하되 자녀의 아이디어를 평가하지 않아야 한다. 또한, 자녀가 낸 해결책이 부모의 욕구를 충족시키지 않더라도 이 단계에서는 언급하지 않는다.

③ 3단계: 각 해결책을 평가한다.

이 단계에서는 다양한 해결방안들을 놓고 평가할 수 있다. 여러 해결책 중에서 자녀나 부모 양쪽 모두를 만족시키지 않는 해결책들은 지워나가면서 사용할 수 있는 해결책의 범위를 좁혀간다. 이 단계에서 부모는 해결책에 대해, "이 방법은 나에게 불공평하다고 생각해." "나는 이 방법이 맘에 들지 않는데…" 등과 같이 자신의 감정을 솔직하게 말하는 것이 중요하다.

④ 4단계: 가장 좋고 만족스러운 해결책을 결정한다.

이전의 단계에서 서로의 생각을 솔직하게 나누었다면 아마도 다른 방법보다 상대적으로 나은 방안 하나가 나오기 마련이다. 이 방법을 택하되 결정한 방법이 최종적이고 다시는 바꿀 수 없는 것이 아니라는 사실을 자녀에게 주지시킨다. 예를 들어, 부모는 자녀에게 "좋아, 이렇게 한 번 해보고 효과가 있는지 살펴보자."라고 말할 수 있다.

⑤ 5단계: 결정된 것을 실천할 구체적인 방법을 마련한다.

결정한 후에는 그 방법을 구체적으로 어떻게 시행할 것인지에 대해 실천방법과 관련된 문제들을 결정한다.

⑥ 6단계: 이후에 결과가 어떠했는지를 확인한다.

무승부 갈등 해결방법을 통해 찾아낸 갈등 해결방법이 항상 좋은 결과를 가져오는 것은 아니다. 따라서 결정해서 실천하고 있는 해결방법이 여전히 마음에 드는지 물어서 확인할 필요가 있다.

4. 교류분석이론

가. 배경

교류분석(Transactional Analysis)이론은 미국의 정신과 의사인 번(Eric Berne, 1910~1970)이 개발한 대인관계이론으로, 인성의 발달과 사람들 간의 사회적 관계에 초점을 두고 있다. 교류분석이론은 인간에 대해 긍정적 견해를 가지고 바람직한 인간관계를 가지게 하는 것을 목적으로 한다. 번은 프로이트의 정신분석이론의 영향을 받았고, 자아상태(Ego State)라는 용어를 처음 사용한 페던(Paul Federn)의 정신분석 훈련을 받은 후 에릭슨(Erik Erikson)으로부터도 정신분석 훈련을 받았다. 그런데 그는 프로이트의 정신분석이론이 가지고 있는 모호함이나 인간에 대한 결정론적 사고를 한계점으로 인식하였다. 이런 경험들을 바탕으로 그는 '인간의 부적응 문제는 스스로 자신의 성격구조를 파악하고 이를 변화시키는 것'이 가장 효율적인 치료라고 보았다.

번은 교류분석이론에서 인간의 성격이 다른 사람들과의 사회적인 상호교류관계에 의해 형성되며, 이는 전반적인 삶의 패턴이나 양식에 영향을 주어 삶의 유형을 결정하는 것으로 보고 있다. 이와 같은 번의 교류분석이론을 부모교육에 보다 쉽게 적용하도록 도움을 준 몇 사람이 있다. 먼저 해리스(Harris)는 *I'm OK-You're OK*(1969)에서 번의 교류분석을 대중에게 쉽게 소개하는 데 이바지했다. 그의 저서에서 해리스는 번의 구조분석(자아 상태)과 교류분석(상호작용의 규칙), 삶에 대한 4가지 태도 유형을 설명하였다. 개인의 삶에 대한 태도는 인생 초기인 유아기에 거의 완성되는데 이후의 삶에서도 타인과 이루어지는 모든 교류, 게임, 스트로크(Stroke), 시간 구조화, 인생의 각본(Script) 등을 예측할 수 있는 단서가 된다고 강조하였다.

그런가 하면 제임스와 종그워드(James & Jongeward)는 *Born to Win*(1971)이라는 책을 통해 번의 이론이 대중화하는 데 기여하였다(Sirridge, 1980). 그들은 이 책에서 사람들이 실생활 속에서 교류분석이론을 적용하는 법, 그럼으로써 자신에 대해 더 잘 이해하고 다른 사람들과의 관계 속에서 자신의 능력을 잘 발휘하며 사는 방법을 제시하였다. 그렇게 제임스와 종그워드는 번의 교류분석이론을 전반적으로 설명하는 한편, '인생 각본(script)'과 '게임(game)'에 대해서도 구체적으로 설명하였다.

여기서 '인생 각본'이란 어린 시절 가족과의 상호작용을 통해 형성되어 이후의 경험에 의해 강화되는 삶의 계획, 즉 일종의 인생에 대한 청사진이라고 할 수 있다. 인생 각본은 개인마다 다양하지만 크게 패자의 각본, 보통사람의 각본, 승자의 각본으로 분류할 수 있다. 개인은 자신의 인생 각본에 따라 실패한 경험을 계속 끌어안고 살면서 인생을 비관적으로 살거나(패자의 각본), 패자도 승자도 아닌 비교적 성실한 태도로 살지만, 목표의식이 강하지는 않거나(보통사람의 각본) 혹은 인생의 목표를 적절하게 설정한 후 이를 위해 최선을 다해가는 삶(승자의 각본)을 살게 된다는 것이다.

그런가 하면 '게임'이란 놀이나 승부에 관계된 것이 아니라 타인과의 이면적 교류(Ulterior Transaction)를 통해 이루어지는 심리적 상호교류의 상태를 말한다. 심리적 게임은 겉으로는 합리적이고 그럴듯하게 보이는 일련의 상보적 교류로 시작되지만, 그 이면에는 숨겨진 메시지가 있는 이면적 교류가 일어나게 된다. 그리고 게임을 하려는 목적을 달성하게 되면 게임을 마무리하게 된다. 일반적으로 사람들이 심리적 게임을 하는 목적은 시간을 때우거나 타인의 주의를 끌며, 자신과 타인에 대해 초기에 느낀 생각을 강화하기 위해서이다(James & Jongeward, 2016).

심리적 게임은 사람들이 타인과 친밀하고 개방적인 관계를 형성하는 것을 어렵게 만든다. 심리적 게임을 하는 사람들은 주로 인생에서 승자가 되기 위하여, 즉 자신의 존재감을 느끼고 자신의 실체감을 경험하기 위한 방법으로 심리적 게임을 하게 되지만 이와 같은 사람들은 이미 인생에서 승자가 아니다. 심리적 게임을 하는 사람들은 주로 어린 시절에 부모와의 상호작용을 통해 자연스럽게 스트로크를 얻지 못했던 사람들이 왜곡된 방법으로 스트로크를 얻기 위해 게임의 방법을 많이 사용하게 된다.

개인의 삶에 대한 태도 및 교류방식, 인성의 구조 등은 삶의 초기에 부모 및 가족과의 관계에서 일어나는 상호작용에 의해 영향을 받게 되며 완성되는데, 어린 시절에 형성된 삶의 태도는 이후의 삶에도 영향을 미치게 된다. 따라서 개인의 인성 발달 및 삶에 대한 태도에 결정적인 영향을 주는 영유아기에 부모와 상호작용 방식을 개선하는 일은 매우 중요하다고 할 수 있다.

나. 부모-자녀 관계에 대한 견해

교류분석이론은 부모교육을 목적으로 개발된 이론은 아니나 부모교육이론으로도 활용되고 있다. 이는 인간관계에 초점을 둔 이론으로 사회적 의사소통의 기본단위를 교류로 본다. 어린 시기에는 부모와 상호작용하는 시간이 많기 때문에 부모와의 의사소통은 영유아에게 가장 주된 교류이다.

교류분석이론에서는 자녀의 문제를 해결하기 위해서 부모와 자녀는 반드시 관계를 회복해야 한다고 보았다. 따라서 부모 없이 자녀만을 치료하는 것은 효과가 없다. 자녀의 행동은 가족이 모두 참여하고 부모와 자녀가 상호 간에 합의 도출된 약속을 사용하여 변화될 수 있으며 가족 간의 대화도 개선될 수 있다고 믿었다(Harris, 1963).

인간은 상호교류를 통해 자극을 추구하고자 하는 욕구가 있으므로 부모-자녀 간에 서로 원만한 상호작용이 일어나도록 노력해야 한다. 또한, 교류분석을 통해 부모는 자신의 행동을 변화시키고 자신과 자녀를 이해하는 능력을 기르게 된다.

다. 주요 개념 및 원리

1) 인간의 욕구

모든 인간의 기본적인 욕구 중 하나는 자극욕구(Stimulus Hunger)이다. 번은 인간의 행동을 이끄는 기본적인 동인으로 작용하는 6가지 욕구를 자극욕구(Stimulus Hunger), 인정욕구(Recognition Hunger), 접촉욕구(Contact Hunger), 성적욕구(Sexual Hunger), 시간구조욕구(Time Structure Hunger), 사건욕구(Incident Hunger)라고 보았다. 예를 들어, 그는 할로우(Hollow, 1959)의 새끼원숭이 연구와 스피츠(Spitz, 1945)[1]의 '돌봄을 받지 못한 유아가 쇠약해져 '마라스무스(Marasmus)' 상태에 이르게 되는 연구결과를 통해 '접촉욕구', '자극욕구'가 충족되지 못하면 영유아의 경우 생존에 위협을 받을 수 있다고 주장하였다. 사람들은 점차 나이가 들어가면서 신체적인 자극보다 언어적 인식에 대한 욕구가 증가

1) 제2차 세계대전 당시 프랑스의 보육원의 아이들이 마라스무스 병에 걸려 사망하는 일이 종종 일어났다. 마라스무스 병은 단백질이 빠져나가는 치명적인 병으로 스피츠는 이에 대한 조사를 하는 과정 중에 그 원인이 돌봄을 받지 못하고 사람과의 접촉이 부족한 것에서 기인한 것임을 알아냈다.

하게 된다. 접촉과 자극의 욕구는 남아 있으나 신체적인 것보다 언어적인 것이 더 강해지는 것이다. 이외에 시간구조욕구란 '시간을 어떻게 채울 것인가'에 관계된 것이다. 각 개인은 성장하면서 시간을 즐기고 사용하는 방법에 대해 배우게 되는데, 이때 가족과 사회의 수용기준으로부터 영향을 크게 받는다. 시간구조는 사람이 시간을 가지고 무엇을 할 것인지 계획하는 데 도움이 될 뿐 아니라, 다른 사람에게서 얻을 수 있는 스트로크의 양을 최소화하거나 최대화한다.

2) 스트로크

스트로크(Stroke)는 교류분석이론의 핵심개념으로 인식의 한 단위이다. 스트로크는 등을 두드리는 것과 같은 신체적인 스트로크와 말로 하는 언어 스트로크로 나뉜다. 스트로크는 다시 긍정적인 스트로크와 부정적인 스트로크로 나뉘게 된다. 예를 들어, 화가 나서 자녀를 혼내는 행위는 부정적인 언어 스트로크이며 자녀와 장난치며 자녀의 배를 간지럽게 하는 행위는 긍정적인 신체 스트로크이다. 인간이 생존하기 위해서는 긍정적이든 부정적이든 스트로크가 반드시 필요하다. 따라서 관심을 전혀 받지 못하는 자녀는 부정적인 스트로크라도 얻기 위해 노력한다.

그런가 하면 스트로크는 자녀 행동에 대한 조건적인 스트로크와 그와는 상관없는 무조건적인 스트로크로 나뉜다. 조건적인 스트로크는 다시 긍정적인 조건적 스트로크와 부정적인 조건적 스트로크로 나뉘게 되는데, 조건적인 스트로크는 자녀에게 다른 사람이 좋아하는 것과 싫어하는 것에 대한 것을 인식하도록 가르치기 위해서 필요하다. 반면에 무조건적이고 긍정적인 스트로크는 자녀로 하여금 자신이 중요하고 선한 존재라는 확신을 갖도록 하기 위해 반드시 필요한 자극이다. 이런 의미에서 조건적인 스트로크와 무조건적인 스트로크는 모두 자녀에게 필요한 것이므로, 부모는 이 두 스트로크를 균형 있게 사용해야 한다(Sirridge, 1980).

3) 구조분석

번에 의하면 개인의 성격은 자아상태라고 불리는 여러 부분으로 구성되어 있다. 이 자아상태는 인간이 현실을 인식하고 정보를 조직화하여 행동하게 하는 양식과 매우 관련이 깊으므로(Babcock & Keepers, 1976) 자아상태의 구조를 분석하는 것이 교류분석이론에서 가장 핵심적인 부분 중 하나라고 할 수 있다. 자아상태의 구조와 각 상태의 경계상태에 대해 살펴보면 다음과 같다.

가) 자아상태의 구조

개인의 자아상태는 아동자아(Child Ego: C), 성인자아(Adult Ego: A), 부모자아(Parent Ego: P)의 3가지 측면으로 구분할 수 있다.

- 아동자아: 아동자아는 어린 시절 실제로 느끼고 행동했던 것과 같은 감정이나 행동이 내면화된 것으로 일종의 '느껴진 생활개념(Felt Concept of Life)'이다. 아동자아 상태는 자신이 느끼고 원하는 것을 자연스럽게 표현할 수 있는 상태인 '천성적인(Natural)' 자아상태와 상대방이 원하는 것에 맞추어 표현하고자 하는 '순응하는(Adapted)' 자아상태로 나뉠 수 있다.
- 성인자아: 성인자아는 자료를 모으고 논리적 규칙에 따라 분석한 후 결론에 도달하는 인성의 한 부분이다. 성인자아는 영유아기에도 나타나지만 성숙한 수준은 12세경에 시작되어, 추상적이고 가설-추론적인 내용을 다룰 수 있는 능력은 16세경에 완성된다.
- 부모자아: 부모자아는 개인의 삶에 영향을 주는 사람들의 행동, 즉 사회적인 규칙, 예절, 가치관, 전통 등과 같은 것을 내면화한 인식으로 일종의 '학습된 생활개념(Taught Concept of Life)'이라고 할 수 있다. 부모자아는 제재 및 통제를 하는 '비판적 부모자아(Critical Parent Ego: CP)'와 보살핌과 관련된 '양육적 부모자아(Nurturing Parent Ego: NP)'로 구분할 수 있다(김정원, 전선옥, 2016).

나) 자아상태 경계의 왜곡: 배타와 오염

3가지 자아상태를 적절하게 사용하기 위해서는 자아상태의 경계가 적절하게 균형을 이루고 독립성을 이루고 있으면서, 때에 따라 3가지 자아상태를 오가는 융통성과 유연성을 가져야 한다. 그러나 이와 같은 상태를 유지하지 못하고 경계가 경직되거나 혹은 경계가 불분명하여 다른 자아와 섞이게 되는 경우가 있는데 이를 경계의 왜곡이라고 한다. 경계의 왜곡은 배타와 오염으로 나뉠 수 있다.

- 배타(Exclusion): 한 개 이상의 자아상태의 기능을 차단한 경우를 의미하며 자아상태 간의 경계가 지나치게 경직되어 자아구조 간의 이동이 불가능한 경우를 의미한다. 이와 같은 자아상태를 가진 사람들은 세 자아상태 중 하나의 자아상태만으로 대부분의 자극에 반응하는 경향이 있다. 항상 부모자아상태만 사용하는 사람은 의무감이 강하며 다른 사람의 문제를 해결하려고 하는 특징이 있으며 다른 사람을 판단하거나 비판적이다. 항상 성인자아상태를 사용하는 사람은 객관적이고 참여를 하지 않으며 사실이나 자료처리 과정에 관심을 둔다. 이와 같은 사람은 열정이나 타인에 대한 동정이 없으며 인간관계를 잘하지 못한다. 또 항상 아동자아상태를 사용하는 사람은 스스로 생각하거나 결정하지 않으며, 자신의 행동에 책임을 지지 않는다. 이러한 사람들은 타인을 위하는 일에는 거의 관심이 없으며 대신 자기를 돌봐줄 것 같은 누군가에게 애착을 보인다(James & Jongeward, 2016).

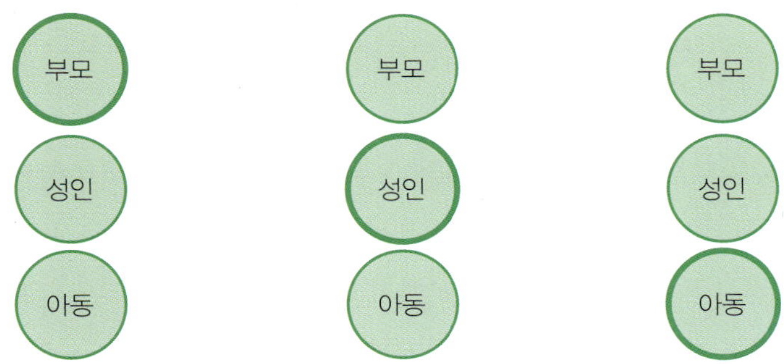

성인자아 및 아동자아가 배타된 부모자아 | 부모자아 및 아동자아가 배타된 성인자아 | 부모자아 및 성인자아가 배타된 아동자아

- 오염(Contamination): 성인자아상태는 종종 경계선 안으로 부모자아상태나 아동자아상태의 침입으로 인해 손상되는 경우가 발생하는데 이를 오염이라고 한다. 성인자아상태가 부모자아상태로부터 오염되면, 그 오염의 정도가 경미한 경우 편견의 형태로 나타난다. 즉 부모자아상태로부터 입력된 근거 없는 믿음을 이성적으로 분석해보지 않은 채 확신에 차서 믿게 된다. 성인자아상태가 아동자아상태에 오염된 경우 현실을 왜곡해서 지각하게 된다. 예를 들어, '사람들은 내 뒤에서 나에 대해 이야기를 한다'와 같이 실제가 아닌 것을 진실로 받아들이게 된다. 한편, 이중오염은 부모자아상태의 편견과 아동자아상태의 현실 왜곡이 개인의 성인자아상태를 이중으로 둘러싸는 경우 일어나게 된다.

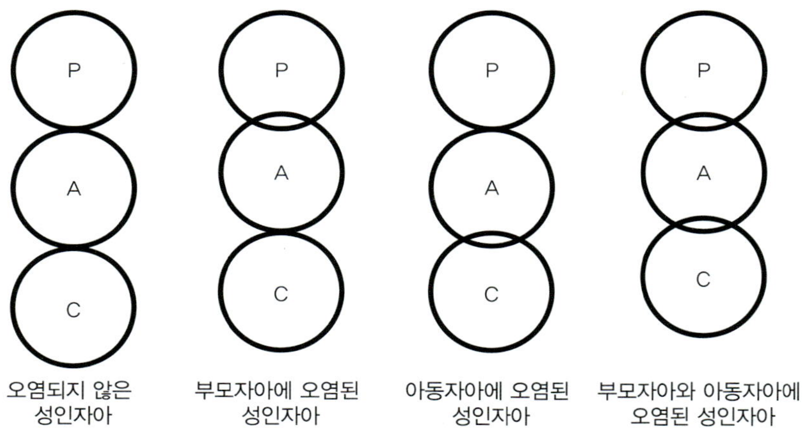

4) 교류분석

교류란 두 사람 사이의 의사소통의 기본단위로 한 사람의 자아상태가 보내는 자극과 다른 사람의 자아상태가 보이는 반응의 결합이다. 이 반응은 다시 자극이 되어 다른 교류를 형성한다. 교류는 사회적 의사소통의 기본단위로 언어뿐 아니라 표정이나 말투, 몸짓 등도 포함된다. 교류의 유형은 상보적(Complementary) 교류, 교차적(Crossed) 교류, 이면적(Ulterior) 교류로 나눌 수 있다.

① 상보적 교류: 의사소통에서 두 개의 자아상태가 서로 자극과 반응을 교환하는 교류이다. 즉 상대방이 보낸 자극을 받은 자아상태가 자신에게 자극을 보낸 자아상태로 반응을 보이는 것이다. 따라서 두 자아상태 간에 갈등이 적고 의사소통이 원만하게 이루어질 수 있다.

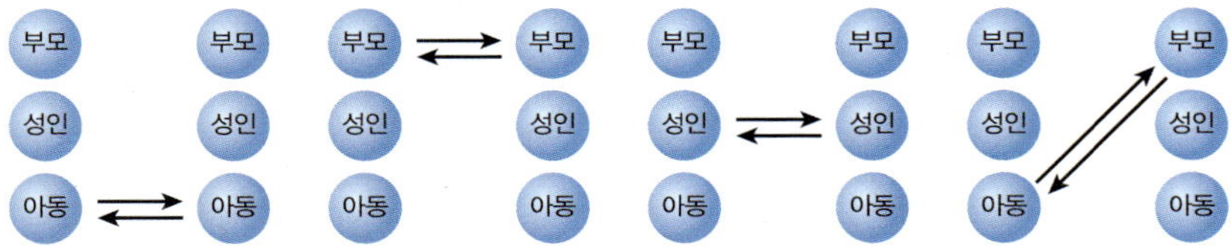

② 교차적 교류: 사람이 반응하는 자아상태가 자극을 보내는 사람이 의도한 자아상태가 아니라면 의사소통은 실패하거나 문제가 생길 수 있다.

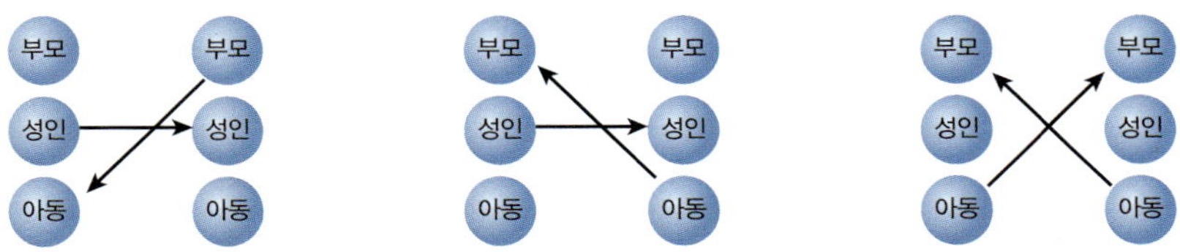

③ 이면적 교류: 두 사람의 대화에 셋 또는 네 개의 자아상태가 관계하는 교류로 공공연한 메시지는 언어로 전달되지만 숨겨진 메시지는 몸짓이나 단어 축약, 음성 변화 등으로 전달된다. 이면적 교류는 이중 이면적(Duplex Ulterior) 교류와 각진 이면적(Angular Ulterior) 교류가 있는데, 이면적 교류는 한 쌍의 교류 속에 다른 메시지의 교류가 숨어 있는 것이고, 각진 이면적 교류는 한 개의 자아가 두 개의 다른 메시지를 보내고 이에 반응을 보내는 것을 의미한다.

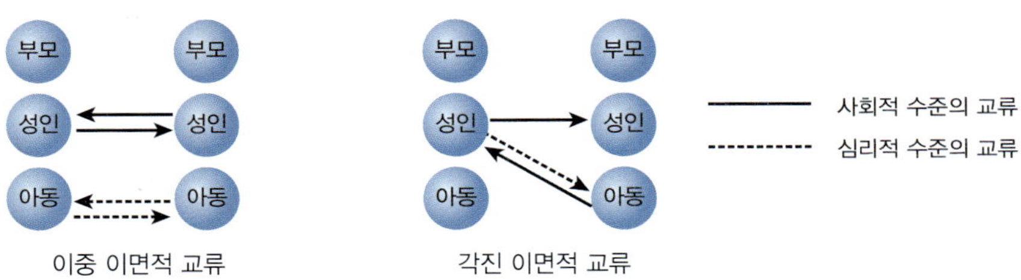

활동해보기

최근 일주일 동안 내가 부모님과 나눈 대화 중에는 어떤 교류가 가장 많았다고 생각하는가? 교차적 교류의 예를 들어 본다면?

5) 삶에 대한 기본 입장

한 사람이 자신과 타인에 대해 어떻게 느끼는가를 삶에 대한 기본 입장이라고 하며, 타인과 주고받는 역동적인 상호작용은 삶에 대한 기본 입장에 영향을 주게 된다. 삶에 대한 기본 입장에는 4가지의 자세가 있으며 'I'm OK–You're OK'가 승자의 자세이다. 그러나 승자의 자세를 가진 사람도 때르는 경우에 따라 다른 3가지 자세와 유사한 감정을 가질 수도 있다. 삶에 대한 4가지 자세에 대해 살펴보면 다음과 같다.

① I'm OK–You're OK: 자신에 대해 만족하고 다른 사람과의 관계도 원만한 태도로서 정신적으로 건강한 자세이다. 이러한 입장을 가진 사람은 자신의 문제를 건설적으로 해결하며 계속 성장하려는 동기가 높다.

② I'm Not OK–You're OK: 자신이 다른 사람에 비해 부족하고 열등하다고 느끼는 입장이다. 다른 사람의 평가에 의존하게 되고 우울해하며 자신의 삶에 대해 가치가 없다고 느끼는 태도이다.

③ I'm OK–You're Not OK: 자신 이외에 다른 사람들은 부적절하고 가치가 없다고 느끼는 입장이다. 또한, 자신이 희생당하거나 박해받는다고 느끼는 자세로, 이런 입장을 가진 사람은 자신이 불행한 이유를 타인에게 돌리기 때문에 타인에게 화를 내거나 무시하고 거들먹거리는 태도를 보인다.

④ I'm Not OK–You're Not OK: 자신과 타인 누구도 믿지 않고 어디에도 속하지 않는 태도이다. 이 입장을 가진 사람은 패배감을 가지고 있으며 삶이 가

치가 없다고 느끼며, 반사회적 행동을 하게 된다.

5. 행동수정이론

가. 배경

1900년대 초기에 미국의 심리학자인 왓슨(John B. Watson, 1878~1950)의 행동주의이론은 부모교육에도 영향을 주었다. 왓슨은 관찰 가능하고 측정 가능한 실험을 통해 인간의 행동을 설명하고 예측할 수 있으며 궁극적으로 통제할 수 있다고 보았다. 이와 같은 믿음에 기초하여 왓슨은 어린 자녀를 양육하는 데 애정보다는 규칙적인 연습을 통해 자녀가 사회성과 자조능력을 기를 수 있게 도와주어야 한다고 생각했다. 왓슨의 방법은 소위 '과학적'이라고 여기게 되었고 그의 이론에 근거한 『영아와 어린이를 위한 심리적 육아법(*Psychological Care of Infant and Child*)』(Watson, 1928)이란 책이 출판되자 그의 교육법은 미국에서 널리 확산되었다. 행동주의에 기초한 양육법은 1948년에 스키너(Burrhus F. Skinner, 1904~1990)가 『월든 투(*Walden Two*)』(Skinner, 1985)를 발표한 후 부모교육에 더욱 광범위하게 적용되었다. 이 책에서 스키너는 유아발달, 이상적인 부모-자녀 관계, 부모 역할 훈련 기술, 영유아 행동수정 기술 등에 관해 설명함으로써 부모가 유아의 행동을 변화시킬 수 있는 기술을 습득하는 데 도움을 주었다.

왓슨의 고전적 조건형성이나 스키너의 조작적 조건형성은 인간의 행동을 이해하는 데 많은 도움을 주었으나 인간의 모든 행동과 학습을 설명하기에는 한계가 있었다. 반두라(Albert Bandura, 1977)의 사회학습이론은 인간이 자신이 직접 경험하지 않아도 타인의 행동을 관찰하고 모방함으로써 간접적인 학습이 가능하다고 보는 것으로 기존의 왓슨과 스키너 이론의 한계를 보완하였다. 또한, 반두라는 아동이 타인의 행동을 관찰하는 것만으로도 모방학습이 이루어지지만 동시에 아동에게 어떤 강화물을 주느냐에 따라 모방의 효과가 달라진다고 보았다.

이상과 같은 왓슨, 스키너, 반두라 등의 이론에 근거하여 행동수정이론이 개발되었다. 행동수정이론은 부모-자녀 간의 의사소통방법이나 감정수용을 강조하는 다른 부모교육이론과 달리 실제로 자녀의 문제행동으로 인하여 어려움에 직면한 부모들에게 더욱 많은 도움을 주는 이론으로 여겨졌다. 이 이론에서는 기존의 부모교육이 실패한 원인을 부모나 자녀를 치료의 대상으로만 간주하고 부모를 훈련자(trainer)로서 인식하지 않았던 것에 있다고 보았다. 실제로 많은 치료 프로그램은 부모-자녀의 상호작용을 분석하여 성격발달과 관련된 변수를 발견하는 방식을 취하고 있다. 행동수정이론에 의하면 이러한 방법은 부모-자녀 관계의 변화에 있어 부모를 수동적인 존재로 간주하게 되므로, 부모가 일상적인 환경에서 적용할 수 있는 기술을 가르쳐주는 데 실패하게 된다. 이런 맥락에서 행동수정이론은 부모-자녀의 관계 변화에서, 부모에게 능동적인 역할을 맡을 기회를 주어야 한다는 가정에 기초한다(Simpson, 1980).

행동수정이론에 근거한 부모교육은 자녀의 행동에 대한 책임이 부모에게 있음을 인식하고 자녀의 행동을 평가하고 결정하는 데 필요한 기술을 습득하고 이를 자녀의 행동수정에 적용하는 데 목표를 둔다.

나. 부모-자녀 관계에 대한 견해

행동수정이론에서는 자녀의 문제행동이 부모나 자녀의 병리학적인 문제로 인한 것이 아니라 부적절한 학습의 결과 때문으로 인식하였다. 부모는 자녀의 문제행동을 변화시킬 책임이 있으며 이를 부모가 인지해야 한다고 보았다. 따라서 행동수정이론에서는 부모를 자녀의 생활습관 및 행동을 교정하기 위한 훈련자 혹은 전문강사로 인식하고 부모를 자녀교육 과정에 참여시키고 있다. 이와 같은 인식은 부모가 자녀에게 가장 중요한 성인이라는 행동수정이론의 기본가정에 기반을 둔 것이다.

행동수정이론에 의하면 자녀의 행동은 대부분 개인과 환경의 상호작용에 따른 결과이다. 부모는 자녀를 위한 환경을 구성하는 핵심적인 존재로서 환경의 결정인자이며 사회화의 대행자로서 매우 중요한 역할을 수행한다. 또한, 부모는 자녀의 특정 행동을 강화함으로써 자녀의 성격 형성에 영향을 줄 수 있는 존재이다. 따라서 부모는 자신의 행동을 조절할 수 있는 기술을 습득하고 자녀에게 바람직한 행동의 모델링을 제공해야 하며 자녀가 모방을 통해 행동을 학습할 수 있도록 하는 것이 중요하다(Olson & Hergenhahn, 2015).

다. 기본 개념 및 원리

행동수정이론에서는 자녀의 행동을 관찰 가능하고 수정 가능한 것으로 간주하고 이를 수정하기 위한 특정한 기법을 사용한다. 그 개념과 중요 원리를 소개하면 다음과 같다.

1) 개념

① 강화: 목표 행동의 빈도 및 강도를 증가시키기 위하여 사용할 수 있는 방법이다. 보상을 통해 행동을 증가시키는 방법은 정적 강화, 싫어하는 것을 없애주거나 상황에서 벗어나게 해줌으로써 행동을 증가시키는 방법을 부적 강화라고 한다. 강화는 행동이 발생한 즉시 이루어져야 하고 목표 행동에 도달할 때까지 꾸준히 반복적으로 이루어져야 한다. 또한, 바람직한 행동은 강화하면서 바람직하지 않은 행동은 무시하는 양면작전을 사용하는 것이 가장 효과적이다(김영옥, 2017).

② 벌: 목표 행동의 빈도 및 강도를 감소시키기 위하여 사용하는 방법이다. 벌은 강화로 행동수정이 되지 않거나 효과가 없는 경우에 사용하게 된다. 벌은 문제행동의 감소에서 매우 빠른 효과를 보이지만 잘못 사용하는 경우에는 문제가 발생할 수 있다. 즉, 벌은 두려움과 공포와 같은 부정적인 감정을 만들어내고 무엇을 하면 안 되는지는 알려주지만 무엇을 해야 하는지에 대

해서는 알려주지 않으며, 벌을 더 이상 받지 않게 되면 다시 그 행동이 나타날 수 있다(Olson & Hergenhahn, 2015). 따라서 벌을 사용할 때는 강화와 유사하게 문제행동이 일어나는 즉시 주어야 하며 한 번에 한 가지 문제행동만을 대상으로 하되 벌을 받게 되는 기준을 사전에 자녀에게 확실하게 알려주었을 때 가장 효과적이다(정옥분, 정순화, 2016).

③ 모델링: 자녀가 타인의 경험이나 다른 사람을 관찰함으로써 자신의 행동을 변화시키는 과정을 의미한다. 특히 유아기 자녀는 부모, 또래, 교사 등의 행동을 자연스럽게 모방하게 되며 미디어에 의해서도 영향을 받게 된다.

2) 원리

행동수정이론에서 활용하는 지도의 원리는 다음과 같다.

① 새로운 행동 강화의 원리: 새로운 행동을 증가시키기 위해 인위적으로 자극과 반응을 조정하여, 목표로 하는 행동에 대해 정적 강화나 부적 강화를 통해 증가시킨다.

② 새로운 행동 발달의 원리: 자녀에게 새로운 행동을 가르치기 위하여 바람직한 행동을 모방할 수 있는 기회를 제공하고(모방 원리), 자녀가 잘못된 행동을 한 후에 벌을 주기보다는 잘못된 행동을 하기 직전에 올바른 행동을 할 수 있도록 신호를 준다(신호제시 원리). 또한, 특정 상황에서 자녀가 적절한 행동을 할 수 있도록 상황을 변별할 수 있는 신호를 발견하도록 도와주고(변별 원리) 새로운 행동을 완전히 습득할 때까지 지속해서 점진적으로 훈련한다(점진적 접근 원리).

③ 새로운 행동 유지의 원리: 새롭게 형성된 목표행동을 자발적으로 계속 유지하게 하는 것은 유아의 행동수정이론의 효과성을 위해서 반드시 필요하다. 이를 위해 강화의 빈도를 점차 감소시켜 간헐적으로 강화를 하는 방법(간헐적 강화 원리)과 유아에게 더 이상 효과가 없는 강화물을 새로운 강화물과 함께 줌으로써 강화물을 대체하는 방법(대체 원리)을 사용할 수 있다(김영

옥, 2017).

④ 부적절한 행동을 중단시키는 원리: 자녀에게 목표행동을 지도하기 위해서는 강화뿐 아니라 부적절한 행동을 중단하게 하는 방법을 병행할 수 있다. 부적절한 행동을 중단시키기 위해서는 바람직하지 않은 행동을 강요하거나 맘껏 해보게 해서 스스로 중단하게 하는 방법(포만 원리), 바람직하지 않은 행동에 대해 어떤 강화도 주지 않는 방법(소거 원리), 그리고 바람직하지 않은 행동(예: 손가락 빨기)과 병행할 수 없는 행동(예: 손뼉 치기)을 강화시키는 방법(대체행동 강화 원리) 등을 사용할 수 있다. 이 중에서 소거는 자녀의 부적절한 행동을 중단시키는 데 시간은 다소 걸리지만 가장 부작용이 적은 방법이라고 할 수 있다(Skinner, 1953).

⑤ 정서적 반응수정의 원리: 행동수정이론에서는 자녀의 목표행동에 대한 지도뿐 아니라 정서적 반응을 수정하는 방법도 사용 가능하다고 보았다. 이를 위해서는 자녀가 가장 정서적으로 안정되어 있을 때 공포를 느끼는 행동(예: 수영하기)이나 대상(예: 바닷물)을 견디는 시간을 늘림으로써 공포를 극복하게 하는 방법(공포감소 원리)과 자녀가 공포를 느끼는 행동 혹은 대상과 피해야 하는 상황을 동시에 제공(회피 원리)함으로써(예: 도로에서 자동차가 올 때 다가가려고 하면 큰소리를 쳐서 못하게 하는 것) 특정한 상황을 피하도록 가르칠 수 있다.

활동해보기

오이를 아주 싫어하는 유아에게 정서적 반응수정의 원리를 적용한다고 생각해 보자. 어떻게 접근하면 좋을까?

이상에서 부모교육 프로그램의 주요 5가지 기반 이론을 살펴보았다. 다음 제 9장에서는 우리나라에 소개되어 운영되고 있는 대표적인 부모교육 프로그램인 STEP, PET, APN 프로그램과 우리나라 정부 차원에서 운영하는 클로버 부모교육 프로그램과 기타 부모교육 프로그램을 프로그램의 유형에 따라 소개하고자 한다.

09 CHAPTER

부모교육 프로그램

우리나라 유아교육 기관에서 체계적으로 부모교육을 실시하기 시작한 것은 1980년대 외국의 부모교육 프로그램들이 번안되어 소개되면서부터이다. 이런 점을 전제하면서 제9장에서는 외국에서 개발된 부모교육 프로그램으로서 우리나라에서 현재도 널리 운영되고 있는 부모 효율성 훈련 프로그램, 효율적인 부모역할을 위한 체계적 훈련 프로그램, 적극적 부모역할 훈련 프로그램과 우리나라에서 개발된 대표적인 부모교육 프로그램인 클로버 부모교육에 대해 그 목표와 내용 및 운영 방법을 중심으로 소개하고자 한다.

1. 부모 효율성 훈련 프로그램

부모 효율성 훈련(Parent Effectiveness Training: PET) 프로그램은 미국의 패서디나(Pasadena) 지역에서 고든(Thomas Gordon, 1918~2002)의 부모 효율성 훈련 이론에 근거하여 만들어진 부모교육 프로그램이다. 고든은 대부분의 부모교육 프로그램과 달리 부모-자녀 관계를 변화시키기 위해서는 자녀가 아닌 부모의 행동을 바꿔야 한다고 보았다. 이를 위해 부모-자녀 관계에 어려움을 겪는 부모들을 대상으로 기존의 심리 전문가들이 사용하던 인간관계와 의사소통에 관한 지식을 실생활에 적용할 수 있도록 교육을 시행하였다. 그러나 프로그램 효과의 우수성으로 인해 참여자들이 증가하게 되자 일반 가정의 부모와 예비부모를 대상으로 점차 확대 시행되었다.

고든은 로저스(Rogers, 1951)의 내담자 중심 치료법에서 방법적인 측면과 듀이(Dewey, 1949)의 문제해결단계, 아이비(Ivey, 1968)의 의사소통기법, 카크허프(Carkhuff, 1969)의 조력기술 등의 영향을 받아 PET 프로그램을 발전시켰다(Gordon, 2016).

교육의 대상은 부모를 가르치는 강사를 위한 교육과 부모를 대상으로 하는 일반교육으로 구성되어 있다. 고든은 부모교육을 시행할 때 문제를 가진 부모 개인보다 집단으로 훈련하는 것이 효과적이라고 보았기 때문에 집단형식으로 부모교육을 하였다.

고든은 부모가 사용할 수 있는 의사소통기술은 모든 연령의 자녀에게 사용 가능하다고 보았으나 PET 교재는 주로 초등학생 자녀의 부모를 그 대상으로 하였다. 현재 PET 프로그램은 온라인과 오프라인으로 이루어지고 있으며 유튜브 채널(https://www.youtube.com/watch?v=_X2Gp_7naP4)도 운영 중이다. 우리나라에는 1989년 한국심리상담연구소를 통해 소개되었으며 STEP과 더불어 가장 활발하게 이루어지는 부모교육 프로그램 중의 하나이다.

가. 목표

PET 프로그램은 부모가 자녀를 양육하는 데 필요한 의사소통기술과 원리를 효과적으로 익혀 부모와 자녀가 생산적인 대화를 나누게 함으로써 부모-자녀 간의 효율적인 인간관계를 개발하고 자녀가 자신의 문제를 스스로 해결하는 능력을 키우는 것을 목표로 하고 있다. 부모는 프로그램을 통해 자신의 감정을 바르게 표출할 수 있는 표현기법을 습득하고 자녀와의 의사소통기술을 터득할 수 있다.

나. 내용 및 방법

1) 내용

PET 프로그램은 부모들이 가정에서 자녀를 양육하면서 직면하게 되는 여러 문제 상황들을 다룬다. 프로그램의 내용을 살펴보면 다음의 〈표 9-1〉과 같다.

〈표 9-1〉 PET 프로그램의 주차별 주제와 내용[1]

주차	주제	내용
1	강사와 참가자 소개 PET 소개와 정의 목표 설정하기	• 프로그램 소개와 목표설정 • 행동의 창(Behavior Window) 수용도식[2] • 문제의 소유자 가리기[3] • 참가자의 목표를 설정하기
2	반영적 경청	• 의사소통의 걸림돌 • 걸림돌 경험하기 • 소극적 경청 • 반영적 경청
3	반영적 경청 실습하기 유아와 의사소통하기	• 역할 연습을 통해 반영적 경청을 충분히 연습해 보며 언어표현 능력이 부족한 어린 자녀의 의사를 알아듣는 연습하기

1) 한국심리상담연구소(2009). http://www.kccrose.com/와 Gordon(1976)의 내용을 재조직함.
2) 자녀 행동의 수용 수준을 결정하는 기준. 더욱 자세한 내용은 제8장의 PET 부분을 참고할 수 있다.
3) 문제의 소유자가 자녀인지 혹은 부모인지에 따라서 그 그 해결방법이 달라진다.

주차	주제	내용
4	나-전달법	• 나-전달법의 3요소 • 나-전달법 체험하고 인식하기
5	나-전달법의 종류 유아를 위한 나-전달법 환경 재구성하기	• 강사의 사례 제시와 역할 연습을 통하여 부모의 비언어적 행동과 언어를 결합해 나-전달법을 사용하는 방법 배우기 • 가정환경을 재구성함으로써 자녀의 행동으로 인해 부모가 가지고 있는 문제를 줄이기
6	제3의 방법 욕구갈등의 이해	• 부모-자녀가 모두 문제를 가지고 있는 경우 반영적 경청이나 나-전달법으로 해결이 가능하지 않으므로 제3의 방법(무승부 갈등 해결방법) 6단계를 사용하기
7	문제해결의 6단계 욕구를 언어로 표현하기 제3의 방법으로 계획하기	• 문제를 해결하기 위한 제3의 방법(무승부 갈등 해결방법) 6단계를 연습하기
8	가치관 대립에 대처하는 기술	• 가치관 대립을 인식하기 • 부모-자녀 간의 가치관 대립 시 자녀의 가치관에 영향을 주거나 부모 자신의 가치관을 수정하는 방법에 대해 배우기

2) 방법

고든은 오랫동안 다양한 기관에서 인간관계에 대한 강의를 시행한 경험을 통해 부모를 위한 교육 프로그램의 실행 가능성을 보았다. 프로그램의 설계 시 고든이 인간관계를 위한 교육 프로그램에서 응용한 원칙은 다음과 같다.

① 교육훈련은 단체로 하는 것이 효과적이다.

② 이론만으로는 충분하지 않다-참가자들은 특별한 기술과 방법이 필요하다.

③ 교육에서 기술을 연습하는 활동은 참가자들이 '가정'에서 이 기술을 적용할 수 있다는 자신감을 주기 위해 반드시 필요하다.

④ 유능한 강사가 기술의 시범을 보이고, 참가자를 지도하며, 참가자가 보이는 변화에 대한 거부감을 조절하는 것이 필요하다.

⑤ 교육받을 때의 분위기는 평가와 비판을 받을 우려가 없게 조성되어야 한다.

⑥ 훈련에서는 종종 기존의 인간관계 훈련에서 무시되어 왔던 힘과 권위에 대

한 문제를 직접적으로 다루어야 한다.

PET 프로그램은 주 1회에 3시간씩 8주간 총 24시간의 교육이 이루어진다. 부모교육을 담당하는 강사들은 주로 학교 상담자, 목회자, 가정문제 전문가, 유치원 교사, 부모교육이나 청소년 전문가 등 인간관계 분야를 전공한 사람이거나 PET 프로그램에 직접 참여한 후 강사 자격을 취득할 수 있는 과정을 이수한 사람들이다. 강사 자격증을 취득하기 위해 강사지망생들은 본부 소속 6명의 전문가 중 1명이 진행하는 1주일 코스의 강사 훈련 워크숍을 이수하고 부모를 대상으로 6개월간 실습하는 과정을 거친다(Gordon, 1980).

부모교육은 그룹으로 이루어지며 한 그룹당 10~15명의 부모와 1명의 강사로 이루어져 있다. 진행 방법은 강사의 이론 강의와 이론을 적용해보는 연습, 그리고 참가자의 사례공유와 토론, 역할 연습 및 체험학습으로 다양하게 이루어진다. 교재는 워크북과 『부모역할 배워지는 것인가(*PET in Action*)』[4](Gordon, 1976)를 사용한다.

다. 평가

PET 프로그램의 효과성 검증을 위해 많은 연구가 수행되었다. 대부분의 연구결과는 PET에 참여한 부모들의 부모 역할 수행능력을 증진하는 효과가 있었음을 보여주고 있다. 고든(1980)은 PET 프로그램에 참여했던 부모와 자녀에게 나타난 효과를 연구한 여러 논문을 비교·분석해서 다음과 같이 PET의 효과에 대해 정리하였다.

PET에 참여한 부모들은 자아존중감과 부모 역할 수행에 대한 자신감이 향상되었으며 불안감이 감소하였다. 또한, 자녀에 대한 이해가 높아졌고 공감, 이해, 존중, 수용도와 믿음이 증가하였다. 이와 같은 효과는 어머니와 아버지 간에 차

4) 『*PET in Action*』은 1976년에 출간되어 PET 부모교육 교재로 사용되고 있으며, 우리나라에서는 1991년에 김인자가 『부모역할 배워지는 것인가』라는 제목으로 번역하여 출판하였다.

이가 없는 것으로 나타났다(Gordon, 1980). PET 프로그램은 부모의 양육태도에도 긍정적인 효과를 주어서 독재적인 양육방식을 감소시켜주었다(Mitchell & McManis, 1977).

한편 부모와 함께 PET에 참여한 자녀들의 경우 콜버그(Kohlberg)의 도덕적 추론 검사에서 점수가 향상되는 것으로 나타났다. PET에 참석한 부모의 자녀들은 자아존중감과 수용 능력이 향상되었으며, 성취도가 낮았던 자녀의 부모가 PET에 참여한 경우, 자녀의 성취도는 한 등급씩 증가하는 것으로 나타났다(Gordon, 1980). 또한, 아동의 갈등해결능력(Schultz & Nystul, 1980)에도 긍정적인 효과를 보였다. 이렇게 대부분의 연구에서 PET의 효과를 주장하고 있으나, 그런 효과가 일관된 것인지 의문을 제기하는 연구도 일부 나와 있다(Dembo, Sweitzer, & Lauritzen, 1985; Theimer & Gates-Lewis, 1979).

PET와 다른 부모교육 프로그램을 비교한 연구도 진행되었는데, 행동수정이론에 영향을 받은 부모교육 프로그램과의 비교연구를 소개하면 다음과 같다(STEP 프로그램과의 비교는 STEP 프로그램 참고). 행동수정 부모교육 프로그램에 참여했던 부모들은 자녀에 대해 통제를 증가시키는 경향이 있는 반면, PET에 참여했던 부모들은 자녀에 대한 자신의 통제를 감소시키는 경향이 있었다. 자녀의 문제행동에 대한 인식은 PET 프로그램에 참여한 부모들보다 행동수정에서 더 많이 감소한 반면, 가족 응집성 점수는 행동수정 그룹보다 PET 그룹에서 더 높았다.

이와 같은 연구결과는 특정 부모교육 프로그램이 우수하다기보다는 각 부모교육 프로그램의 특성을 반영한 것으로, 부모들이 자신이 참여한 특정 부모교육 프로그램에서 강조한 내용을 학습했기 때문으로 해석할 수 있다. 즉, PET는 긍정적인 의사소통 패턴을 장려하는 반면, 행동수정은 특정한 행동 변화를 강조하기 때문에 나타난 차이로 볼 수 있다(Dembo, Sweitzer, & Lauritzen, 1985). 실제로 앙코르와 토마슨(Anchor & Thomason, 1977), 윌리엄스와 샌더스(Williams & Sanders, 1973) 역시 PET와 행동수정이론에 영향을 받은 프로그램과의 비교에서 차이가 없는 것으로 보고하고 있다.

2. 효율적인 부모역할을 위한 체계적 훈련 프로그램

출처: amazon.com.

효율적인 부모역할을 위한 체계적 훈련(Systematic Training for Effective Parenting: STEP) 프로그램은 일반적으로 STEP 프로그램이라고 불린다. 이는 우리나라에 가장 먼저 소개된 부모교육 프로그램으로 고든의 PET와 더불어 우리나라에서 부모교육으로 가장 많이 사용되고 있다(윤정혜, 2002).

STEP 프로그램은 아들러(Alfred Adler, 1870~1937)와 그의 제자인 드라이커스(Rudolf Dreikurs, 1897~1972)의 민주적 부모교육이론을 근간으로 하여 딩크메이어와 맥케이(Dinkmeyer & McKay, 1976)가 여러 부모교육이론, 즉 기노트(Haim Ginott, 1922~1973)의 인본주의 부모교육이론, 고든의 부모효율성 훈련이론, 번(Eric Berne, 1910~1970)의 교류분석이론 및 행동수정이론 등을 종합해서 부모교육으로 실용화한 프로그램이다(이경우, 1985). 보다 구체적으로 살펴보면, 부모효율성 훈련이론 중에서 수용능력과 문제의 소유자 원리를 사용하였으며, 적극적 경청의 개념을 응용하여 STEP에서 반영적 경청의 기초개념으로 사용하였다. 또한, 기노트의 자녀양육 원리는 STEP에서 유아 행동을 이해하고 자신감과 가치감을 길러주며 의사소통 중 반영적 경청 방법과 가족모임 방법에 응용되었다.

번의 이론 중 긍정적인 스트로크(Stroke)에 관한 이론 또한 STEP에 사용되었다. 즉, STEP에서는 부모-자녀 관계를 효과적으로 맺기 위한 기본요소로서 상호존중, 즐거운 시간 갖기, 격려, 사랑의 표시를 주장하였는데 이는 번의 이론 중 타인과의 긍정적인 스트로크를 충족시킬 수 있는 조건들이다. 마지막으로 행동수정 이론의 경우 STEP에서 사용하는 타임아웃과 행동제한 방법의 이론적 기초로 사용되었다.

딩크메이어와 맥케이는 STEP을 각각 0~5세까지 영유아의 부모, 6~12세까지 아동의 부모, 그리고 13~19세까지의 청소년의 부모를 위한 프로그램으로 세분화하여 실시하였다. 이 장에서는 영유아의 부모를 위한 STEP 프로그램에 관해 기술하기로 한다.

가. 목표

STEP은 자녀에 대한 사랑과 상호존중을 바탕으로 인간 가치의 구현에 초점을 두고 있다. 이는 부모에게 요구되는 양육 원리와 기술을 교육하여 부모의 자녀양육 능력을 향상하고 민주적인 양육태도로 사회적으로 책임감 있는 자녀를 양육하는 것을 목표로 하고 있다.

나. 내용 및 방법

1) 내용

STEP 프로그램은 총 7가지의 주제로 구성되어 있으며 크게 부모역할을 효율적으로 하기 위한 부모역할 능력 향상에 관계된 내용과 유아의 발달과 행동을 이해하기 위한 내용으로 구성되어 있다. 부모역할 능력 향상에 관계된 내용에서는 부모에게 요구되는 양육의 원리와 기술을 다루고 있으며 유아의 발달을 이해하기 위한 내용에서는 자녀의 긍정적인 행동목표를 초점으로 하고 있다. STEP 프로그램의 세부적인 주차별 교육주제와 내용을 살펴보면 다음 〈표 9-2〉와 같다.

〈표 9-2〉 STEP 프로그램의 주차별 주제와 내용[5)]

주차	주제	내용
1	영유아 발달 이해하기	• 영유아의 개인적 특성들 • 부모와 영유아의 행동
2	유아의 행동 이해하기	• 유아의 잘못된 행동의 4가지 목표를 기준으로 유아의 잘못된 행동을 분석하고 유아의 긍정적 행동목표를 찾아 격려하기 – 관심 끌기와 그 대응 – 힘 행사하기와 그 대응 – 복수하기와 그 대응 – 무능함 보이기와 그 대응
3	영유아의 자아존중감 키우기	• 격려하기–방법과 기술 • 칭찬과 격려의 차이 – 자녀를 격려하는 데 있어서 칭찬과 같은 외적 동기화보다는 격려와 같은 내적 동기화 방법을 사용하여 자녀의 자아존중감 길러주기 • 격려하는 표현들 • 사랑을 표현하는 방법 • 불완전함을 받아들일 수 있는 용기 • 죄책감, 자멸적인 행동, 좌절하는 행동 하지 않기
4	영유아와 의사소통하기	• 대화를 단절하는 우리의 행동 • 대화를 재개하는 행동 • 반영적 경청 기술 • 유아가 부모의 말에 귀 기울이게 하기–나 전달법
5	영유아가 협력을 배우도록 돕기	• 협력의 정의 • 영유아에게 기대할 수 있는 협력의 수준 • 문제해결 시 영유아와 협력할 수 있는 방법
6	효과적으로 훈육하기	• 훈육과 처벌의 차이 • 훈육 시 일어나는 문제에 대한 해결방법 • 논리적 귀결을 적용할 때의 유의점
7	영유아의 사회정서발달 촉진하기	• 사회정서발달 이해하기 • 두려움과 불안 • 정서적 성장 촉진하기 • 정서적 성장을 위한 지원 • 경쟁 • 좌절과 감정 다루기

5) STEP 홈페이지(https://www.steppublishers.com/)와 Parenting Young Children(Dinkmeyer, Sr., McKay, Dinkmeyer, Dinkmeyer, Jr., & Mckay, 2008)를 참고하여 재조직함.

2) 방법

영유아 부모를 위한 STEP 프로그램은 7주 동안 시행되며 주 1회 각 1~2시간씩 교육이 이루어진다. 교육은 그룹별로 이루어지는데, 한 그룹당 10~12명 내외의 부모와 1명의 지도자로 구성된다. 부모에게는 '부모를 위한 교재(Parent's Handbook)'를 주고 지도자는 '지도자를 위한 교재(Leader's Manual)'를 사용한다. 그 외에 DVD, 포스터, 도표 및 여러 책을 사용한다.

매 교육은 12가지의 구조화된 집단활동으로 이루어진다. 각 활동과 그에 대한 시간 배분은 다음과 같다.

① 교육의 목표를 짧게 이야기하기(3분)
리더가 교육의 목표를 짧게 이야기한다.

② 토론 안내 카드와 그날 교육 포스터에 대해 간단하게 설명하기(2분)
그날의 주제에 관한 토론을 위한 방법을 안내하는 카드와 교육 포스터에 대해 간단하게 설명한다. 첫 번째 교육 이후에 토의 안내 카드는 다시 안내하지 않으나 교실에 비치해 둔다.

③ 활동과제 토론하기(10분)
부모는 교육에서 배운 원칙을 자신의 부모-자녀 관계에 적용해보는 활동을 과제로 수행한다. 예를 들어, 1회차 교육에서 자녀의 잘못된 행동의 목표에 대해 배운 부모에게 자기 자녀의 잘못된 행동을 분석해 오는 것을 과제로 준다. 이것은 2회차 교육의 초반에 토론 주제로 다룬다.

④ 읽기 과제를 주제로 토론하기(15분)
지난주에 과제로 내어 준 읽기 과제에 관해 이야기를 나눈다. 첫 교육 시간의 경우, 리더가 사전에 부모들에게 교재를 나눠 줄 시간이 없다면 그 내용에 대해 10~15분 정도 짧게 강의하거나 그 시간에 읽어보게 할 수 있다.

⑤ 도표 설명(5분)
도표는 프로그램의 원리와 주요 주제를 제시할 때 보조자료로 사용할 수 있다. 도표는 STEP 프로그램의 원리와 일상에서 부모가 당면하는 상황 사

이의 차이를 나타내기 위해 사용한다.

⑥ DVD 활동(15분)

DVD를 이용한 활동은 부모가 토론했던 주제를 연습해 보기 위해 이루어진다. 부모들은 DVD에서 나오는 일반적인 양육 상황 즉, 힘겨루기 혹은 격려하기 등의 사례에 대해 자신들이 배운 기술을 적용해보는 연습을 한다.

⑦ 문제 상황(15분)

DVD 활동과 비슷하게 부모교육 책자에 나와 있는 문제 상황에 대해 연습해 보는 활동이다. 만약 그날 시간적 여유가 없다면, 이 활동은 STEP 활동 후에 개인적으로 해볼 수 있게 한다.

⑧ 요약하기(15분)

리더는 집단 구성원들에게 그날 배운 내용을 요약해보게 하는 활동을 통해 구성원들이 학습한 바를 확인할 수 있다.

⑨ 이번 주의 활동(5분)

활동과제는 각 세션의 3번째 활동으로 각 그룹의 구성원과 토론이 이루어진다.

⑩ 기억할 점(1분)

교육이 끝나갈 때 기억해야 할 점에 관해 이야기할 수 있다. 부모교육 교재에서 이 부분은 별도로 떼어 쓸 수 있게 되어 있다.

⑪ 관계 개선을 위한 계획(1분)

관계 개선을 위한 계획은 교육 시간에 토론은 하지 않으나 언급은 한다. ⑩번과 ⑪번 활동은 시간이 부족하면 생략할 수도 있다.

⑫ 읽기 과제(3분)

부모를 위한 교재에서 다음 시간에 할 내용을 읽어오는 과제를 제시한다. 이때 만약 시간적 여유가 있다면 리더는 다음 장에서 다룰 개념을 미리 살펴볼 수 있다.

다. 평가

STEP 프로그램의 효과성을 검증하기 위해 수행된 연구에 의하면 STEP에 참여한 부모들은 대부분 자녀를 더 긍정적으로 수용하였고 민주적인 양육태도를 보였다. Hammett, Omizo, Loffredo(1981)가 학습장애가 있는 아동의 부모를 대상으로 수행한 연구에서도, 부모들은 STEP에 참여한 후 부모 양육태도 점수가 긍정적으로 개선되었으며, 특히 수용과 신뢰 부분에서 높은 향상을 보이는 것으로 나타났다. 이와 같은 결과는 STEP에 관한 연구들을 모아 그 결과를 분석한 연구(Dembo, Sweitzer, & Lauritzen, 1985)에서도 유사하게 나타났다. STEP에 참여한 부모들의 경우 부모의 태도에 변화가 있었으며, 특히 양육태도가 긍정적으로 변화하는 것으로 나타났다(Dembo, Sweitzer, & Lauritzen, 1985). 이와 같은 STEP 프로그램의 일관된 효과는 프로그램의 실시과정이 단계적이고 점진적이며 종합적이고 조직화된 특징을 지니고 있기 때문으로 해석할 수 있다(김영옥, 2016).

STEP은 참여한 부모뿐 아니라 자녀에 대한 효과 역시 긍정적인 것으로 나타났다. STEP에 참여한 부모의 자녀는 긍정적인 자아 개념을 가지고 있었으며, 친구가 자신을 좋아하고 자신이 남을 도울 수 있다고 자각하는 것으로 나타났다(Dinkmeyer, 1979; Hinkel, Arnold, Croake, & Keller, 1980). 학습장애아동의 경우 부모들이 STEP 프로그램에 참여한 후 기초자아개념검사(Primary Self Concept Inventory: PSCI)에서 개인적 자아와 사회적 자아 영역에서 긍정적으로 개선되었다. STEP의 장단기 효과를 살펴본 Joyniene, Kern, Gfroerer(2015)에 의하면 STEP에 부모가 참여했던 아동은 또래 관련 문제행동이 감소하였다.

한편 STEP 프로그램의 효과를 검증하기 위한 시도의 한 흐름으로 다른 부모교육 프로그램에 참여한 부모들과 그 효과를 비교해본 연구들이 있다. 아들러의 영향을 받은 프로그램(대표적인 프로그램이 STEP)과 PET 프로그램을 비교한 연구에 의하면, 두 프로그램 모두 각 프로그램에 참여했던 부모들의 태도 변화에 긍정적인 영향을 준 것으로 나타났다(Dembo, Sweitzer, & Lauritzen, 1985; Noller & Taylor, 1989). 그러나 프로그램에 참여한 부모의 자녀에게 자신의 부모가 프로그램 참여 후에 행동이 변했는지 여부를 평가해보게 한 결과, 자녀들은 부모의 태도 변화에 대해서 부모들이 자신의 태도 변화에 대해 평가한 점수보다는 낮게 평가하는 것으로 나타났다(Dembo, Sweitzer, & Lauritzen, 1985). 또한, 아들러의 영향을 받은 프로그램은 PET에 비해 프로그램 효과성 측면에서 비교적 일관성 있는 결과를 보이는 것으로 나타났다.

3. 적극적 부모역할 훈련 프로그램[6)]

'부모코칭 프로그램: 적극적인 부모역할, Now!'(Active Parenting Now!: APN) 프로그램은 팝킨(Michael H. Popkin, 1950~)이 아들러의 개인심리학과 가족 구조이론과 드라이커스의 심리적 소속에 대한 욕구와 행동의 목적에 대한 이론, 로저스(Carl Rogers, 1902~1987)와 카크허프(Robert Carkhuff)의 의사소통 기법, 고든의 부모효율성 훈련이론, 에릭슨(Milton H. Erickson, 1901~1980)의 심리치유(Psychotheraphy)이론, 엘리스(Albert Ellis, 1913~2007)의 합리적 감정 행동치료(Rational Emotive Behavior Therapy)이론에 근거하여 개발한 부모교육 프로그램이다(Popkin, 2002). 팝킨은 현대사회에서 부모가 자녀교육을 잘하는 것이 매우 중요하기 때문에 부모가 역할을 잘할 수 있게 도와주어야 한다고 보았다. 하지만 과거의 자녀들과 달리 현대의 자녀들은 부모의 양육에 저항하는 경우가 많아서, 생각

6) 적극적 부모역할 훈련(Active Parenting: AP) 프로그램은 팝킨이 처음 개발할 당시에는 AP로 시작하였으나 그 후 APT(Active Parenting Today), APN(Active Parenting Now!) 등으로 여러 차례의 개정을 거치며 프로그램의 이름도 다양하게 변화되어 왔다. 이 중 우리나라에 처음 소개된 프로그램은 2~12세 자녀의 부모를 대상으로 한 '현대 적극적 부모역할(Active Parenting Today: APT)'이다. 그러나 APT 프로그램은 2002년부터 5~12세 자녀의 부모에 더욱 초점을 맞춘 APN(Active Parenting Now!)로 개정되어 운영되고 있으며 이 프로그램 역시 우리나라에서 『부모코칭 프로그램 적극적인 부모역할: 만 5~12세 자녀의 부모를 위하여』(홍경자 외 3인 역)로 번역되어 소개되고 있다. APN은 4차까지(2014) 개정되어, 만 1~4세 자녀의 부모를 위한 프로그램과 5~12세 자녀의 부모를 위한 프로그램으로 구분하여 운영하고 있다. 우리나라에서 AP 프로그램은 AP 프로그램, APT 프로그램, APN 프로그램 등으로 혼용되어 불리고 있으나 방법이나 대상이 달라진 것일 뿐 프로그램의 중심개념은 AP 프로그램에서 시작된 것으로 이해할 수 있다. 따라서 본 장에서는 유아에게 더욱 초점을 맞춘 최신 프로그램인 APN을 소개하고자 한다.

만큼 부모역할을 잘하기 어려운 상황을 이해하고 부모역할 능력을 향상할 수 있도록 '적극적 부모역할 토론 프로그램(Active Parenting Discussion Program: APP)'(1983)을 개발하였다. 팝킨은 청소년기 자녀를 둔 부모를 위한 프로그램으로 1994년에 '십 대의 적극적인 부모역할(Active Parenting Teens: AP/Teens)'을 개발하였다. APP 프로그램은 후에 '부모코칭 프로그램: 적극적인 부모역할, Now!(Active Parenting Now!: APN)'(2002)로 개정하면서 대상 연령에 따라 만 1~4세 자녀를 둔 부모코칭 프로그램과 만 5~12세 자녀를 둔 부모코칭 프로그램으로 나누어졌으며 현재는 4차 개정 프로그램(2014)을 운영하고 있다.

국내에서는 1995년에 처음 소개되었으며 2007년부터 개정된 APN 프로그램을 운영하고 있다. 다음에서는 APN 중 만 5~12세 자녀를 둔 부모코칭 프로그램을 중심으로 살펴보기로 한다.

가. 목표

APN 프로그램은 가정에서의 지도자는 자녀가 아니라 부모여야 한다는 기본 철학을 바탕으로, 다양해지고 복잡한 현대사회에서 자녀가 민주사회에서 필요한 자질인 용기, 자아존중감, 책임감, 협동심, 존경심을 가진 성인으로 자랄 수 있게 도울 수 있는 부모역할 역량 제고를 목적으로 한다. 본 프로그램에서 각 역량에 대한 정의한 바를 살펴보면 다음과 같다. 용기는 인간의 성격을 구성하는 토대로서 평생을 살아가면서 도전을 극복하고 노력하게 하는 품성이다. 자아존중감은 민주사회에서 성공하는 데 필요한 자질로 자아존중감이 높은 아이는 민주사회에서 경험하게 되는 삶의 문제를 긍정적인 방법으로 해결하고 기회를 이용할 수 있게 된다. 책임감 역시 민주사회를 살아가는 데 필요한 품성으로 자유와 선택권을 누리기 위해서는 이에 대한 책임을 다하는 태도가 필요하다. 협동심은 생존과 성공을 위해 필요한 기술로 인생이 사회 구성원과 상호의존적이라는 것을 자녀가 이해하도록 돕는 것이 APN의 기본 이념이다. 마지막으로 존경심은 APN의 첫 시간에 자세히 다루는 품성으로 자신과 타인을 존중하는 것은 민주사회의 생활에서 초석이 되며 가정에서 시작되어야 하는 것으로 보고 있다(Popkin, 2002).

이를 위해 일관된 부모역할 모델을 제시해주고 부모의 자신 있고 긍정적인 태도를 증가시켜 자녀가 유능하고 행복한 인간으로 성장할 수 있도록 돕는다. APN 프로그램의 목표는 STEP과 유사하며 세부적인 목표를 살펴보면 다음과 같다.

① 부모에게 현대 민주주의 사회에서 자녀들이 더 잘 생존하고 발달할 수 있도록 하는 포괄적인 육아 모델을 가르친다.
② 부모-자녀 관계에서 문제를 감소시킨다.
③ 아동의 행동을 개선한다.
④ 아동의 복지를 개선한다.

나. 내용 및 방법

1) 내용

APN 프로그램은 현대사회에서 자녀에게 필요한 5가지 역량을 길러줄 수 있도록 부모의 능력을 향상하는 것을 목적으로 하고 있다. 따라서 APN 프로그램의 내용은 이러한 5가지 역량을 포함하여 부모교육의 개념과 부모역할 기술을 총 47개의 상황으로 나누어 6회차 분량으로 구성되어 있다. 각 장을 살펴보면 제1장 적극적인 부모, 제2장 협동하기, 제3장 책임감과 훈육, 제4장 자녀의 잘못된 행동을 이해하고 교정해주기, 제5장 용기, 품성, 자아존중감 길러주기, 제6장 적극적인 가정 등을 다루고 있다. 각 장에서 다루고 있는 주제와 내용을 살펴보면 다음 〈표 9-3〉과 같다.

〈표 9-3〉 APN 프로그램의 주차별 주제와 내용[7)]

주차	주제	내용
1	적극적인 부모	• 부모역할: 가장 중요한 직업 • 부모역할의 유형 • 자녀에게 선택권을 주기 • 가족화목활동: 재미있는 시간 가지기
2	협동과 의사소통	• 누가 문제를 소유하는가? • 의사소통의 걸림돌을 피하기 • 적극적인 의사소통 • 감정, 공감, 문제해결 • 가족화목활동: 취침 전 일과와 '사랑해'라고 말하기
3	책임감과 훈육	• 한계 안에서의 자유 • 효과적이고 폭력적이지 않은 훈육 • 나-전달법 • 논리적 귀결 • 가족화목활동: 긍정적인 나-전달법
4	용기와 자아존중감 확립하기	• 생각하기(Think)-느끼기(Feel)-행동하기(Do) 순환주기 • 격려하기 • 강점을 구축해 주기:아가 BANK 방법 • 신뢰하기, 존중하기 • 가족화목활동: 격려의 편지쓰기
5	자녀의 잘못된 행동을 이해하고 교정해주기	• 아동이 잘못 행동하는 이유 • 힘겨루기를 피하기 • 느슨한 대결(FLAC) 방법으로 문지 해결하기 • 분노 조절하기 • 가족화목활동: 기술을 가르치기
6	학교에서의 성공을 돕기 위한 적극적인 부모역할	• 학교에서의 성공을 위한 7가지 방법 • 학교 숙제하는 시간 갖기 • 담배, 술, 약물 • 가족화목활동: 가정이라는 단위를 강조하기

7) AP홈페이지(https://activeparenting.com/for-parents/for-parents-online-parenting-classes/active-parenting-4th-ed/)의 내용과 Popkin(2002)의 내용을 토대로 재조직함.

APN은 기존의 APP에 '느슨한 대결(Feelings, Limits, Alternatives, Consequences: FLAC)' 훈육방법과 '아가 BANK(Baby, Acknowledge, Nudge, Keep encouraging: BANK)' 격려방법을 추가하였다. '느슨한 대결' 방법은 자녀와 부모 간의 의견에 불일치가 일어날 때 사용할 수 있는 훈육방법이다. 자녀가 느끼는 감정(Feeling)을 부모가 인정하고 있다고 느끼게 해주고 자녀에게 한계(Limit)를 설정해 준다. 이어서 자녀와 부모가 둘 다 한계 안에서 용납할 수 있는 대안(Alternative)을 선택하는 방법을 사용할 수 있다. 또한, 벌을 주는 대신 자연적 귀결이나 혹은 논리적 귀결(Consequence)을 언급할 수 있다. 아가 BANK 방법은 자녀(baby)가 잘하는 부분을 인정해 주고(acknowledge), 조금씩 힘을 북돋아주며(nudge), 자녀가 긍정적인 방향으로 계속 나아갈 때마다 계속해서 격려하는 것을 강조하는(Keep encouraging) 방법을 의미한다(Popkin, 2002).

참고로 만 1~4세 영유아의 부모를 위한 프로그램을 제시하면 다음 〈표 9-4〉와 같다.

〈표 9-4〉 만 1~4세 영유아의 부모를 위한 APN 프로그램의 주차별 주제와 내용[8)]

주차	주제	내용
1	부모와 자녀	• 부모양육 유형 • 연령별 발달단계 • 자녀와 유대감 형성하기 • 자녀에게 선택권을 주기 • 두뇌발달 활동: 날 따라 해봐요(Follow the lead)
2	영유아의 문제 예방하기	• 유아의 두뇌발달 • 비폭력적 훈육방법 사용하기 • "A-C-T"(Accept-Communicate-Target a positive choice) 방법 사용하기 • 두뇌발달 활동: 그대로 멈춰라(Freeze dance)

8) AP홈페이지내용(https://activeparenting.com/product/paternidad-activa-los-primeros-cinco-anos/)을 재조직함.

주차	주제	내용
3	자녀의 긍정적 행동 촉진하기	• 격려의 힘 • 선택과 결과 • 양육자의 돌봄 • 두뇌발달 활동: 판다와 개구리(Panda and frog)
4	학교에서의 성공 준비하기	• 유아가 초등학교에서 성공하기 위해 부모가 도와줄 수 있는 6가지 유의점 • 놀이를 장려하기 • 학습 장려하기 • 유아와 읽고 이야기하기 • 유아가 미디어를 할 때 같이 보고 사용시간을 제한하기 • 사회기술 가르치기 • 독립성을 촉진하기 • 두뇌발달 활동: 기억력 게임

2) 방법

APN 중 만 5~12세까지의 프로그램은 총 6회의 프로그램으로 구성되어 있으며 1회, 3회, 4회, 혹은 6회의 프로그램 등으로 융통성 있게 운영할 수 있다. 최대로 시행할 시 매주 1회 2시간씩 6회의 프로그램으로 이루어진다. 또한, 만 1~4세까지의 프로그램은 1회, 3회, 혹은 4회 프로그램 등과 같이 융통적으로 구성할 수 있으며 1회에 2시간가량 진행할 수 있다. 1회 프로그램으로는 4주차의 활동, 즉 '학교에서의 성공 준비하기' 활동만 시행할 수 있으며, 3차시로 이루어진 프로그램에는 1주에서 3주까지의 활동을 진행할 수 있다.

한 그룹에는 10~20명의 부모가 참가하며, 정신건강 또는 교육적 배경을 가진 사람이 강사 자격을 받아 교육을 담당하게 된다. 교재로는 DVD, CD, 강사를 위한 지침서, 안내서와 행동 지도서, 소책자, 공고 포스터 등으로 구성되어 있다. 그 중에서 가장 중심이 되는 것이 다양한 상황에 처한 4가족을 묘사한 47개의 사례가 담겨 있는 160분 분량의 DVD 자료이다(Popkin, 2002). 지도자는 참가자들과 함께 DVD와 CD를 시청한 후 부모역할에 대한 기술과 내용을 소개하고 부모용 지침서에 있는 과제 활동을 반복 훈련하게 되며 다양한 의사소통 방식과 상호작용을 사용하여 훈련의 효과를 증진시킨다. APN 프로그램에서 활용하는 주요 활동요소를 소개하면 다음의 〈그림 9-1〉과 같다. 각 활동의 요소는 지난 시간 리뷰를 각 회차의 가장 처음에 하고 과제를 가장 마지막에 하는 것 이외에는 순서가 정해져 있지 않으며 여러 활동을 적절하게 구성하여 진행할 수 있다.

지난 시간 리뷰/자신의 이야기 공유하기
토론/DVD 시청을 통해 새로운 내용을 소개한다.
자녀지도기술에 대한 DVD를 시청하며 사례를 제시한다.
집단활동이나 DVD를 통해 내용을 경험한다.
행동지침서를 토대로 가정에서 사용할 수 있는 기술을 적용해 본다.
자녀지도기술과 개념을 익히기 위한 체험활동과 역할 연기를 한다.
과제 활동을 내주고 가정에서 실천해 본다.

〈그림 9-1〉 APN 프로그램의 활동요소[9)]

APN은 비디오를 기반으로 한 다각적인 방식을 사용하는데, 구체적인 방식의 특징은 다음과 같다.

① 간단한 비디오 일화로 새로운 개념을 소개하고 각 주제에 대한 비효율적인 부모양육방식과 긍정적인 부모양육방식을 각각 소개한다.

② 강사가 훈련을 진행하기 위한 모든 측면에 대해 구체적이고 구조적인 가이드라인이 있다.

③ 강사는 가이드라인에 정해진 대로 그룹 토의를 이끈다.

9) AP홈페이지(https://45ancg2f5ff93dko614bw2lk-wpengine.netdna-ssl.com/wp-content/uploads/2018/12/FFYLG_samples.pdf)의 부모교육 자료를 기반으로 구성함.

④ 광범위한 파워포인트 슬라이드를 제공하며 강사에 따라 내용을 첨가해서 사용 가능하다.

⑤ 과제에 대한 피드백을 다음 시간에 제공하는 것은 참가자의 학습을 신장시킨다.

⑥ 부모를 위한 가이드라인은 모든 종류의 내용, 활동, 과제, 그리고 수업 활동을 포괄적으로 포함하고 있다.

다. 평가

APN은 저소득 계층 및 가족 문제를 가지고 있는 부모를 대상으로 실시한 프로그램으로 전 세계적으로 실시되고 있다. 이 프로그램에 참여한 부모들은 민주적인 자녀 양육방법을 학습하게 되고, 자녀의 행동에 대한 관점이 변화되며 부모 양육 신념과 태도에 긍정적인 변화가 일어나 민주적인 가정을 구성하는 데 이바지할 수 있게 되는 것으로 알려져 있다(Broccella, 1988; Foley, Popkin, Mullis, & Cooper, 2019). 이 프로그램에 참여했던 부모들의 경우 아동에 대한 신체적인 처벌이 줄어들었으며 부모-자녀 관계가 개선되는 것으로 나타났다(Fashimpar, 2000).

이 프로그램이 우리나라에 소개된 이후 많은 연구에서 효과를 검증해보았다. 적극적 부모역할 훈련 프로그램에 참여한 어머니들은 자아존중감이 유의미하게 향상되었으며(김지윤, 2013; 안경자, 2005; 임미숙, 1998), 자녀양육 태도(안경자, 2005)와 부모효능감(김지윤, 2013)이 향상되는 것으로 나타났다. 또한, 부모양육 행동이 긍정적으로 변화하는 효과가 있었는데 이는 아버지와 어머니 모두에게 나타나는 것으로 나타났다(이영자, 2007).

STEP과 APT의 효용성을 비교한 연구(이혜미, 2009)에 의하면 이 두 프로그램은 모두 부모의 양육태도에서 긍정적으로 변화하는 효과가 꾸준하게 나타났다. 이를 통해 자녀의 행동 및 부부갈등 해소에 긍정적인 영향을 주는 것으로 나타났다.

4. 클로버 부모교육 프로그램

클로버 부모교육은 영유아 가정의 부모가 자녀의 특성에 맞는 양육태도와 기술에 대한 정보를 접하고 부모로서의 자기 역할을 정립할 수 있도록 하기 위하여 2015년에 보건복지부에서 개발하고 육아종합지원센터에서 시행하고 있는 부모교육 프로그램이다. 육아종합지원센터는 행복한 부모를 위한 마음 프로젝트를 3가지의 대주제, 즉 '아이와 함께 성장하기', '아이 마음 헤아리기', '내 마음 토닥이기'로 나누어 시행하고 있다. 이 중에서 '아이와 함께 성장하기'의 경우 입문과 기본, 심화 단계로 나누고 다른 2주제의 경우 기본과 심화 단계로 나누어 운영하고 있다. 클로버 부모교육은 '아이와 함께 성장하기' 주제의 입문 단계에 해당하는 기초 공통 부모교육 프로그램이다. 이 프로그램은 자녀의 자아존중감을 키우기 위한 대화법과 칭찬법 등 긍정적 소통방법을 알려주는 데 초점을 두고 있다.

클로버 부모교육은 부모를 대상으로 하는 교육과 부모-자녀를 대상으로 하는 교육으로 나뉜다. 부모를 대상으로 하는 교육은 소중한 나, 멋진 아이, 긍정의 가족, 아름다운 이웃 등의 4가지 주제를 다룬다. 부모-자녀를 대상으로 하는 교육은 체험교육으로 '긍정의 가족' 주제에서는 가족 행복제작소 프로그램을 시행하고 '아름다운 이웃' 주제에서는 이웃사랑무대 프로그램을 시행한다.

가. 목표

유아가 자신의 강점과 긍정적 가치를 발견하고 존중받는 아이로 자라날 수 있도록 자녀를 양육할 수 있는 부모의 기술을 향상하는 것이 클로버 부모교육의 목적이다. 또한, 이를 통해 가족과 이웃이 함께 건강하게 성장하는 것을 목적으로 한다.

나. 내용 및 방법

1) 내용

클로버 부모교육은 대상에 따라 부모를 대상으로 하는 프로그램과 부모-자녀를 대상으로 하는 체험프로그램이 있다. 부모를 대상으로 하는 프로그램의 경우 소중한 나, 멋진 아이, 긍정의 가족, 아름다운 이웃 등의 4가지 주제를 각 주제당 2회의 교육으로 다룬다. 또한, 부모-자녀를 대상으로 하는 체험프로그램의 경우 긍정의 가족과 아름다운 이웃 주제로 나뉜 뒤 영아를 위한 활동 12개와 유아를 대상으로 하는 활동 20개 등 총 32개의 활동으로 구성되어 있다.

2) 방법

클로버 부모교육은 부모 대상 교육과 부모-자녀 체험활동으로 나뉘어 있으며 전국의 육아종합지원센터에서 오프라인과 온라인으로 진행하고 있다. 4개의 주제를 각 주제당 2회씩 실시하며 한 회당 1시간 30분씩 총 8회의 부모교육이 이루어진다. 그러나 이 8회의 수업을 반드시 해야 하는 것은 아니며 융통성 있게 주제별로 선택적으로 이루어질 수도 있다. 매회당 수업은 진행방식이 정해져 있으며 도입, 전개, 마무리, 과제의 순으로 진행한다. '풀밭에 와서'는 도입, '풀밭에서'는 전개, '풀밭을 나서며'는 마무리 단계에 해당하며 특히 '풀밭에서'는 한 줄기, 두 줄기, 세 줄기, 네 줄기로 주제의 개념을 설명하는 2단계와 그에 따른 활동을 하는 2단계로 구성되어 있다. 교육의 세부적인 진행방식은 다음과 같다.

① 풀밭에 와서(도입): 주제의 교육 목표와 기대효과 살펴보기

② 풀밭에서(전개): 본격적인 교육 진행하기-주제의 개념을 소개하고 이에 따른 주제 활동 진행하기

- 한 줄기: 주제의 개념 1
- 두 줄기: 주제의 개념 2
- 세 줄기: 주제 활동 1
- 네 줄기: 주제 활동 2

③ 풀밭을 나서며(마무리): 교육을 마치고 소감과 만족감 나눈 후 다음 교육 일정에 대한 안내와 과제 설명하기

④ 우리 집에서: 다음 교육 일정 소개하고 배운 기술을 '집'에서 적용해보기

클로버 부모교육 프로그램의 4가지 주제별 목표와 회기별 교육활동을 클로버 부모교육 매뉴얼을 참고해서 종합하면 다음의 〈표 9-5〉와 같다.

〈표 9-5〉 클로버 부모교육 프로그램의 주차별 주제와 내용

주차	주제(목표)		1회기	2회기
1	소중한 나 (소중한 나를 재발견 합니다.)		새삼 발견하는 소중한 나의 성격	새삼 발견하는 소중한 나의 가치
		한 줄기	소중한 나의 성격	소중한 나의 가치
		두 줄기	나쁜 성격? 좋은 성격?	성격 약점? 성격 강점?
		세 줄기	내 성격이 싫어요. 내 성격이 좋아요.	나는 이런 사람이 아니에요. 나는 이런 사람이에요.
		네 줄기	나의 간절한 위시트리!	나의 멋진 버킷리스트!
2	멋진 아이 (멋진 아이로 키웁니다.)		멋진 아이 골든벨	멋진 아이 유레카
		한 줄기	아빠 응원이 최고!	엄마 응원이 최고!
		두 줄기	대화 신호등	대화 CCTV
		세 줄기	Oh! No 대화, Oh! Yes 대화	위험한 칭찬, 위대한 칭찬
		네 줄기	경청지팡이	마음청진기
3	긍정의 가족(긍정의 가족이 됩니다.)		가족행복충전소	가족행복발전소
		한 줄기	노란 손수건의 사랑	메모지의 사랑
		두 줄기	클로버 충전카드	클로버 희망카드
		세 줄기	과자로 만든 우리 가족	희망을 펼치는 우리 가족
		네 줄기	새처럼 날아가리	오뚝이처럼 일어서리
4	아름다운 이웃 (아름다운 이웃이 됩니다.)		이웃사랑초대	이웃사랑등대
		한 줄기	10일 동안 학교 가는 얼음길	33톤 전동차를 밀어낸 이웃들
		두 줄기	따뜻한 이사떡	안타까운 자판기
		세 줄기	설레는 초대장	간절한 메모장
		네 줄기	100배 즐거움	100배 고마움

다. 평가

클로버 부모교육 프로그램은 2016년에 처음 실행한 이후 정부 차원의 부모교육 중에서 가장 많이 진행된 프로그램이다. 특히 코로나로 인해 부모교육이 대면으로 진행되지 못했던 2020년에도 클로버 부모교육은 온라인의 형식으로 진행되었다(경기북부육아종합지원센터, 2020). 주제별로는 부모 대상 교육 프로그램보다 부모·자녀 체험활동에 더 많이 참여한 것으로 나타났다(보건복지부, 중앙육아종합지원센터, 2019).

이 부모교육 프로그램의 효과에 대해서는 아직 발표된 연구결과가 없으나 참여했던 부모들을 대상으로 실시한 프로그램에 대한 만족도가 매우 높은 것으로 나타났다(보건복지부, 중앙육아종합지원센터, 2016). 특히 부모교육내용에 대한 부모의 만족도는 96%가 넘는 부모들이 만족하는 것으로 평가하였으며, 강사의 전문성에 대해서도 높은 수준의 만족도를 보였다. 한편 가장 높은 참여를 보인 부모–자녀 체험활동에서도 교육내용과 강사 전문성 만족도에서 매우 높게 나타났다(경기북부육아종합지원센터, 2020).

클로버 부모교육 프로그램에 대한 부모들의 높은 참여율과 만족도는 본 프로그램의 개발 목적이 전국의 부모들에게 양질의 부모교육의 혜택을 제공할 수 있도록 표준적인 부모교육 프로그램을 개발하는 것(보건복지부 보도자료, 2015.12.3.)이었음을 상기할 때 프로그램의 성공적인 정착을 의미한다고 할 수 있다. 이와 같은 해석은 클로버 부모교육의 시행기관인 육아종합지원센터의 관계자들이 부모교육 프로그램의 표준화를 통하여 지역이나 기관에 상관없이 동일한 부모교육을 받을 수 있다는 점을 가장 크게 평가한 점을 통해서도 뒷받침될 수 있다(이윤진, 이정림, 임준범, 2017).

5. 기타 부모교육 프로그램

부모교육의 프로그램은 그 철학적 기초와 대상 및 프로그램 운영 주체에 따라 다양하게 분류할 수 있다. 이 중 가장 기본적인 분류가 이론적 근거에 의한 분류이며, 일반적으로 부모교육 프로그램은 주로 로저스의 이론과 아들러의 이론 혹은 행동주의이론에 근거하여 개발되었다. 앞에서 언급한 대표적인 부모교육 프로그램들은 로저스와 아들러의 이론에 바탕을 두고 구성되었다고 할 수 있다.

클락(Lynn Clark, 1996)이 개발한 'SOS: Help for Parents' 프로그램은 행동수정이론에 기반을 둔 프로그램이다. 이 프로그램은 2~12세 유아의 행동 및 감정 적응을 향상시킬 수 있도록 돕기 위해 부모를 교육하는 프로그램으로 총 6회로 구성되어 있으나 1~6회기까지 융통성 있게 시행할 수 있으며 회기당 60분에서 90분 동안 운영되는 프로그램이다. 본 프로그램에서는 46가지의 문제행동을 다루기 위한 20가지 방법을 가르치고 있다. 클락은 바람직하지 않은 행동을 수정하는 방법으로 적극적인 무시(Active Ignoring), 지시나 명령하기(Command), 타임아웃(Time-out) 등을 사용하였다.

부모교육이 실행되는 현장에 따라 분류할 때 가정 중심과 학교와 기관 중심 부모교육 프로그램이 있다. 가정 중심 부모교육 중 방문 프로그램 중 가장 잘 알려진 프로그램으로 HIPPY(Home Instruction Program for Preschool Youngsters)를 들 수 있다. HIPPY는 예루살렘의 히브류 대학, 교수였던 롬바드(Avima Lombard)가 1965년에 실험적으로 시작한 가정방문 프로그램으로 부모는 자녀의 첫 번째이자 가장 중요한 선생님이라는 철학을 바탕으로 유아들이 학교에서 성공할 수 있도록 준비시킬 목적으로 만들어졌다(https://www.hippyusa.org). 2~5세 자녀를 둔 부모를 대상으로 30주 동안 할 수 있는 프로그램이 전달되며 부모는 자신의 자녀에게 매일 20분 정도의 수업을 하게 된다. 읽기, 수학, 과학, 체육, 언어 활동을 통해 인지능력, 창의력, 사회성 및 정서발달을 이루는 것을 강조한다. 이 프로그램은 가정방문뿐 아니라 다른 가족들과 만남 활동도 병행함으로써 서로 간의 경험을 나누고 격려하고 있다.

우리나라의 경우 행동과학 연구소(KIRBS)에서 플로리다 부모교육 프로그램을 기초로 개발한 가정 중심의 부모교육 및 부모참여 프로그램이 있다. 가정역할이 강조된 프로그램에 대한 요구를 반영하여 저소득층 가정에 필요한 자녀양육기술과 부모역할능력을 향상하는 데 목표를 두고 있다. 프로그램의 대상은 1~36개월의 영아와 그 부모를 대상으로 하며 1년 동안 3분기에 걸쳐 총 24번의 가정방문교육을 진행하고 발달에 대한 지식과 놀이학습방법에 관한 내용으로 구성되어 있다.

부모교육 프로그램은 그 참여 대상자에 따라서도 분류가 가능하다. 대부분의 부모교육은 부모 혹은 부모와 자녀를 대상으로 하지만 어머니나 아버지만을 위한 부모교육 프로그램도 있다. 두란노 아버지 학교 프로그램은 그 대표적인 프로그램이다. 이 프로그램은 1995년에 온누리교회 소속인 두란노서원에서, 가정을 살리기 위해서는 아버지를 섬기고 살아야 한다는 철학을 기반으로 올바른 아버지상을 제시하고 실천적인 방법을 모색하기 위해 시작한 프로그램이다. 처음에는 교회에서 기독교인을 대상으로 시작했으나 2004년부터는 기독교 색채를 배제하고 '아버지란 누구인가'만을 주제로 하는 아버지 학교도 개설하여 우리나라뿐 아니라 세계 70여 개국의 학교, 병원, 관공서 및 군부대 등 사회의 전역에서 이루어지고 있다. 프로그램은 대체로 매주 토요일 오후 5~10시 30분까지 5주간 이루어지며 각 회기에 관련된 주제에 대한 강의를 듣고 같은 조원들과 나눔을 갖는 형식들로 이루어진다. 대면 수업 이외에도 대면이 어려운 경우 온라인 수업을 운영할 수 있다(https://www.father.or.kr/index.action).

한편 민간 차원의 프로그램 이외에 정부 차원에서 이루어지는 부모교육도 앞서 제2장에서 기술한 것처럼 정부의 각 부처 및 부처 내 기관별로 다양하게 이루어지고 있다. 그런가 하면 2016년에 보건복지부, 교육부, 여성가족부 관계부처 합동의 '부모교육 활성화 방안'이 만들어져서 부모교육을 생애주기 및 가족 유형을 고려하여 더욱 체계화시켜 나가고 있다(제2장 참조). 여기서는 정부 부처별 부모교육 중 교육부 사례 한 가지만 제시하고자 한다.

교육부는 전국학부모지원센터와 교육청 소속의 유아교육진흥원을 통해서 온라인과 오프라인으로 다양한 부모교육 프로그램을 운영하고 있다. 이 중에서 전국 학부모지원센터는 부모에게 필요한 다양한 정보와 교육서비스를 온라인으로 제공하고 있다. 그리고 교육청 소속의 유아교육진흥원은 유아에게 더욱 특화된 부모교육 서비스를 온라인과 오프라인으로 제공하고 있다. 일례를 들어 서울유아교육진흥원(http://seoul-i.sen.go.kr/)에서 운영하는 부모교육 프로그램을 살펴보면, 단체로 연수를 듣는 형식, 체험형식, 그리고 상담 운영 등과 같이 다양한 형식으로 운영되고 있다. 연수의 경우에는 1회 과정으로 운영하는 대집단 연수, 3회 심화 과정으로 운영하는 소집단 연수, 그리고 워크숍 형식의 소집단 토의와 연수를 병행하는 동아리 연수 과정이 있다. 가족체험 프로그램의 형태로는 놀이 및 문화예술 등을 체험할 수 있는 프로그램을 평일과 토요일 프로그램으로 운영하고 있다. 이외에 개별로 부모에게 상담을 해주는 프로그램 운영 등 부모교육 측면뿐 아니라 유아와 가족의 개별화된 요구를 충족시키기 위한 운영에도 노력하고 있다는 특징이 있다.

이상에서 다양한 부모교육 프로그램에 대해 알아보았다. 헤드스타트 이후 부모교육의 중요성에 관한 관심이 폭발적으로 증가함에 따라 많은 부모교육 프로그램이 개발되었으며 이 프로그램들은 기초하는 철학, 대상 또는 운영 장소 등에서 각각 다른 점과 유사한 점을 가지고 있다. 프로그램마다 효과성 검증 연구도 다수 진행되었다. 결론적으로, 각 프로그램의 우열을 따지는 것은 바람직하지 않고 교육대상 부모의 배경, 가족 환경의 차이에 따라 적합한 프로그램을 선택하여 활용하는 것이 바람직하다.

참고문헌

경기북부육아지원센터 (2020.12). 2020 경기도북부육아지원센터 사업결과 보고서.

김영옥 (2017). 부모교육. 고양: 공동체.

김정원, 전선옥 (2020). 영유아를 위한 부모교육. 서울: 창지사.

김지윤 (2013). APN 부모코칭 프로그램이 만 1~2세 영아 어머니의 자아존중감, 부모효능감 및 양육행동에 미치는 효과. 경남대학교 대학원 석사학위 논문.

노안영, 강연신 (2018). 성격심리학. 서울: 학지사.

박성연, 김상희, 김지신, 박응임, 전춘애, 임희수(2008). 자녀와의 진정한 만남을 위한 부모교육. 서울: 교육과학사.

박현숙 (2013). STEP 부모교육 프로그램이 유아기 자녀를 둔 어머니의 촉진적 의사소통에 미치는 효과. 경남대학교 교육대학원 석사학위 논문.

보건복지부 보도자료 (2015.12.3). 2015년 우수육아종합지원센터 선정 및 '우리 아이 잘 키우기' 위한 육아종합지원센터 부모교육 실시.

보건복지부, 중앙육아종합지원센터 (2016). 2015 사업보고서.

보건복지부, 중앙육아종합지원센터 (2020). 2019 사업보고서.

안경자 (2005). 역할놀이를 병행한 적극적 부모역할훈련 프로그램의 효과. 서울여자대학교 교육대학원 석사학위 논문.

윤정혜 (2002). 유아기 부모를 대상으로 한 우리나라 부모교육 프로그램의 고찰. 대학생활연구, 20. pp. 143-169.

이경우 (1985). 부모교육 프로그램의 방법 및 전략방향. 한국교육학회 유아교육 연구회.

이영자 (2007). 적극적인 부모역할훈련(APT) 프로그램과 부모의 양육태도. 숙명여자대학교 원격대학원 석사학위 논문.

이윤진, 이정림, 임준범 (2017). 영유아기 부모교육 참여 실태 및 내실화 방안 연구. 육아정책연구소.

이혜미 (2009). STEP과 APT 부모교육 프로그램의 교육철학과 그 효용성에 관한 비교 연구. 동국대학교 교육대학원 석사학위 논문.

임미숙 (1998). '적극적 부모역할 훈련'이 어머니의 양육태도와 자아존중감에 미치는 영향. 전남대학교 교육대학원 석사학위 논문.

정옥분, 정순화 (2016). 부모교육. 서울: 학지사.

조성연, 이미란, 최혜영, 박진재, 송혜린, 권연희, 박진아 (2014). 부모교육. 서울: 신정.

Aldassy, M. C. (1978). *The relationship of P.E.T. to change in parent attitudes.* Unpublished master's thesis. California: California State University.

Anchor, K. N. & Thomason, T. C. (1977). A comparison of two parent training models with educated parents. *Journal of Community Psychology, 5*(2), pp. 134–141.

Babcock, D. E., & Keepers, T. D. (1976). *Raising kids OK*. New York: Grove Press.

Bandura, A. (1977). *Social learning theory*. New York: General Learning Press.

Broccella, B. (1988). Effects of the active parenting program on attitudinal change of parents, parent perceived behavioral change of children, and parent perceived in family environment. Doctoral dissertation, Pennsylvania: Temple University.

Chistensen, O. C. & Thomas, C. R. (1980). Dreikurs and the Search for Equality. In M.J. Fine(Eds.), *Handbook on parent education*(pp. 53–74). New York: Academy Press.

Clark, L. (1996). *SOS: Help for parents*. Bowling Green, KY: SOS Programs & Parents Press.

Dembo, M. H., Switzer, M., & Lauritzen, P. (1985). An evaluation of group parent education: Behavioral, PET, and Adlerian programs. *Review of Educational Research, 55*(2), pp. 155–200. https://doi.org/10.2307/1170189

Dinkmeyer, D. (1979). A Compehensive and systematic approach to parent education. *Journal of Family Therapy, 7*(2), pp. 46–50.

Dinkmeyer, D. C, & McKay, G. D. (1976). *Raising a responsible child*. New York: Simon and Schuster.

Dreikurs, R. (1955). Adlerian analysis of interaction. *Group Psychotherapy, 8*(4), pp. 298–307.

Dreikurs, R. (1967). *Adult-child relations: A workshop on group discussion with adolescents*. Chicago: Alfred Adler Institute.

Dreikurs, R. (1970). Rudolf Dreikurs papers (Report No. 9). Washington, D.C.: Manuscript Division, Library of Congress, January 27, 1970.

Dreikurs, R. (1972). Technology of conflict resolution. *Journal of Individual Psychology, 28*(2), pp. 203–206.

Ginott, H. G. (1965). *Between parent and child*. New York: McMillan.

Gordon, T. (1976). *P.E.T. in action*. New York: Wyden Books.

Gordon, T. (1980). Parent effectiveness training: A preventive program and its effects on families. In M.J. Fine(Eds.), *Handbook on parent education*(pp. 53–74). New York: Academy Press.

Gordon, T. (2016). 부모역할훈련*(P.E.T.: Parent effectiveness training)*. (이훈구 역). 서울: 양철북. (원저: 1970).

Harris, T. A. (1967). *I'm OK—You're OK*. New York: Harper & Row.

Hall C. S. & Lindzey, G. (1975) *Theories of personality*. New York: John Wiley & Sons. Inc.

Hinkle, D. E., Arnold, C. F., Croake, J. W., & Keller, J. F. (1980). Adlerian parent education: Changes in parents' attitudes and behaviors, and children's self-esteem. *American Journal of Family Therapy, 8*(1), pp. 32-43.

James, M., & Jongeward, D. (1971). *Born to win*. Reading, MA.: Addison–Wesley.

Olson, M. H. & Hergenhahn, B. R. (2015). *Introduction to theories of learning*. Pearson college division.

Orgel, A. R. (1980). Haim Ginott's approach to parent education. In M.J. Fine(Eds.), *Handbook on parent education*(pp. 53–74). New York: Academy Press.

Popkin, M. H. (2002). *Active parenting now: Program kit*. Marietta, GA: Active Parenting Publishers.

Popkin, M. H. (2014). *Active parenting (4th Ed.) leader's guide*. Marietta, GA: Active Parenting Publishers.

Rogers, C. R. (1951). *Client-centered therapy*. Boston: Houghton–Mifflin.

Rogers, C. R. (1959). A theory of therapy, personality, and interpersonal relationships as developed in the client–centered framework. In Koch, S. (Ed.). *Psychology: A study of a science(Vol. 3). Formulations of the person and the social context*. New York: McGraw–Hill.

Seligman, L. (2006). *Theories of counseling and psychotherapy: Systems, strategies, and skills*. (2nd ed.). Upper Saddle River, New Jersey: Pearson Education, Ltd.

Simpson, R. L. (1980). Behavior modification and child management. In M.J. Fine(Eds.), *Handbook on parent education*(pp. 53–74). New York: Academy Press.

Skinner, B. F. (1953). *Science and human behavior*. New York: Macmillan.

Skinner, B. F. (1985). 심리학적 이상사회*(Walden two)*. (이장호 역). 서울: 심지. (원저: 1948).

Spitz, R. (1945). Hospitalism, genesis of psychiatric conditions in early childhood. *Psychoanalytic Study of the Child, 2*, pp. 53–74.

Terner, J., & Pew, W. L. (1978). *The courage to be imperfect: The life and work of Rudolf Dreikurs*. New York: Hawthorn Books.

Theimer W. C. & Gates–Lewis, A. (1979). *PET with rural-suburban population*. ERIC 5367401.

Watson, J. B. (1928). *Psychological care of infant and child*. New York: W. W. Norton & Co.

Williams, B. F. & Sanders, B. (1973). *A comparative study of the relative effectiveness of P.E.T. and a program of behavior modification*. Unpublished manuscript, Alamance County, North Carolina.

참고 사이트

https://www.father.or.kr/index.action

http://hippy-international.org/usa/

http://seoul–i.sen.go.kr/

지속가능한 사회를 위한

부모교육

영유아교육기관에서의
부모교육 실제

IV

P-A-R-T

영유아교육기관에서의 부모교육 실제

영유아교육기관에서는
어떻게 부모교육을…?

Parent Education

10 CHAPTER

부모와의 일상적 의사소통

영유아교육기관에서는 영유아 교육 및 보육과 관련된 다양한 내용을 부모와 수시로 의사소통하며, 부모가 자녀를 효과적으로 양육할 수 있도록 지원한다. 또한, 기관의 교육철학 및 방침을 안내하여 부모가 자녀교육에 대한 이해를 높일 수 있도록 돕는다. 부모는 이를 통해 자녀를 보다 더 잘 기를 수 있으며, 자녀에 대한 정보를 기관에 제공해줌으로써 부모와 기관이 협력하여 영유아를 돌보고 교육할 수 있다.

1. 온라인 의사소통

영유아교육기관에서 온라인 의사소통이란 전산망을 활용하여 부모와 교육기관의 구성원이 직접 대면하지 않고도 상호 소통하는 것을 의미한다. 영유아교육기관이나 부모는 온라인을 통해 수시로 서로의 의사를 전달할 수 있으며, 즉각적인 피드백을 통해 교육에 필요한 정보를 빠르게 주고받을 수 있다. 특히, 온라인 의사소통은 맞벌이 가정의 부모에게 일과 자녀양육을 병행하면서 생길 수 있는 시간 제약에서 보다 자유로운 방법이라 할 수 있다.

현대사회 특징 중 하나로 스마트폰의 대중화를 통해 사람들의 온라인 소통이 활성화되고 있는 실태를 감안한다면 영유아교육기관의 온라인 의사소통은 앞으로도 지속될 것이며, 그 신속성과 편의성으로 더욱 확산될 것이다. 이 장에서는 영유아교육기관에서의 온라인 의사소통 방법으로 전화, 기관 홈페이지, 앱(application)을 통한 스마트 알림, SNS(Social Networking Service) 학급운영방 등에 대해 알아보기로 한다.

가. 전화

전화 통화는 영유아교육기관에서 편리하고 쉽게 부모와 의사소통 할 수 있는 방법이다. 영유아가 교육활동 중에 다쳤을 때나 부모의 동의를 얻어 급하게 결정해야 할 일이 생겼을 경우, 가장 손쉽게 소통할 수 있는 방법이 전화 통화이다.

1) 장점

- 급한 용무 시 간편하고 신속하게 사용할 수 있다.
- 대면하지 않고 의사전달을 할 수 있어 부담감이 적다.
- 누구나 쉽게 참여할 수 있는 의사소통 방법이다.

2) 단점

- 얼굴을 보지 않고 대화하다 보면 오해가 생길 수도 있다.
- 목소리로만 소통하므로 감정 전달의 어려움이 발생할 수 있다.
- 대화 내용에 따라 순발력 있게 대처해야 하는 부담이 있다.

3) 유의점

- 통화 예절을 숙지한다. 예를 들어, 목소리 톤, 바른 어휘 사용, 통화 시간 등을 고려하여 의사소통한다.
- 목소리로 전달될 수 있는 감정을 고려하여 상황에 적합한 음색으로 대화한다.
- 대화할 내용을 미리 간단하게 메모하여 준비한다.

4) 통화기록 일지 사례

◈ 통화기록 일지 예

원아명	통화일시	대상	내용	비고
김아름	2020.6.1. 14:10	어머니	바깥놀이 시간에 넘어져서 무릎을 다침	사고 상황 설명 및 응급처치 과정 안내
	2020.7.7. 14:30	아버지	놀이시간에 놀잇감 때문에 친구와 갈등이 있어 다투다가 얼굴에 작은 상처가 생김	놀잇감 관련 지도 내용 및 부모 관심이 필요함을 안내
	2020.9.10. 15:20	할머니	물통 뚜껑을 제대로 닫지 않아 가방이 젖음	가방이 젖은 원인 설명 및 추후 물통관리 당부
	2020.10.15. 11:00	어머니	놀이 중 기침과 콧물을 많이 흘리며 열이 남(37.3도)	건강상태가 좋지 않아 수업 중 긴급 안내 (11:30, 할머니와 병원에 감)

꿀팁

전화 통화는 응급상황 시에 신속하고 편리하게 활용할 수 있으며, 학기초에도 잘 활용하면 매우 유익하답니다. 학기초에는 유아와 교사, 부모가 함께 적응해 나가는 시기이므로 유아에 대한 사소한 정보라도 부모와 전화로 소통하며 알아가게 되면, 쉽고 빠르게 부모와 라포를 형성할 수 있답니다. 특히, 유아의 긍정적인 면에 대해 대화를 나누게 된다면 부모와 더욱 빠르게 신뢰를 쌓아갈 수 있게 되어 즐겁게 학급 운영을 할 수 있어 좋아요.

나. 홈페이지

영유아교육기관에서는 홈페이지를 통해 부모 및 방문자에게 기관에 대한 정보를 제공한다. 홈페이지에서 주로 안내하는 내용은 기관 소개, 교육 안내, 가정통신, 학급 소식, 공지사항 등이다. 이외에도 방문자의 궁금증을 해소하고 원활한 소통을 하기 위한 커뮤니티 방이 운영되기도 한다.

1) 장점

- 부모 및 외부인이 영유아교육기관에 대한 정보를 쉽게 접할 수 있다.
- 기관에서는 부모에게 편리하게 정보를 제공할 수 있다.
- 누적된 정보를 통해 기관의 역사를 알 수 있다.
- 홈페이지 회원은 누구나 서로 소통할 수 있다.

2) 단점

- 기관의 승인을 받아야만 회원가입을 할 수 있으므로 회원가입 절차에 따른 시간이 필요하다.
- SNS와 달리 반드시 홈페이지에 로그인을 해야만 정보를 얻을 수 있다.
- 홈페이지 관리를 위해 시간과 비용을 지불해야 한다.

3) 유의점

- 홈페이지를 통해 개인정보가 유출되지 않도록 회원가입 승인 절차를 통해 회원 관리를 해야 하며, 홈페이지 유지 및 관리를 위해 지속적인 시간과 노력을 기울여야 한다.

4) 홈페이지 사례

◈ 공주대학교 사범대학 부설유치원 홈페이지 예

꿀팁

최근에는 스마트폰 사용이 활성화되면서 기관 홈페이지보다는 SNS를 활용한 소통이 더 활발하게 이루어지고 있어요. 그러나 여전히 예비학부모는 기관에 대한 정보를 홈페이지를 통해 얻고 있어요. 그러므로 예비학부모나 홈페이지를 처음 방문하는 사람들이 회원 가입을 하지 않아도 필요한 정보를 볼 수 있도록 공개해 놓는 것이 좋답니다.

다. 앱(application)을 통한 스마트 알림

최근 영유아교육기관에서는 다양한 인터넷 채널을 활용하여 가정과 소통하고 있다. 영유아교육기관의 스마트 알림으로 사용되고 있는 앱의 종류는 점차적으로 늘어나고 있으며, 더욱 더 편리하고 신속해지고 있어 기관과 부모 간 의사소통 통로로 확대되고 있다.

1) 장점

- 편리하고 신속하게 알림 문자 발송 및 의견 수렴을 할 수 있다.
- 영유아교육기관 담당자와 부모는 시·공간을 초월하여 정보를 주고받는다.
- 데이터 용량이 많은 문서나 파일이라도 쉽게 송·수신할 수 있다.
- 지류를 절약할 수 있어 경제적이다.

2) 단점

- 유비쿼터스(Ubiquitous) 환경 및 통신기기의 종류에 따라 송·수신에 필요한 시간이 다르다.
- 인터넷 사용이 익숙하지 않은 사람은 사용에 어려움을 느낄 수 있다.

3) 유의점

- 부모의 가독력을 높이기 위해 알림 내용은 간단하고 명료하게 작성하여 전송하는 것이 효과적이며, 사전에 수신자의 동의를 받아야 한다.
- 앱을 통한 스마트 알림 사용 방법을 자세히 안내한 후 활용한다.

4) 앱을 통한 스마트 알림 사례

◈ 스마트 알림 활용 예

제목	새싹반 학부모님께 알려드립니다.		
발송일	2020. 10. 27. 16:14:46	유형	일반
작성자		발송정보	수시대상: 16명 발송대상자 추가
상태		설정	□ 댓글 허용
수신들	열람: 16명(100.0%) 미열람자 ▼ 에게 스마트폰 알림 ▼ 보내기		
보낸 알리미 열람제한	열람대상자 추가		

목록

내용확인 | 열람현황

새싹반 학부모님께 알려드립니다.

새싹반 학부모님, 안녕하세요?

내일은 숲체험을 하는 날입니다.

새싹반 친구들이 즐거운 산행을 할 수 있도록 간편한 복장(바지, 운동화)과 물통(어깨에 멜 수 있는 끈이 달린 물통)을 준비해 주시기 바랍니다.

오늘 바깥놀이 시 옷이 젖어서 갈아입은 친구들이 있습니다. 가방을 확인하시고 여벌옷을 다시 보내주시기 바랍니다.

양말 주인을 찾습니다.

2020-11-03 (오후 03:00)

새싹반 학부모님, 안녕하세요?

어제 에어캡 발바닥 감각놀이를 하여 양말을 벗고 활동을 하였었는데 활동 후, 아래 양말이 주인을 잃었습니다.

아래 양말 주인인 원아 부모님게서는 회신해주시기 바랍니다.

※스마트 알림을 통해 양말 주인을 바로 당일에 찾아서 전달함.

꿀팁

교사는 스마트 알림을 통해 발송한 내용의 열람률을 확인할 수 있으며, 열람을 하지 않은 부모에게 다시 공지를 할 수도 있어요. 스마트 알림은 기관에서 전체 공지를 할 때도, 학급 운영 시에도 이처럼 소소한 정보를 주고받기에 매우 편리해요.

라. SNS 학급 운영방

유비쿼터스 환경시스템 발전으로 언제 어디서나 네트워크에 접속할 수 있게 되면서부터 영유아교육기관에서는 SNS를 활용한 온라인 의사소통이 활발해지고 있다. 교사는 애플리케이션을 활용하여 학급 단체 소통방을 운영하거나 개별 원아 지원을 위한 일대일 대화를 나누기도 한다. SNS 학급 운영방은 학급 운영 시 신속하고 간단하게 알릴 사항이 있을 경우 활용하며, 원활하고 안전한 소통을 위한 규칙을 정하는 것이 권장된다.

1) 장점

- 교사와 부모 간 신속하게 정보를 주고받을 수 있다.
- 교사는 부모 및 원아 관리를 편리하게 할 수 있다.
- 교사와 부모, 부모와 부모 간 활발하게 의사소통을 할 수 있다.

2) 단점

- 정확하지 않은 정보가 필요 이상으로 공유될 수도 있다.
- SNS 사용을 하지 않는 사람은 소통하는 데 어려움을 겪을 수 있다.
- 필요 이상의 개인정보가 유출될 수도 있다.
- 교사의 업무가 퇴근 시간 이후에도 지속될 수 있다.

3) 유의점

- 학급 SNS 소통방은 부모의 동의를 얻어 운영해야 하며, 소외되는 부모가 없도록 부모참여 현황을 수시로 확인한다.
- 교사의 업무가 과중되지 않도록 규칙을 만들어 운영한다.
- 상호 간 예의를 지켜 존중하는 분위기 속에서 운영될 수 있도록 한다.

4) SNS 학급 운영방 사례

◈ 카카오톡 및 밴드를 활용한 학급 운영방 예

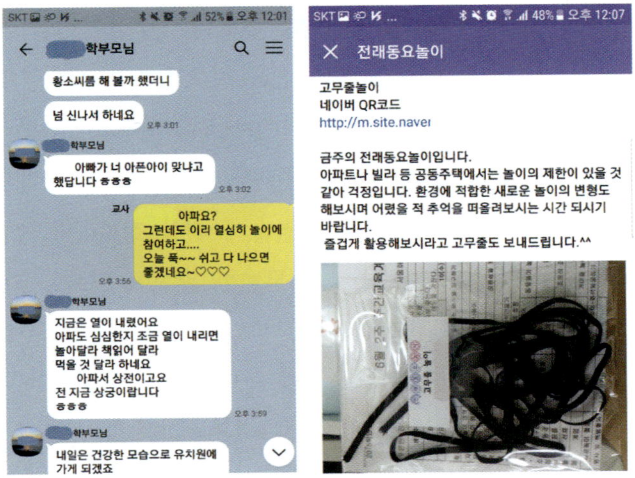

꿀팁

카카오톡과 밴드를 활용하여 학급을 관리하면, 부모와 쉽게 정보를 교류할 수 있고 업무처리가 신속하고 간편해서 좋아요. 예를 들면 학급에서 이루어지고 있는 교육 활동이나 이와 관련된 가정 연계 활동에 대한 이야기들을 나눌 수도 있고, 급하게 공지해야 하는 내용 전달도 쉽게 할 수 있어요. 이러한 과정을 통해 교사는 부모와 보다 더 많은 친밀감을 형성할 수도 있고 유아에 대한 이해도 높일 수 있어 좋답니다.

2. 오프라인 의사소통

영유아교육기관의 일상적 오프라인 대화는 교사와 부모가 직접 대면하여 원아에 대한 정보를 수시로 나누는 것을 의미한다. 원아 생활지도 또는 기관 운영에 필요한 사안이 발생할 경우 문제가 해결될 때까지 면대면 수시 상담을 할 수 있다. 오프라인 수시 상담은 필요 시 간략하게 이루어지는 게 특징이다.

가. 등·하원 시 대화

하루일과를 시작하는 등원 시간에 교사와 부모는 원아와 관련된 꼭 필요한 정보를 주고받는다. 원아의 건강 상태, 기분, 변화된 일과, 준비물 등의 내용을 교류하며 원아가 기관에서의 하루일과를 안전하고 즐겁게 보낼 수 있도록 준비한다. 하루 일과를 마치고 귀가 시, 교사는 원아의 보호자에게 하루 중 기관에서 있었던 일들에 대해 보호자와 이야기 나눈다. 원아의 건강 상태, 또래와의 놀이 모습이나 갈등 등 일과 중 원아가 경험했던 일들에 대한 정보를 보호자에게 제공한다. 특히, 일과 생활 중 다쳐서 보호자의 특별한 관심이 필요한 경우에는 원아의 건강 상태에 대해 자세히 안내하고 기관에서 조치한 내용에 대해 알려준다. 또한, 원아가 하루일과 중 경험했던 다양한 일들 중에서 즐거웠던 일이나 문제가 발생하여 해결되었던 것들에 대해 이야기 나누며 원아를 격려하기도 한다. 다음날 등원 시 필요한 것에 대해 정보교류를 하는 것 또한 원아와 부모를 지원하기 위해 필요한 사항이다.

1) 장점

- 필요에 따라 의사소통이 즉각적으로 이루어진다.
- 교사와 부모 상호 간 대화 내용에 따라 필요한 조치를 즉시 할 수 있다.
- 일상과 관련된 비형식적인 대화이므로 교사와 부모 모두 부담감이 적다.
- 대면으로 이루어지기 때문에 대화 내용을 보다 쉽게 이해할 수 있고 감정교류도 할 수 있다.

2) 단점

- 등·하원 시간에 이루어지는 대화이기 때문에 대화 시간이 부족할 수 있다.
- 초임교사의 경우 부모와의 대화에 부담을 느낄 수도 있다.

3) 유의점

- 대화 내용 중 답변이 어려운 경우에는 확인 후, 추후 다시 안내하여 부모와 신뢰감을 유지할 수 있도록 한다.

4) 등·하원 시 대화 사례

◈ 등원 시 대화 내용 기록지 예

원아명	날짜	아침 대화 내용	조치사항	비고
김예원	2020.6.30.	감기약 투약 의뢰	감기약 및 투약 의뢰서 확인	투약 시간 및 보관 방법을 확인하고 제 시간에 투약함
박사랑	2020.8.25.	준비물 확인 (산행을 위한 개인 물통 필요)	기관에서 제공	준비물을 챙기지 못한 원아를 위해 미리 준비함
남초원	2020.10.5.	귀가 시 동행자 변경 (할머니→이모)	귀가지도 시 확인함	귀가 후 부모에게 유선 안내

꿀팁

아침 등원 시간 대화는 짧고 분주하게 이루어지기 쉬워요. 그러므로 간단한 기록지를 만들어 비치해 놓으면 중요한 내용은 잊지 않고 기억하는 데 도움이 돼요. 대화가 끝난 직후 바로 기록할 수 있도록 펜을 기록 용지에 붙여 놓으면 더 유익하답니다. 또한, 기록지는 교사 간의 유아에 대한 소통을 위해서도 활용하기 좋아요.

나. 응급상황 발생 시 대화

원아는 영유아교육기관에 머무르면서 하루 일과 중 다양한 일들을 경험할 수 있다. 그중에서 안전사고 발생은 사고 경중에 따라 긴급하게 대처해야 한다. 사고 발생 시 응급상황 발생 경위를 안내하고 원아를 병원으로 이송해야 할 경우 부모의 동의를 얻어야 한다.

부모는 자녀를 병원으로 데리고 갈 수 있는 여건이 된다면 자녀와 동행하여 병원으로 간다. 기관에서는 부모와 대면하여 사고 경위에 대해 자세히 설명하여 치료가 제대로 신속하게 이루어지도록 협조한다. 설명 시 담당교사는 먼저 부모를 안심시키고 사고와 관련된 사항을 자세히 설명한다.

1) 장점

- 교사는 부모에게 사고의 내용을 보다 정확하게 전달할 수 있다.
- 사고와 관련된 감정 전달과 교류가 잘 이루어질 수 있다.
- 원아를 안정감 있게 지원할 수 있다.

2) 단점

- 사고의 상황과 정도에 따라 감정조절의 어려움이 있을 수 있다.
- 대화 내용에 따라 즉각적인 상황 대처 능력이 요구된다.

3) 유의점

- 응급상황 발생 시, 당황하지 말고 침착하게 감정을 조절하여 순발력 있게 대처해야 한다.
- 학교안전공제회[1]에 가입하였을 경우, 지정 시간 내에 사고 보고를 하여 사후

1) 학교에서 일어나는 안전사고를 예방하고, 교육 활동 중에 발생한 사고에 대한 보상을 담당하는 기관. 「학교안전사고예방 및 보상에 관한 법률」 제28조에 따라 설립된 기관으로, 학교안전중앙공제회를 중심으로 각 시도 단위별로 운영된다(네이버 국어사전)(http://www.ssif.or.kr 참조).

처리가 원활하게 이루어지도록 해야 한다.

4) 응급상황 발생 시 대화 사례

◈ 응급상황 시 보호자에게 안내한 예

<table>
<tr><td>안전사고 발생 일시</td><td colspan="2">2020.11.20.(금) 10:15</td></tr>
<tr><td>보호자에게 안내 일시</td><td colspan="2">2020.11.20.(금) 10:40</td></tr>
<tr><td rowspan="6">내용
(6하 원칙)</td><td>누가</td><td>김요원이와 박형준이가</td></tr>
<tr><td>언제</td><td>자유놀이 시간에</td></tr>
<tr><td>어디서</td><td>교실에서</td></tr>
<tr><td>무엇을</td><td>김요원 로봇을</td></tr>
<tr><td>왜</td><td>형준이가 요원이 옆을 지나가다가 미끄러져서 넘어졌고 실수로 요원이 로봇을 부숴버림</td></tr>
<tr><td>어떻게</td><td>요원이는 화가 나서 형준이를 밀었고, 형준이는 넘어지면서 책상 모서리에 이마를 찧어 피가 흐름</td></tr>
<tr><td>조치사항</td><td colspan="2">1. 형준이를 진정시킨 후, 피를 닦아주면서 상처를 관찰함
2. 이마에 깊은 상처가 생겨 지혈을 함
3. 기관에서 치료할 수 있는 정도가 아님을 판단하여 보호자에게 즉시 안내함
4. 보호자(박형준 아빠)가 기관으로 내원함
5. 보호자와 함께 병원으로 감
6. 치료 후, 귀가</td></tr>
<tr><td>유의사항</td><td colspan="2">다친 원아를 즉시 보호하여 응급조치를 하고, 사고 경위에 대해 보호자가 놀라지 않도록 차분하게 설명해야 함. 보호자의 감정을 공감하여 오해가 생기지 않게 대화하도록 유의해야 함. 가해 원아도 놀라지 않도록 안정시켜야 하며, 부모 간에 다툼이 발생하지 않도록 상황을 잘 중재해야 함</td></tr>
</table>

◈ 응급처치 동의서 및 비상 연락망 예

응급처치 동의서 및 비상 연락망

만　　세반　　유아명 :　　성　별: 남 / 여

생년월일 :　　혈액형:

귀 기관에서 어린이에 대한 사고 시 응급처치가 신속히 이루어지도록 다음의 연락처로 연락을 취해주시고, 귀 기관에서 다음의 절차에 따라 응급처치를 하는 경우 그 권한을 귀 기관에 위임할 것에 동의합니다.

1. 비상 연락망

응급처치 발생 시 먼저 보호자께 연락하며, 연락이 되지 않을 경우 아래 긴급 연락처로 연락합니다.

보호자 긴급 연락처	관계	성명	직장명	전화번호	핸드폰

2. 유아의 건강상태

가. 장기 복용하고 있는 약:

복용 이유 :　　복용 방법:

나. 영양, 위생상 주의 사항 (자세히 기록하여 주시기 바랍니다.)

섭취 금지 식품	관계
투여 금지 약품	
체질상 특이 사항	

다. 유아가 다니는 병원 (단, 유치원 주변의 병, 의원을 기재 바랍니다.)

병원명	
검진 의사	
전화 번호	
병원 위치	

꿀팁

응급상황 발생 시 보호자와 연락이 안 될 경우를 대비하여 각 원아별 비상 연락처를 2개 이상 미리 확보해 두면 좋아요. 또한, 원아가 아플 경우에 주로 이용하는 병원을 미리 알아두고, 보호자와 연락이 안 될 경우 바로 치료를 받을 수 있도록 보호자의 동의를 받아두면 더 좋답니다. 그리고 지정병원을 정하여 진료협약서를 체결해 두면 보다 신속하게 치료를 받을 수 있어요.

11 CHAPTER

집단 부모교육

영유아교육기관에서의 집단 부모교육은 기관과 가정의 연계를 통한 효율적인 교육을 위해 매우 필요하다. 기관에서는 집단 부모교육을 위한 연간 교육계획을 수립하여 부모를 지원하기 위한 사전 준비를 한다. 집단 부모교육은 학기초, 학기중, 학년말로 구분하여 진행한다. 학기초에는 기관 소개를 위한 오리엔테이션과 담임교사의 교육철학 및 학급 소개를 위한 학급 오리엔테이션을 진행한다. 학기중에는 자녀양육 지원을 위한 다양한 부모교육 및 워크숍 등을 진행하며, 수시로 부모교육과 관련된 가정통신문을 발송한다. 학년 말에는 기관 및 교사 평가를 위한 부모교육을 실시하여 부모 의견을 적극적으로 수렴하고 다음 학년도 교육계획 수립에 반영한다. 이러한 부모교육 내용을 온라인과 오프라인 교육 측면에서 살펴보자.

1. 온라인 교육

언제 어디서나 온라인으로 신속하고 편리하게 소통할 수 있게 되면서부터 영유아교육기관에서도 이를 활용한 부모교육이 더욱 활발해지고 있다. 기관에서는 ZOOM을 활용한 실시간 화상교육, 유튜브를 활용한 부모 워크숍, 스마트 공지시스템을 통한 부모교육 가정통신문 전송 등 다양한 온라인 소통 방식을 활용하여 부모교육을 실시하고 있다.

가. ZOOM

감염병 확산 방지가 중요한 이슈가 되면서 비대면 실시간 화상회의 방식이 보편화되었다. 영유아교육기관에서도 최근 비대면 양방향 소통을 지원하는 플랫폼인 ZOOM[1]을 사용하기 시작하였다. 교육기관에서는 대면을 통한 부모교육이 어려워지자 점차적으로 ZOOM을 활용하여 원격수업뿐만 아니라 회의 및 부모교육까지도 실시하고 있다. 처음 부모교육을 실시할 때는 새로운 비대면 교육방법에 대한 거부감도 있었지만 전반적인 사회 분위기에 따라 ZOOM을 활용하여 부모교육을 실시하는 비율이 늘고 있다.

1) ZOOM은 모바일이나 데스크톱으로 비디오 회의 및 세미나, 채팅 등을 실시간 양방향으로 할 수 있도록 지원하는 클라우드 플랫폼을 갖춘 업체이다.

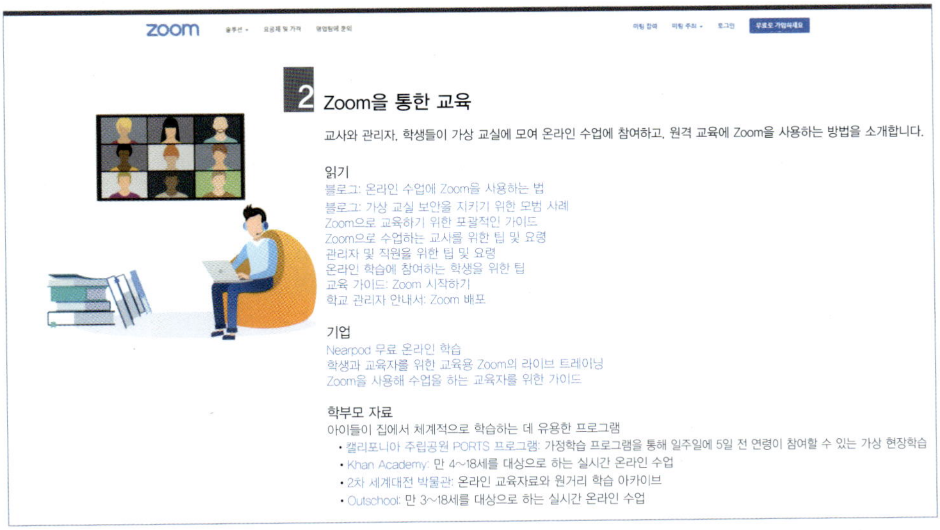

출처: https://www.zoom.us/

1) 장점

- 모바일이나 컴퓨터를 통해 누구나 쉽게 접근하고 실시간 소통할 수 있다.
- 시·공간 제약이 줄어 대면 부모교육보다 경제적이다.
- PPT나 영상자료를 실시간으로 공유할 수 있다.
- 소회의실 기능을 통해 소수 인원끼리 여러 그룹으로 나눠 소집단 토의를 할 수 있다.
- 회의 내용을 녹화 기록할 수 있으며, 추후 다시 볼 수도 있다.

2) 단점

- 인터넷을 원활하게 사용할 수 있는 환경과 준비가 필요하다.
- 실물 자료를 주고받기는 불가능하다.
- 개인이 처한 환경에 따라 집중이 어려울 수도 있다.

3) 유의점

- 보안이 필요할 경우 암호설정 기능을 활용하며, 회의 시 초대한 사람만 입장할 수 있도록 대기실 기능을 사용한다.
- 실물 자료가 있을 경우 사전에 배부한다.

4) ZOOM을 활용한 실시간 화상교육 사례

◈ ZOOM을 활용한 학부모교육 안내 예

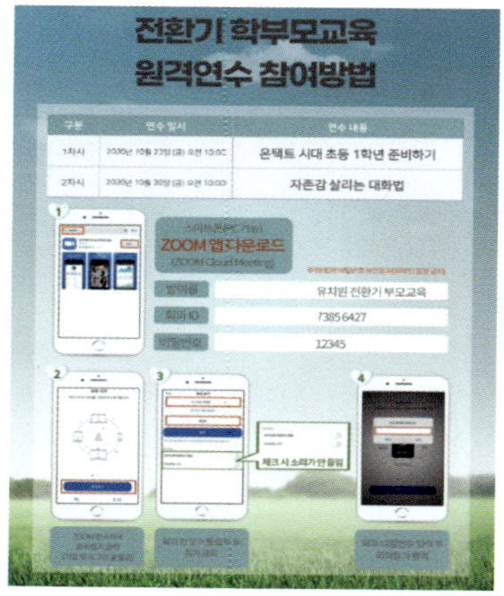

꿀팁

ZOOM을 통한 부모교육을 실시할 경우, 기관에서는 미리 회의 아이디와 비밀번호를 부모에게 안내해야 해요. 미리 공지를 통해 부모교육 실시 15분 전까지는 부모님들께 모두 들어와달라고 부탁을 하고 교사도 20분 전쯤 들어가 미리 들어오시는 부모님들과 개인적인 인사를 나누는 것이 좋아요. 더불어 아직 접속을 못하고 있는 부모님들에게는 개인적으로 연락을 하여 참여를 도와야겠지요?! 단, 이때 교사는 다른 부모님들과의 대화로 바쁠 수 있으므로 참여하지 못한 부모님들과의 연락은 다른 부모님께 부탁하는 것이 더 좋답니다. 교육 중에는 참여자 음소거를 하되, 필요시 잠깐씩 음소거를 모두 풀어 서로 상호작용하는 시간을 가지면 부모님들이 참여하는 기분을 더 확실히 느낄 수 있답니다. 또한, 교육 중 채팅이 자꾸 올라오면 전체 진행에 방해가 되기도 하므로 채팅창을 활용한 질문 시간을 교육 말미에 따로 2~3분 가질 것이라고 부모님들에게 미리 말해주는 것이 더 효과적이에요. 듀얼모니터를 활용하면 참여자들의 모습을 더 잘 볼 수 있답니다.

나. 유튜브

유튜브(https://www.youtube.com)는 동영상을 업로드하는 플랫폼으로 국적과 인종을 초월하여 세계의 수많은 정보를 공유할 수 있는 채널이다. 네티즌들은 유튜브를 통해서 궁금한 것들을 영상으로 접할 수도 있고 공유하고 싶은 정보가 있을 경우 영상을 업로드하기도 한다.

영유아교육기관에서도 부모와 대면하기 어려운 시기에 유튜브를 활용한 교육활동을 전개하기도 한다. 영유아를 위한 원격수업 영상을 제작하여 업로드하기도 하고, 실시간으로 부모교육을 진행할 수도 있다. 영유아교육기관에서 유튜브를 활용하여 업로드한 영상으로 워크숍을 진행할 경우 순서는 다음과 같다.

첫째, 부모교육 주제를 선정한다.

둘째, 교육목적에 적합한 강사를 선정한다.

셋째, 워크숍 활동에 대한 강의 내용을 동영상으로 촬영한다.

넷째, 유튜브에 동영상을 업로드하여 url(uniform resource locator)을 생성한다.

다섯째, 기관에서는 부모에게 워크숍에 필요한 활동자료를 보낸다.

여섯째, 부모에게 동영상 url을 전송한다.

일곱째, 부모는 워크숍 동영상을 지정된 기간에 자유롭게 수강한다.

여덟째, 부모는 워크숍에 참여한 후, 참여 소감문을 전송한다.

아홉째, 부모의 참여 소감문을 참고하여 다음 부모교육 계획에 반영한다.

1) 장점

- 부모는 시간과 공간의 제약을 받지 않고 교육을 받을 수 있다.
- 수강 인원의 제약이 없다.
- 영상을 반복적으로 활용할 수 있다.
- 기관에서는 부모교육 장소를 따로 마련할 필요가 없다.
- 콘텐츠를 재사용할 경우 경제적이다.

2) 단점

- 부모와 강사 간 실시간 쌍방향 소통이 어렵다.
- 부모는 수강 시간과 공간이 자유로우므로 환경에 따라 활동에 집중하기 힘들 수도 있다.
- 부모 간에 유대감을 가지고 직접 함께할 수 있는 기회가 줄어든다.
- 외부 강사의 워크숍 형태로 진행할 경우, 기관과 부모 간 친밀도가 낮아질 수 있다.

3) 유의점

- 유튜브를 활용하여 일정 기간 내 부모 개개인이 참여하는 워크숍이므로 진행과정 동안 부모가 제대로 참여하는지, 문제점은 없는지 살펴보며 지속적인 관심과 독려를 해야 한다. 독려 방법으로 교육에 참여한 부모의 만족도 조사 결과를 알리미[2)]로 확인하고, 미참여 부모에게 참여 안내 문자를 발송할 수 있다.
- 기관과 부모 간, 부모와 부모 간 친밀도 증진을 위해 SNS 소통방이 활성화되도록 운영한다.

2) 기관과 가정이 온라인 소통을 할 때 사용하는 다양한 어플의 종류들 중 하나이다.

4) 유튜브를 활용한 부모교육 사례

◈ 유튜브를 활용한 트리 만들기 안내 예

온 가족이 함께하는 트리 만들기

학부모님, 안녕하십니까?

한 해를 마무리 짓는 12월에 부모님의 가정 내 행복이 가득하시기를 기원합니다. 오는 12월 둘째 주에 부모 연수 프로그램으로 '온 가족이 함께하는 트리 만들기'를 실시하고자 합니다. 가족 구성원 모두가 참여하는 체험을 통하여 가족 간의 화합을 도모하고 유대감을 강화하는 시간이 되길 바랍니다. 자세한 사항은 아래 내용을 확인하여 주시기 바라며, 학부모님의 많은 참여 부탁드립니다.

아 래

- **연수 일시**: 2020. 12. 14. (월) ~ 2020. 12. 20. (일)
- **연수 대상**: 우리 원 가족(부모와 원아)
- **연수 내용**: 온 가족이 함께하는 〈트리 만들기〉
- **연수 일정 및 방법**

<table>
<tr><th>일시</th><th>내용</th><th>비고</th></tr>
<tr><td rowspan="2">2020.12.14. (월)</td><td>가정통신문 발송</td><td>알리미</td></tr>
<tr><td>트리 만들기 재료 배부</td><td>각 학급별 등원일에 배부
(배부 일정은 변경될 수 있습니다.)</td></tr>
<tr><td rowspan="2">2020.12.14. (월)
~
2020.12.20. (일)</td><td>온 가족이 함께하는
〈트리 만들기〉 수강</td><td>유튜브(YouTube) 주소 접속
혹은 아래 바로가기 이미지
클릭 후 수강(https://youtu.be/)</td></tr>
<tr><td colspan="2">※ 영상은 2020. 12. 20. (일)까지 시청하실 수 있습니다.
이후에는 영상 시청이 불가한 점 참고해주시기 바랍니다.</td></tr>
<tr><td rowspan="2">2020.12.15. (화)
~
2020.12.21. (월)</td><td>만족도 조사</td><td>2020. 12. 21.(월) 23:59까지
알리미 회신</td></tr>
<tr><td colspan="2">※ 만족도 조사 결과는 2021학년도 부모교육 운영 개선을 위한 참고 자료로 활용합니다.</td></tr>
</table>

꿀팁

체험 활동 자료는 기관에서 일괄 구입하여 가정에 미리 배부하는 것이 좋아요. 가정에서 자료를 각자 준비하는 경우 활동 운영에 어려움이 있어요. 그렇긴 하지만 각 가정마다 창의적인 표현이 가능하도록 기본적인 자료만 제공해 주시고요. 다 만든 트리 앞에서 가족사진을 찍어 학급 소통방에 올려 공유하게 되면 좋은 추억거리가 된답니다. 그리고 사진을 업로드한 부모에게 작은 선물을 제공하면 참여율이 더욱 높아져요. 교사는 전송받은 자료를 모아서 하나의 플래시 자료로 만들어 학급 전체 가정에 공유하는 방법도 있답니다.

다. 스마트 공지시스템

영유아교육기관에서는 가정과 연계하기 위하여 교육과 보육에 관련된 내용을 수시로 가정에 안내한다. 과거에는 가정연계를 위한 안내문을 지류 형태로 부모에게 직접 제공하였지만, 최근에는 애플리케이션을 활용하여 정보를 부모의 스마트폰에 전송한다. 영유아교육기관에서 기관 관리를 위해 활용할 수 있는 애플리케이션은 다양하다. 기관에서는 기관의 특성에 적합한 애플리케이션을 선택하여 이용할 수 있다. 기관에서 선호하는 애플리케이션은 기관과 부모가 정보를 쉽게 주고받을 수 있는 시스템을 갖춘 것이다. 기관에서는 애플리케이션을 선택하여 부모에게 안내하고 부모는 기관에서 안내하는 애플리케이션에 회원 가입을 한다. 기관 관리를 위한 애플리케이션은 문서나 사진, 동영상, 의견수렴, 자료집계, 실시간 의사소통 등의 서비스를 제공한다. 애플리케이션의 디자인 및 시스템은 영유아교육기관에서 부모와 원아를 원활하게 관리할 수 있는 요소들로 구성한다.

1) 장점

- 기관에서는 안내문을 부모의 스마트폰으로 쉽게 전송하고, 신속하게 의견수렴을 할 수 있다.
- 부모는 기관에서 보낸 안내문을 언제 어디서든 편리하게 수신할 수 있다.
- 지류를 사용하지 않으므로 경제적이고 환경보호에 기여할 수 있다.
- 유아를 통해 지류 가정통신문을 보내지 않아도 되므로 가정통신문 분실로 발생되는 어려움이 없다.

2) 단점

- 스마트 통신에 익숙하지 않은 사람은 이용에 어려움이 있다.
- 공동의 기관 정보를 제공할 경우, 개인정보 보호에 취약할 수도 있다.
- 교사는 스마트 공지시스템에 적합한 부모교육통신문 제작 시 시간과 노력이 필요하다.

3) 유의점

- 스마트통신을 선호하지 않거나 이용에 어려움이 있는 부모도 참여할 수 있는 방안을 모색해서 기관의 모든 부모가 알림을 받을 수 있도록 한다.
- 통신문의 보안이 필요할 경우 개인정보 동의를 사전에 얻어 발송하고 보안 설정 기능을 활용하여 안내한다.

4) 스마트 공지시스템을 활용한 사례

◈ 놀이 전개에 대한 사후 안내 예

◈ 가정통신문 예

식중독 예방과 감염병 예방은 내 손으로

최근 노로바이러스 등 식중독 및 감염병 증세가 계절에 관계없이 지속적으로 발생하고 있으므로 가장 손쉬운 예방법인 손 씻기를 실천하여 주시기 바랍니다. 아울러, 가정에서 협조해 주실 사항을 알려드리니 아래 내용을 준수하여 주시기 바랍니다.

- 개인위생 철저
  (음식 섭취 전, 조리 전, 용변 후 비누를 이용한 손 씻기 실천)
- 유아가 장염 또는 설사 3회 이상, 복통, 구토, 발열 등 증상으로 치료를 받은 경우 담임교사에게 반드시 연락

꿀팁

글로만 정보를 제공하면 잘 읽지 않을 수 있으므로 재미있는 만화 그림 및 다양한 이미지로 정보를 제공하면 좋아요. 만화 그림이나 다양한 이미지로 전송하게 되면 전하고 싶은 내용을 더 명확하게 전달할 수 있어서 좋아요. 부득이하게 텍스트로만 내용을 전달할 경우에는 간단하고 명료하게 전달하는 것이 필수랍니다.

2. 오프라인 교육

영유아교육기관에서는 학기 초·중·말기에 부모와 직접 대면하여 기관을 알리고 궁금한 점에 대해 질의를 받으며 오프라인 교육을 실시한다. 오프라인 교육에는 학기가 시작되기 전·후에 실시하는 기관 및 학급 오리엔테이션, 학기 중에 대·소 집단 부모교육 등이 있다. 이와 같은 부모교육은 기관 운영자와 부모가 함께 모여 기관을 안내하고 질의하며, 직접 실행해보는 과정들로 이루어지므로 오프라인으로 운영하는 것이 효과적이다. 그러나 최근에는 감염병예방을 위해 ZOOM을 활용한 교육이 주로 이루어지고 있는 추세이다. 이 장에서는 비대면 교육보다 효과적인 대면교육에 초점을 두고 오프라인 교육에 대한 안내를 하고자 한다.

가. 기관 오리엔테이션

영유아교육기관에서는 기관의 교육 철학 및 학사 운영, 시설, 연간 행사 등을 안내하기 위해 학기가 시작되기 전에 부모를 대상으로 오리엔테이션을 실시한다. 부모는 자녀를 보내게 될 기관의 이모저모를 알아보기 위해 직접 참석하여 안내를 받기도 하고 궁금한 점을 질의하기도 한다. 이를 통해 부모는 자녀가 입학하기 전에 기관에 대한 정보를 미리 얻을 수 있으며, 자녀 교육을 위해 준비해야 할 것들을 사전에 알 수 있다.

1) 장점

- 부모는 영유아교육기관에 대한 정보를 구체적으로 알 수 있다.
- 부모가 기관을 방문하여 관계자와 직접 대면하므로 친밀감을 형성할 수 있다.

2) 단점

- 부모의 집단 규모에 따라 시간과 공간의 제약을 받는다.
- 기관에서는 준비 및 진행 과정에 많은 시간과 노력을 들여야 한다.

3) 유의점

- 부모에게 기관을 처음으로 공개하는 시간이므로 좋은 인상을 줄 수 있도록 환경을 정비하고 기관에 대한 내용을 부모가 잘 이해할 수 있게 시청각자료를 활용하여 준비한다.

4) 기관 오리엔테이션 사례

◈ 일과 운영 안내 예

1. 일과 운영 시간

일과 시간	운영 방식
07:00 ~ 09:00	오전 방과후과정반 돌봄 운영
09:00 ~ 13:30	교육과정반 운영
13:30 ~ 17:00	방과후과정반 운영
17:00 이후 개별 귀가 시작 19:30까지 운영	학부모 수요조사를 근거로 19시 30분까지 돌봄 운영 중

2. 등 · 하원 시간

가. 등원: 08:50 ~ 9:00 사이 등원합니다.
 1) 수업은 9시부터 시작하므로 등원시간을 꼭 지켜주세요.
 2) 도보 등원 시에는 반드시 보호자가 동반해 주세요.
 3) 차량으로 등 · 하원 시 탑승 시간을 지켜주세요.

나. 하원: 13:30 하원합니다.
 1) 차량 하차 시간에 맞춰 지정 장소에서 대기해 주세요.
 2) 보호자 확인 후에 귀가가 가능합니다.
 3) 보호자 이외의 사람이 귀가를 도울 경우, 사전에 반드시 알려주세요.

3. 자가용 등 · 하원 시 교통규칙 지키기

가. 무단횡단이나 유치원 현관 앞 불법 주정차를 금지합니다.
나. 유치원 주차장 이용이 불가하니, 자가용 이용 시 참고해주시기 바랍니다.

4. 등 · 하원 시간도 엄연히 수업시간의 일부입니다. 보호자께서는 유아의 기본생활습관 지도가 잘 이루어질 수 있도록 서두르지 마시고 기다려 주시기 바랍니다.

◈ 생활지도 안내 예

1. 의사표현

자신이 생각하고 느끼며 원하는 것을 바르게 말할 수 있도록 지도해 주세요. 자녀의 말을 재촉하거나 답답해하면 표현하기를 꺼리는 어린이로 자라납니다. 자신의 생각을 천천히 또박또박 표현할 때 잘 들어주고 말이 전달되는 과정 속에서 존중받고 있음을 느낄 수 있도록 자녀를 수용해 주세요. 또한, 말을 할 때는 상대방이 들을 준비가 되어 있고 말할 차례를 지켜서 표현해야 함을 알려주세요. 말은 듣는 상대에 따라 필요한 사회적 예절을 지켜 의사표현할 때 즐거운 언어생활을 할 수 있음을 느끼도록 도와주세요. 주변 사람의 질문에 대답을 할 때에는 말의 크기와 속도를 적절하게 조절하여 표현하도록 지도해 주세요. 언어는 일방적인 것이 아니라 서로 주고받는 것임을 알고 사용한다는 것을 생활 속에서 느끼도록 평소에 좋은 모델링이 되어 주세요.

2. 혼자 옷 입고 벗기

혼자서 옷을 입고 벗지 못하는 경우가 있습니다. 유아 스스로 옷의 앞과 뒤, 신발의 좌우를 바르게 구별해서 입고 신을 수 있도록 지도해 주세요.

3. 식사 예절 교육

식사를 할 때에는 정해진 시간에 제자리에 앉아서 먹도록 지도해 주세요. 오랜 시간 동안 먹도록 하기보다는 가족이 식사하는 동안 즐거운 대화를 나누며 음식을 골고루 먹어야 함을 느끼고, 스스로 먹을 수 있도록 도와주세요. 연령에 따라 숟가락과 포크, 젓가락을 알맞게 사용하도록 해주세요. 도구의 적절한 사용은 소근육 발달을 돕습니다.

4. 화장실 지도

가능한 한 혼자 용변을 볼 수 있도록 지도해 주세요. 유아들이 기관에서 화장실에 가고 싶을 때, 선생님께 의사 표현을 잘할 수 있도록 많이 이야기해 주세요.

5. 교통안전 교육

안전교육을 철저히 하여 사고를 예방해 주세요. 길을 건널 때 반드시 육교나 횡단보도를 이용하도록 해주세요. 초록불에 건너고 빨간불에 정지한다는 사실과 노란불이거나 신호등 불이 깜박거릴 때는 다음 신호를 기다려야 함을 알도록 지도해 주세요.

6. 미아 및 유괴예방 교육

부모님 성함, 집 주소, 전화번호를 정확히 알도록 해 주세요. 선생님이나 부모님의 허락 없이 친구 집을 간다거나 장소를 이탈하지 않도록 하며, 낯선 사람을 따라가지 않도록 지도해 주세요.

7. 정리 습관

놀이를 하고 난 후, 뒷정리는 유아 스스로 하는 바른 습관이 들 수 있도록 지도해 주세요. 유아 혼자하기 어려울 때는 도와주시되 유아의 책임임을 상기시켜 주세요.

◈ 특색교육 안내 예

<table>
<tr><td>체험 중심의 안전 교육</td><td>• 목적: 고도로 발달하고, 점점 더 복잡해지는 사회생활 속에서 위험 상황을 인식하고 자신의 몸을 안전하게 보호한다.
– 매월 4일 전후 화재대피훈련 및 지진대피훈련 등 재난안전교육
– 외부기관 및 강사를 활용한 교통안전교육, 소방안전교육(교통안전공단, 소방서 연계)
– 인형극을 이용한 성폭력, 인터넷 중독 안전교육
– 미디어를 통한 유괴예방, 실종 안전교육</td></tr>
<tr><td>숲체험 활동을 통한 친환경 생태 교육</td><td>〈녹색교육〉 숲체험 활동을 통한 친환경 생태교육
• 목적: 계절에 따라 변화하는 자연과 생물을 직접 탐구하며 자연을 사랑하고 소중하게 여기는 마음을 갖는다.
• 내용
– 계절과 시기에 맞추어 자연의 변화와 생물을 직접 보고 탐구한다.
– 식물의 성장과정을 직접 관찰하고 탐색해본다.</td></tr>
<tr><td>기본 생활 습관 교육</td><td>• 목적
– 유아 스스로 일상에 필요한 태도와 생활습관을 형성하도록 한다.
– 예절 바르고 건전한 인격을 지니며 다른 사람과 더불어 살아가는 태도를 함양한다.
– 가정, 유치원, 사회의 전 영역에 걸쳐 올바른 기본생활습관 및 민주시민으로서의 기본 소양을 기른다.
• 내용
– 유아기는 인격형성과 사회성 발달의 중요한 시기이므로 이 시기에 꼭 필요한 내용을 선정한다.
– 선정된 실천 내용을 유치원 놀이주제에 맞게 지속적으로 적용한다.
– 예절, 질서, 절제, 청결이 생활화된 유아를 격려하여 다른 유아들의 본이 되도록 한다.</td></tr>
<tr><td>인성 교육</td><td>• 목적
– 자신을 사랑하고 타인을 배려하며 존중하는 마음을 기른다.
– 다른 사람과 더불어 생활하는 능력과 태도를 기른다.
<table>
<tr><th>추진과제</th><th>내용</th></tr>
<tr><td>누리과정과 연계한 인성교육</td><td>• 누리과정과 연계한 통합적 인성교육
– 체험 · 실천 중심의 통합적 인성교육을 통해 질서, 배려, 협력, 나눔, 존중, 효의 인성덕목 증진</td></tr>
<tr><td>연령별 특색사업과 연계한 인성교육</td><td>• 연령별 특색사업과 연계한 교육활동</td></tr>
<tr><td>학생인권종합계획에 따른 인권교육</td><td>• 학생인권 종합계획에 따른 인권교육
– 이야기 나누기 · 동화 등 다양한 활동을 통한 인권교육 실시</td></tr>
<tr><td>가정과 연계한 인성교육</td><td>• 부모 통신을 통한 부모교육
– 월 1회 인성 관련 부모교육통신 배부</td></tr>
</table></td></tr>
</table>

꿀팁

기관 오리엔테이션은 부모를 공식적으로 처음 만나는 시간이므로 아주 사소한 일들도 미리 예측하여 준비하면 좋아요. 예를 들면 어린 영아를 동반한 부모를 위해 수유실을 미리 마련해 놓거나 참여하는 부모의 수를 고려하여 신발장이나 화장실 이용, 운영 시간 등의 운영 계획을 수립할 필요가 있어요. 그리고 부모 간에도 처음 만나는 날이므로 간단한 다과를 준비하거나 부모끼리 서로 인사를 나누고, 긴장감을 해소할 수 있는 재미있는 게임을 준비하면 유익하답니다.

나. 학급 오리엔테이션

부모는 자녀의 교육기관 적응을 돕기 위해 담임교사의 교육철학 및 학급 교육과정 운영 전반에 대한 궁금증을 갖는다. 교사는 학기가 시작되기 전후에 학급 오리엔테이션을 실시하여 부모와 학급운영에 대한 정보를 나눈다. 교사는 자신의 교육철학을 바탕으로 교육과정 운영에 대한 내용을 설명하고 부모는 궁금한 내용을 질의한다. 부모는 자녀에 대한 특별한 정보가 있을 경우, 교사에게 전달하기도 한다. 교사는 학급 오리엔테이션을 통해 부모와 라포(rapport)를 형성하고, 미리 유아에 대한 정보를 얻을 수 있다.

1) 장점

- 담임교사의 교육철학 및 학급 운영 전반에 대한 정보를 나눌 수 있다.
- 교사와 부모 간 라포를 형성할 수 있다.
- 영유아에 대한 특별한 정보를 주고받을 수 있다.
- 같은 학급 부모 간에 교류 할 수 있는 기회를 가질 수 있다.

2) 단점

- 교사는 예상하지 못한 부모의 질문에 당황하고 부담을 느낄 수 있다.

3) 유의점

- 학기 초를 전후하여 담임교사와 부모 간의 첫 대면 상황을 고려하여 교사는 다양한 측면에서 준비를 철저히 해야 한다. 교육과정 운영 전반, 식생활 습관, 기본생활습관, 안전한 생활, 인성교육, 갈등 관련 사항 등 학급에서 발생할 수 있는 사례와 해결 방안에 대한 내용을 고려하여 준비한다.

4) 학급 오리엔테이션 사례

◈ 학급 운영 안내 예

1. 교사의 교육철학
- 모두가 함께 행복을 만들어가는 교육

2. 중점교육
가. 인성, 감성, 기본생활습관 교육: 존중, 양보, 협동, 질서, 배려, 공감, 청결, 질서, 자조 등
나. 긍정적 자아개념 형성: 미래에 꼭 필요한 사람, 더불어 사는 사람
다. 특색활동: 음악 감상을 통한 표현능력 증진

3. 기관과 교사에 대한 신뢰
가. 기관과 담임교사를 신뢰하고, 의문점이 있거나 필요할 경우 소통
나. 교사도 한 사람의 인간임을 이해하고 유아 지도에 대한 한계점 인정
다. 유아 개별 특성에 대한 이해와 협조가 필요할 경우 상담 신청
라. 하루 일과에 대해 자녀와 대화할 경우 수용과 격려 필요

4. 등원
가. 매일 제 시간에 등원하는 습관 필요
나. 결석 시 미리 연락
다. 등 · 하원 시 유아 스스로 자신의 일을 할 수 있도록 자세히 안내하기
라. 30분 이상 늦을 경우 유치원으로 전화해서 미리 알려주기

5. 급식
가. 준비물: 물통, 수저통
나. 바른 식생활 지도

6. 생일
가. 유아 생일은 개별 유아의 생일 당일에 진행함
나. 축하 방법: 편지 쓰기, 장기자랑하기, 기념사진 촬영하기

7. 학급자원봉사자
가. 유치원 생활에 대한 이해력 증진
나. 유아 교육에 참여할 수 있는 기회

8. 의복 안내
가. 여벌옷 준비
나. 끈 달린 옷 및 후드티, 화려하고 장식물 많은 옷 지양
다. 만 3세의 경우 입고 벗기 편안한 옷(고무줄 바지 등) 입기
라. 신발도 혼자 신고 벗을 수 있는 것, 슬리퍼와 굽 있는 신발 지양

9. 확인 사항
가. 유아 가방을 매일 확인하기
나. 월 1회 칫솔 상태 확인 후 교체
다. 모든 물건에 유아 이름 쓰기

꿀팁

교사의 첫 인상이 중요한 만큼 밝고 단정한 의상을 입고 활짝 웃는 모습으로 부모를 만나면 좋아요. 긴장을 풀 수 있도록 유치원 관련 수수께끼를 3개 정도 준비해서 인사를 나눈 후 질문해 보세요. 예를 들어, "우리 유치원에는 몇 개의 반이 있을까요?"라거나 "우리 유치원 개원 연도는 언제일까요?" 등과 같은 질문으로 부모의 관심을 모으고 시작하면 웃으면서 이야기를 시작할 수 있답니다.

다. 대·소집단 부모교육

유아교육기관에서는 부모를 대상으로 여러 가지 교육을 계획하고 실행한다. 분기별 또는 학기별로 일정 회기만큼 소집단 부모교육에서부터 전체 부모를 대상으로 하는 대집단 부모교육을 실시하기도 한다. 소집단 부모교육은 부모에게 교육과정을 소개하고 지원자를 모집하여 주기적으로 진행하며, 대집단 부모교육은 교육을 계획하고 준비한 후, 전체 부모를 대상으로 공지하여 실시한다. 부모는 기관에서 실행하는 부모교육에 참여하여 자녀양육에 대한 지원을 받는다.

1) 장점

- 자녀양육에 필요한 정보를 얻을 수 있다.
- 필요에 의해 다양한 방식으로 부모교육을 운영하여 참여자들의 만족도를 높일 수 있다.
- 반복되는 부모교육에 참여함으로써 참여자들 간 친밀감을 증진한다.
- 대면교육이므로 집중력을 높여 참여할 수 있다.

2) 단점

- 부모교육 날짜와 장소가 지정되어 있어 시간과 공간의 제약을 받을 수 있고, 이로 인해 참여율이 저조할 수 있다.
- 기관에서는 온라인 부모교육보다 비용 부담이 더 클 수 있다.
- 대면 부모교육 준비를 위해 환경 정비와 진행 방법에 대한 시간과 노력이 필

요하다.

3) 유의점

- 영유아교육기관에서는 부모를 대상으로 부모교육 주제에 대한 사전조사를 실시하여 부모가 가장 선호하고 도움이 되는 교육 주제를 선정하는 것이 중요하다. 예를 들어, 영아반 부모인 경우 식생활습관 지도, 유아반 부모인 경우 자녀들과의 대화 방법이나 또래와 사이좋게 지내는 방법 등이다.
- 부모를 위한 음료를 준비할 때는 환경을 고려하여 종이컵 같은 일회용품 보다 개인용 컵을 준비하도록 안내한다.

4) 대·소집단 부모교육 사례

◈ 대집단 부모교육 안내 예: '행복한 맘'

학부모님, 안녕하십니까?

2020학년도 2학기가 시작되어 유아들은 여름방학을 마치고 새로운 마음으로 유치원 생활을 즐겁게 해나가고 있습니다. 유아들은 유치원에서 지켜야 할 질서와 규칙을 배워가며, 날마다 성장하고 있습니다. 2학기에도 부모님의 많은 사랑과 관심을 부탁드립니다.

자녀를 양육하는 부모님을 지원하고자 '행복한 맘'이라는 주제로 부모교육을 준비하였습니다. 자녀를 잘 지원하고자 하시는 부모님 및 자녀양육에 지친 부모님께서는 꼭 참석하시어 힐링의 시간을 누리시기 바랍니다. 아래 일정을 다음과 같이 안내하오니, 참고하시어 참여 희망 여부를 9월 3일 월요일까지 회신해 주시기 바랍니다.

– 다 음 –

구분	일시	내용	장소	비고
부모 연수	2020.10.8. (목) 10:40 ~ 12:10	주제: 행복한 맘 (양육에 지친 부모 행복 찾기) 강사: 부모교육 관련 전문 강사	시청각실	강연

※기관의 상황에 따라 위 일정은 변경될 수도 있음.

꿀팁

최근에는 한부모가족 비율이 높아지고 있고, 부-자로 이루어진 가정 비율도 점차 늘고 있는 추세이므로 가능한 한 퇴근 시간 또는 토요일에 운영하는 방안도 고려해볼 수 있어요. 워크숍을 통해 활동한 결과물이 있으면 더 의미 있는 교육이 이루어질 수 있답니다. 작은 물건이라도 직접 만들어 정성이 깃든 것은 누구에게나 소중하니까요!

◈ 소집단 부모교육 안내 예: '자녀와의 대화 이렇게 해 보세요.'

자녀를 위한 사랑의 대화 기술

학부모님, 안녕하십니까?

자녀에 대해 사랑과 희생으로 최선을 다 해 지도하고 계시는 부모님께 감사드립니다. 일상생활 속에서 자녀와 어떤 대화를 나누며 생활하십니까? 다른 사람을 이해하고 공감하며 수용하기 위해서 우리는 날마다 많은 대화를 나누며 생활하고 있습니다. 대화를 통해 자녀뿐만 아니라 다양한 대인 관계에서 보다 더 원만한 생활을 희망하지 않으십니까?

'자녀를 위한 대화 기술'을 주제로 하는 교육을 준비하여 진행하고자 합니다. '자녀를 위한 사랑의 대화 기술' 교육은 워크숍 형태로 연속해서 4회기를 운영하며, 참여 인원의 제한이 있습니다. 교육을 희망하시는 부모님께서는 아래 내용을 살펴보시고 신청해 주시기 바랍니다.

아 래

가. **일시**: 2020. 10. 6. (화)~10. 27. (화) (매주 화요일/총 4회/17:00~19:30)

나. **장소**: 유치원 사랑반 교실

다. **진행자**: 한열정 선생님

라. **참석자**: 신청자 10명(최소 인원 5명)

마. **일정**

시간	내용	활동방법
10.6.(화)	• 대화의 핵심 기술 • 유아를 이해하는 기본 원리 • 대화 기술의 1단계	강의 실습
10.13.(화)	• 대화 기술 2단계 • 여러 가지 대화 유형	강의 실습
10.20.(화)	• 대화 기술 3단계 • 상황마다 달라지는 대화 방법	강의 실습
10.27.(화)	• 대화 기술 3단계 • 상황마다 달라지는 대화 방법	강의 실습

※ 연수 일정은 신청 인원에 따라 조정될 수 있음(5명 이하의 인원이 신청할 경우, 폐강될 수도 있음).

꿀팁

10명 이하의 부모가 모이는 것이므로 간단한 간식과 차를 나누면 친밀감을 높일 수 있어요. 지정석을 정하여 자리를 배치하면 친한 부모끼리 무리 짓지 않고 다양하게 소통할 수 있도록 도울 수 있으며, 그룹별 토의나 워크숍을 진행할 때도 편리해요.

Parent Education

12 CHAPTER

부모상담

영유아교육기관에서의 부모상담은 정기 상담과 비정기 상담으로 이루어진다. 정기 상담은 학기별 1회기씩 실시하며, 비정기 상담은 교사나 부모가 원할 경우 수시로 할 수 있다. 기관에서는 정기 부모상담 계획을 수립하여 모든 부모가 자녀양육에 대한 지원을 받을 수 있도록 한다. 교사는 1학기에 실시하는 정기 상담 준비를 위해 부모에게 상담에 필요한 내용을 사전에 조사한다. 사전 조사 내용은 원아에 대해 구체적으로 알아야 할 점, 부모의 교육철학, 부모의 궁금한 내용 등이 포함된다. 교사와 부모는 1학기 상담을 통해 원아 지원을 위한 방향을 설정하고 공동의 목표를 수립한다. 2학기 정기 상담에서는 1학기에 수립한 원아 개별 목표에 따른 실천과정 및 결과에 대해 부모와 이야기 나눈다.

1. 온라인 상담

정기 및 수시 부모상담 시, 부모와 직접 대면하기 어려운 상황에는 온라인 상담을 진행할 수 있다. 온라인 상담은 전화 또는 화상으로 할 수 있다. 일반적으로 전화 상담이 주를 이루며, 부모가 원할 경우 화상 상담을 한다. 이밖에 부모와 교사는 상담이 필요하다고 생각될 때 비정기적인 상담을 수시로 한다.

가. 전화 상담

전화 상담은 기관에 직접 방문하기 어려운 부모와 실시한다. 전화 상담 시 교사는 상담에 필요한 자료를 미리 준비한 후, 부모와 시간을 맞춰 대화를 나눈다. 대면하지 않고 상담을 진행하므로 교사는 목소리에 더욱 주의를 기울여 친절하게 상담을 한다.

1) 장점

- 교사는 상담 장소 및 환경 준비에 대한 부담이 줄어든다.
- 시·공간의 제약 없이 편리하게 상담을 할 수 있다.

2) 단점

- 목소리만으로 상담을 진행하므로 충분한 의사전달에 어려움이 있다.
- 상담 시 필요한 시각자료 공유가 힘들다.

3) 유의점

- 목소리만으로 상담을 하므로 언어 예절과 전화 예절을 지켜 충분한 의사 소통이 이루어지도록 해야 한다.
- 상담에 필요한 시각자료는 사진을 찍어 전송한다.

나. 화상 상담

기관에 방문하기 어려운 부모나 상담 확산에 대한 우려가 있는 부모 중 화상 상담을 신청하기도 한다. 화상 상담을 할 경우, 교사는 사전에 어떤 방법으로 상담을 진행할지 부모와 의논하여 계획한 후, 약속한 시간에 상담을 진행한다. 화상 상담 방법으로 컴퓨터에 관련 프로그램을 설치하고, 비디오와 오디오를 동시에 사용하여 서로 대화와 정보를 주고받는 방식이 보편적으로 사용되고 있다. 기관에서는 프로그램의 아이디와 비밀번호를 부모에게 공유하여 화상 상담에 초대하고 상담을 진행한다.

1) 장점

- 교사와 부모 모두 시·공간 제약을 받지 않고 상담을 진행할 수 있다.
- 영상과 음성을 동시에 사용하여 보다 생생하게 상담을 할 수 있다.
- 시각 자료 공유가 가능하다.
- 집단 상담도 진행할 수 있다.

2) 단점

- 상담 내용에 대한 보안 관리가 필요하다.
- 원활한 인터넷 환경 속에서만 상담이 가능하다.
- 실시간 화상 상담을 위한 관련 프로그램을 설치해야 하고, 절차가 익숙하지 않은 경우 어려움을 느낄 수 있다.

3) 유의점

- 상담 내용은 유아나 가정에 대한 개인 정보이므로 독립된 공간에서 진행하여 개별 유아의 정보를 보호한다.

4) 화상 상담 사례

◈ 전화 및 화상 상담 안내 예

학부모님, 안녕하십니까?

감염병 확산으로 인해 건강이 위협 받고 있는 위기 상황 속에서도 유치원 교육에 적극적으로 협조해 주시는 부모님께 항상 감사드립니다.

유아들의 행복한 성장 발달을 위해 2학기 정기 상담을 다음과 같이 실시하고자 합니다. 부모님들과 만남을 통해 함께 이야기 나누고 싶은 마음은 간절하지만, 코로나 19확산 방지 및 예방을 위해 유선 및 화상 상담으로 운영합니다. 자녀의 올바른 성장과 발달 지원을 위해 적극적으로 상담에 참여해 주시기 바랍니다.

1. 상담 기간: 10월 12일(월) ~ 10월 16일(금)
2. 상담 시간: 9:00 ~ 16:00
3. 상담 대상: 유치원 학부모

4. 상담 방법

가. 유선 및 화상 상담 운영(휴대 전화 또는 ZOOM)
나. 해당 기간 및 시간에 각 반 담임교사가 보호자에게 직접 연락

5. 학부모상담 내용

가. 유아 건강관리 및 일과 생활 현황
나. 원격수업기간 동안 놀이 안내 및 생활지도
다. 담임선생님에게 전하고 싶은 내용 (교우 및 형제 관계, 성격, 가정생활, 기본생활습관 등)

6. 상담 가능 시간 신청

아래 일정에 따라 상담이 가능한 날짜와 시간에 상담을 신청해주시기 바랍니다.

<table>
<tr><th colspan="3">상담 가능 시간</th></tr>
<tr><td>월</td><td>회의 및 연수로 상담 불가</td><td rowspan="5">화상 상담을
원하실 경우
신청해 주시기 바랍니다.</td></tr>
<tr><td>화</td><td>14:00~16:00</td></tr>
<tr><td>수</td><td>9:00~11:30</td></tr>
<tr><td>목</td><td>9:00~16:00</td></tr>
<tr><td>금</td><td>9:00~16:00</td></tr>
<tr><td colspan="3">11:30~13:00 점심 식사 지도로 인해 상담 불가
등원수업 및 연수, 회의 등으로 인한 시간은 저외</td></tr>
</table>

※ 상담 시간 지연 및 유치원 업무로 인해 요청하신 시간에 연락드리기 어려울 수도 있는 점, 미리 양해드립니다.

꿀팁

여러 가지 업무 때문에 상담 시간이 부담된다면, 2주간 연장하여 운영해도 좋아요. 하루에 여러 명을 상담할 경우에는 상담 시간 간격을 30분 정도로 충분히 두게 되면 급한 업무도 처리할 수 있으며, 간혹 상담이 지연될 경우에도 다음 상담 대기 부모에게 피해를 주지 않을 수 있어요.

2. 오프라인 상담

영유아교육기관에서는 정기적으로 부모와 직접 대면하여 상담을 실시한다. 상담 준비를 위해 장소를 마련하고, 편안하게 대화할 수 있는 분위기를 조성한다. 교사는 상담을 위해 필요한 자료를 준비하여 테이블에 정돈한다. 1학기에는 부모가 작성한 설문지 및 상담일지를 준비하고, 2학기에는 원아에 대한 관찰 기록지와 상담일지를 준비하며 필요에 따라 활동 결과물을 준비하기도 한다. 교사는 밝고 단정한 모습으로 부모를 맞이하여 지정된 장소로 안내하며, 부모와 시선을 수평으로 바라볼 수 있는 자리에 마주 앉아 상담을 진행한다. 대화를 나눌 때 자연스럽게 눈 맞춤을 하며, 바른 언어를 사용하고 원아에 대해 긍정적인 안내를 한다. 대화 중 기록이 필요한 내용은 상담일지에 기록하며 부모의 말을 경청한다.

상담 시간은 미리 계획하여 부모에게 안내하고, 정해진 시간 내에 꼭 필요한 대화를 나눈다. 한 유아당 상담 시간은 약 20분 정도로 계획하고, 상담 시간 간에는 20분 이상의 시간 차를 두어 상담진행 전후의 시간흐름을 조절하면 좀 더 원활하게 상담을 진행할 수 있다. 부모가 주간에 상담을 하기 어려운 경우 부모의 시간을 고려하여 야간 시간에 상담을 진행하기도 한다.

1) 장점

- 교사와 부모가 직접 마주하여 상담을 하기 때문에 라포 형성이 더 잘 이루어질 수 있다.
- 언어적·비언어적 상호작용을 통해 부모와 교사 모두 자녀에 대한 정보를 좀 더 원활하게 소통할 수 있다.
- 유아와 관련 있는 실제 자료들을 활용하여 유아에 대해 좀 더 생생하게 상담할 수 있다.

2) 단점

- 상담 장소를 따로 준비하는 노력이 필요하다.
- 언어적인 측면 외에 비언어적인 측면에도 주의를 기울여야 한다.

3) 유의점

- 상담 시 꼭 필요한 내용을 중심으로 상담이 이루어지도록 사전에 대화 내용을 준비하며, 준비한 내용을 토대로 긍정적인 대화를 나눈다.
- 유아 관찰에 기초하여 구체적인 사례와 상황을 들어 부모가 이해하기 쉽게 설명한다.
- 문제행동과 같은 부정적인 내용도 관찰에 근거하여 설명하고, 가정에서의 행동과 비교하여 지도방안을 모색한다.
- 상담 장소는 조용한 장소로 하고 만일 특별히 마련된 장소가 없는 경우에는 교실로 하되, 상담 테이블은 커버를 씌우고 작은 화분이나 꽃 또는 유아 작품으로 장식하여 준비한다. 또한, 상담에 필요한 자료는 테이블 위에 미리 준비한다.

4) 오프라인 상담 사례

◈ 학부모상담 계획 예

학부모상담 주간 운영 계획

1. 목적

유치원과 가정이 연계하여 부모와 교사의 협의 과정을 통해 효율적인 원아지도가 이루어지도록 한다.

2. 방침

가. 상담을 희망하는 부모를 대상으로 가급적 희망하는 날짜에 상담을 실시한다.

나. 2학기 상담은 교사가 부모에게 유아의 유치원 생활에 대한 다양한 정보를 제공하여 부모의 자녀에 대한 이해를 돕는다.

다. 학부모의 상담은 1인당 20분 내외로 한다.

라. 상담 시간은 14:00~16:40에 실시한다. 야간 상담은 18:00~20:00에 실시한다.

마. 효과적인 상담 진행을 위해 유아 발달 특성과 생활지도 방안에 대한 사전연수를 한다.

3. 세부 운영 계획

가. 일정

구분	날짜	시간	비고
주간 상담	2020. 10. 26.(월) ~ 10. 30. (금)	14:00 ~ 16:40	주간 상담
야간 상담	2020. 10 .27.(화)/ 10. 29. (목)	18:00 ~ 20:00	야간 상담

나. 장소: 각 반 교실

다. 절차

계획 안내 및 상담 일자 신청을 위한 가정통신문 발송 → 상담 희망 신청서 접수 → 상담 일자 확정 통보 → 상담 → 학부모상담 운영 결과 평가

라. 추진 업무

순서	내용	일시	준비자료
1	학부모상담 관련 계획	9. 25. (금)	상담 계획안
2	계획 안내 및 상담 일자 신청을 위한 가정통신문 및 상담을 위한 설문 자료 발송	10. 8. (목)	가정통신문, 상담을 위한 설문 자료
3	상담 신청 접수 → 상담 일자 확정 통보	10. 16. (금)~ 10. 21. (수)	유치원 현관에 상담일정표 게시 (학부모 신청) 및 상담 일자 확정 통보
4	상담	10. 26. (월)~ 10. 29. (금)	학부모 제출 상담을 위한 설문 자료, 상담일지
5	학부모상담 운영 결과 평가	11. 9. (월)	참가자 통계

마. 운영에 필요한 양식

1) 가정통신: 계획 안내 및 상담 일자 신청 안내문, 상담을 위한 설문 안내문

2) 부모 개별 상담 설문지

3) 부모상담 일정표

◈ 상담일지 예

구분		1학기	2학기
원아이름		김푸른	
학 기		1학기	2학기
면 담 자		어머니	어머니와 아버지
면담일시		2020. 3. 30. 16:00 (면담)	2020. 10. 29. 14:20 (면담)
면담자료		유아개인조사서 상담 기초 조사자료	개별 상담을 위한 설문 자료 관찰 기록지 및 기록물
유아의 유치원생활	유아 가정 및 유치원 생활	• 유아에 대해 교사가 알아야 할 사항 할머니가 주 양육자(맞벌이가정) 집에서는 고집을 많이 피우며 귀가 후 피곤해 함 • 가정 중점 지도사항 외동이다 보니 다른 사람과 어울리는 방법 등에 대해 올바르게 지도하려 함 • 특별히 상담하고 싶은 내용 유치원 신학기 적응 및 생활: 새 기관에 대해 다소 낯설음이 있었으나 단짝(이혜영)이 생기면서 웃음이 끊이지 않고 놀이하고 있음/우유 간식 및 점심 식사를 조금 힘들어 함을 전달함	• 또래와 잘 어울려 배려하고 양보하려는 모습으로 놀이하는 태도가 좋아지고 있음을 안내 • 단짝 친구가 더 생겨나서 유치원 생활에 더 즐겁게 참여하고 있음(소영아, 김소라)을 안내 • 우유를 매일 100ml 정도 스스로 먹음을 안내 • 점심 식사는 제자리에 앉아서 잘 하지만, 편식이 너무 심해 지속적인 지도가 필요함을 권유
유아의 유치원생활 – 유아의 유치원생활	기본생활습관		• 자신의 물건을 스스로 정리함 • 화장실에 다녀온 후 손을 깨끗이 씻음 • 놀이를 마친 후 장난감 정리를 잘함
	놀이형태		• 주로 친한 여자 친구들과 역할놀이를 하며 즐겁게 지냄 • 다른 친구들과도 잘 어울릴 수 있는 기회를 마련할 필요가 있음
	대인관계		• 친한 친구를 중심으로만 놀이를 하는 경향을 보이며, 다른 또래와 어울리기를 꺼려 함 • 또래와 자연스럽게 어울리도록 지도가 필요함
	대그룹활동		• 이야기 나누기 및 동화 듣기 시간에 적극적인 참여를 하며, 자신의 의견을 손을 들어 잘 말함. 친구의 이야기도 잘 들어줌
	발달특성		• 언어, 인지, 신체, 사회성 발달이 양호함 • 편식 습관을 개선하여 좀 더 튼튼하게 성장할 수 있도록 지도해야 함
부모의 의견		이전 어린이집 친구들에 대한 그리움이 여전히 있음 → 새 유치원 친구들과도 많은 추억을 쌓았으면 하는 바람	• 학기 마무리까지 지속적인 지도 부탁 • 친한 친구 외에도 잘 어울릴 기회 부여 요청
교사의 의견		유치원 활동 및 교우관계 안정적으로 적응. 인사하기 등의 기본생활습관이 비교적 잘 형성되어 있으며 이에 대한 지속적 격려 필요. 우유 및 점심 식사 지도 시 스스로 먹도록 지도 필요	• 또래 친한 친구들과 어울려 놀이를 잘하며 유치원 생활에 즐겁게 잘 참여함 • 자신의 의견을 잘 말하고, 기본적인 생활습관을 바르게 형성함. 단, 편식 습관을 개선하여 음식을 골고루 섭취할 수 있도록 지도할 필요가 있음

◈ 상담을 위한 설문지 예

상담을 위한 설문지

학급명: 유아명:

※ 학부모 개별 상담 기초 설문지는 상담의 기초 자료로 사용됩니다. 가급적 구체적으로 자세히 기록해 주시기 바랍니다.

1. 유치원을 다니면서 자녀에게 변화된 점에 대해 기록해 주세요.

2. 최근에 가정에서 자녀에게 어떤 부분에 대한 지도를 많이 하고 계신가요?
   (지도하고 있는 부분과 지도 방법에 대해 구체적으로 기록해 주세요.)

3. 자녀의 유치원 생활에 특별히 궁금하신 점에 대해 기록해 주세요.

4. 유치원에서 함께 지도해 주었으면 하는 부분에 대해 기록해 주세요.

5. 선생님에게 평소 하시고 싶었던 말씀이 있으면 기록해 주세요.

꿀팁

상담을 할 때는 부정적인 내용보다 긍정적인 내용을 주로 나누면 좋아요. 아직 어린 유아들이기 때문에 긍정적인 피드백을 할 경우에 더 잘 자랄 수 있으며, 부모의 효능감도 높여 주어 자녀를 더욱더 잘 지원하도록 도와줄 수 있답니다. 개별 유아의 특성에 적합한 가정 놀이 소개도 해주면 좋아요. 예를 들어, 글자에 관심 가지는 유아들을 위한 캐릭터 책 만들기, 전단지를 활용한 읽기, 과자봉지 퍼즐 놀이 등과 어린 연령의 유아들을 위한 신체 놀이 중 이불 김밥 말이, 이불 썰매, 이불 그네, 보물찾기, 양말공 던지기, 방석 썰매 놀이 등을 소개할 수도 있어요.

Parent Education

13 CHAPTER

부모참여

영유아교육기관에서는 부모가 교육활동에 참여할 수 있는 기회를 제공한다. 부모는 기관에서 운영하는 수업을 직접 참관하거나 참여해 봄으로써 자녀교육에 대한 이해를 증진하고 기관과 협력하여 자녀교육의 질을 높일 수 있다.

최근 영유아교육기관에서는 부모참여 형태를 오프라인뿐만 아니라 온라인으로 운영하기도 한다. 온라인 부모교육은 2020년에 세계적으로 확산된 코로나19 감염병 확산 방지를 위해 시작하게 되었으며, 점차적으로 다양한 운영형태가 나타나고 있다.

1. 온라인 수업 참관 및 참여

영유아교육기관의 온라인 수업 참여 방법은 웹을 통해 부모에게 교육활동을 안내하는 일방향 원격수업과 실시간으로 운영하는 쌍방향 원격수업이 있다. 일방향 원격수업은 기관에서 교육활동을 준비하여 활동자료를 미리 배부한 후, 관련 영상 url(uniform resource locator) 링크(link)를 부모에게 전송하는 방식이다. 부모는 기관으로부터 전송받은 교육 영상을 자녀와 함께 시청하면서 교육 활동을 지원한다. 또는 기관에서는 활동 목표에 적합한 교육 활동 영상을 준비하고, 유튜브(https://www.youtube.com)에 업로드하여 생성된 url을 부모에게 전송하면, 부모는 일정 기간 동안 이를 자녀와 함께 시청하며 수업에 참여할 수 있다.

쌍방향 원격수업은 영유아교육기관에서 사용하는 실시간 화상회의 프로그램을 부모와 공유하고 약속한 시간에 동시에 접속하여 진행하는 수업 방식이다. 영유아교육기관에서는 접근이 용이하고 이용하기에 편리한 화상회의 프로그램 중 대체로 ZOOM을 활용하여 쌍방향 원격수업을 운영한다.

가. 일방향 원격수업

일방향 원격수업이란 기관에서 가정으로 인터넷망을 활용하여 수업 관련 콘텐츠를 전송하고, 부모는 전송받은 콘텐츠를 시청하며 자녀와 함께 수업에 참여하는 것을 의미한다. 일방향 원격수업은 실시간 쌍방향 소통은 어렵지만, 부모가 원하는 시간에 어디서든지 인터넷에 접속하여 수업에 참여할 수 있다. 부모는 기관으로부터 미리 배부받은 수업자료를 활용하며 자녀와 함께 원격수업에 참여한다.

영유아교육기관에서는 유아의 발달과 흥미에 적합한 주제를 선정하여 원격수업 교육 활동을 구성한다. 내용은 교육 활동 주제에 적합한 교사의 수업영상이나 교육방송 및 업체의 콘텐츠 등이 중심이 된다. 교사는 활동 주제에 필요한 새로운 원격수업 영상 콘텐츠가 필요할 경우에는 교사 자신이 수업하는 모습을 직접 촬영하여 제작한다. 교육 방송이나 업체의 콘텐츠는 영상 제작에 필요한 시스템을 갖춰 제작된 것이므로 원격수업 자료로 활용하기에 용이하다. 기관의 시스템 환경이나 교육 목적에 따라 필요한 부분만 선택하여 사용할 수도 있다. 교사는 콘텐츠 url의 링크를 부모에게 전송하고 온라인 질의를 통해 원격수업 참여 여부를 파악한다.

영유아는 스스로 컴퓨터를 사용하여 필요한 과제를 수행하기 어려우므로 원격수업 활동에 부모 지원은 필수적인 요소이다.

1) 장점

- 유아의 건강 상태나 주변 환경에 영향을 받지 않고 원하는 수업 시간에 참여할 수 있다.
- 원격수업을 반복하여 시청할 수 있다.
- 부모는 유아의 원격수업에 참여하고 지도하면서 자녀의 교육활동에 대한 이해가 높아진다.
- 유아는 부모와 함께 원격수업에 참여하면서 심리적 안정감을 갖는다.

2) 단점

- 유아 스스로 수업에 참여하고 활동하기 어렵다
- 부모가 직접 자녀의 수업을 지도해야 하므로 부담감이 크다.
- 부모역량에 따라 수업의 질 차이가 클 수 있다.
- 유아의 주의 집중력이 떨어질 수 있다.
- 영상을 만들어 배부해야 하는 교사의 부담감이 크다.
- 인터넷 사용이 익숙하지 않으면 자녀의 수업 참여에 어려움과 부담을 느낄 수 있다.
- 교사가 제작한 영상 콘텐츠가 교사의 동의 없이 배포되거나 유출될 수 있다.

3) 유의점

가정에서 부모가 원격수업을 통해 자녀를 직접 지도해야 하므로 부모의 부담감이 적고 유아가 즐겁게 참여할 수 있는 교육 활동을 선정하는 것이 중요하다. 원격수업 자료는 학급 유아만 공유할 수 있음을 부모에게 사전에 공지한다.

4) 일방향 원격수업 사례

◈ 원격수업 가정통신 예

새싹 원격수업 가정통신(7월 3주)

신나는 유치원 · 사랑이 가득한 유치원 · 앞서가는 유치원

활동 / 날짜	놀이	안전교육 및 기본생활습관	신체/음악/동화
7/13(월)	여름을 건강하게 (이야기 나누기)	적절한 온도를 유지해요 (절약)	코끼리와 거미줄 (음악)
7/14(화)	꽃게 안경 (과학)	아이스크림을 적당히 먹어요(절제)	뒤로 돌아 엉덩이 흔들기 (체조)
7/15(수)	손가락으로 그려요 (미술)	첨벙첨벙! 위험해! (물놀이 안전)	풀벌레의 연주 (동화)
7/16(목)	샛별 가족의 여름 휴가 (이야기 나누기)	약을 올바르게 먹어요 (약물오남용)	어푸어푸! 수영해요. (체조)
7/17(금)	휴식이 필요해요 (이야기 나누기)	아름다운 식탁 (식생활습관)	수박파티 (음악)
유치원에서 알려드려요			

◎ 여름철 건강관리

날씨가 점점 무더워지고 있습니다. 유아들이 건강한 여름을 날 수 있도록 계절에 적합한 시원한 옷차림과 청결하고 위생적인 생활습관을 기를 수 있도록 지도해 주시고, 아래와 같이 무더위에 대비해주시기 바랍니다.

▶ 냉방기기를 사용하는 경우에는 실내 · 외 온도차를 5℃ 내 · 외로 유지하여 냉방병을 예방하도록 합니다. (건강 실내 냉방 온도는 26~28℃가 적당)[1]

▶ 무더우에는 카페인이 들어간 음료나 주류는 삼가고, 생수나 이온음료를 마시는 것이 좋습니다.

▶ 여름철 오후 2시에서 오후 5시 사이에는 가장 더운 시간으로 실외 활동은 되도록 하지 않습니다.

▶ 여름철에는 음식이 쉽게 상할 수 있으므로 외부에 오랫동안 방치된 것은 먹지 않습니다.

1) 여름철 실내 적정온도는 28°C 정도, 에어컨도 이 정도에 맞추는 것이 좋은데 밖의 온도보다 5°C 이상 낮추면 건강에 해롭습니다(http://home.kepco.co.kr).

◈ 원격수업 안내 및 출석 설문 예

사진 출처: EBS 우리집 유치원.

◈ 출석 설문 내용 ◈

◎ 위의 '우리들의 새해 약속' 원격수업 참여 후, 친구의 새해 약속 한 가지를 간단하게 써주세요.

꿀팁

유아는 보호자의 도움 없이 혼자서 원격수업에 참여하기 힘들기 때문에 어떤 보호자라도 유아를 쉽게 도와줄 수 있는 원격수업 내용이 좋아요. 너무 힘들거나 어려운 내용은 지양하고 유아의 관심과 흥미를 유발할 수 있는 활동이 좋아요. 더 좋은 방법은 놀이 꾸러미 자료를 제공하여 원격수업 영상을 보지 않아도 활동할 수 있는 거예요. 예를 들면 유아들이 부모와 만들기를 하여 놀이를 할 수 있거나 먹어 볼 수 있는 것, 그림책을 활용한 놀이 등이 좋아요.

나. 쌍방향 원격수업

영유아교육기관에서 쌍방향 원격수업이란 교사와 부모가 동시에 비디오와 오디오가 구현되는 인터넷 프로그램에 접속하여 서로의 의사를 실시간으로 주고받으며 수업을 진행하는 것을 의미한다. 쌍방향 원격수업은 교사가 유아와 직접 대면하여 수업을 하기 어려운 경우에 실시할 수 있는 방안 중 하나이다.

기관에서는 쌍방향 원격수업의 필요와 요구가 있을 경우, 먼저 원격수업에 사용할 프로그램을 선정하고 부모에게 안내한다. 부모는 기관의 안내에 따라 원격수업에 참여할 준비를 하고 안내 받은 일시에 프로그램에 접속하여 자녀와 함께 수업에 참여한다. 교사는 수업에 활용할 자료를 부모에게 미리 배부하여 유아 및 부모와 실시간으로 쌍방향 의사소통을 하며 수업을 진행한다. 쌍방향 원격수업이 원활하게 이루어지기 위해서는 인터넷 및 프로그램을 안정적으로 사용할 수 있는 환경이 중요하다.

1) 장점

- 대면 수업처럼 실시간 의사소통이 가능하다.
- 수업에 대한 실시간 의사소통이 가능하여 교사는 수업에 대한 반응과 피드백을 즉각적으로 하거나 받을 수 있다.

2) 단점

- 유아 혼자서 쌍방향 원격수업에 참여하기 어렵다.
- 쌍방향 원격수업을 위한 기기(예: 컴퓨터, 카메라 등)의 구축과 원활한 인터넷 환경이 필요하다.
- 어린 영유아의 경우 주의 집중에 어려움이 있을 수 있다.
- 다수의 인원이 참여할 경우, 개별 유아 및 부모의 참여 상태를 동시에 모두 파악하기 어렵다.

3) 유의점

- 쌍방향 원격수업은 교사와 유아 및 부모가 인터넷 프로그램을 통해 동시에 참여하는 수업이므로 유아의 주의집중력과 부모의 역량을 고려하여 모두가 함께할 수 있는 쉽고 재미있는 활동을 계획하여 운영해야 한다.
- 학급 전체 유아를 소그룹으로 나누어서 원격수업을 진행하면 더 원활하게 소통할 수 있다.

4) 쌍방향 원격수업 사례

쌍방향 원격수업 안내

학부모님, 안녕하십니까?

11월 19일(목) 9:20~9:50까지 새솔반 쌍방향 원격수업을 실시합니다. 원격수업은 ZOOM을 활용하여 진행합니다. 부모님께서는 ZOOM 홈페이지에 방문하여 회원 가입을 하신 후, 보내드리는 링크에 접속하셔서 원격수업에 참여해 주시기 바랍니다. 해당 링크는 11월 19일(목) 8:50에 발송 예정입니다. 원격수업 시, 활용할 교재 및 교구는 11월 16일(월)부터 11월 18일(수)까지 배부합니다. 배부장소는 유치원 현관입니다. 해당 시간에 방문하셔서 수령하시기 바랍니다.

쌍방향 원격수업 계획		
구분	내용	비고
활동주제	인사나누기, 동화 감상하기	
활동목표	교사와 유아가 반갑게 인사를 나눈다. '첫 눈이 내리면' 동화를 즐겁게 감상한다.	
활동내용	1. 유아의 이름을 한 명씩 부르며 출석체크를 한다. 2. 유아들 간 서로 인사를 나눈다. 3. '첫 눈이 내리면' 동화를 들려준다. 4. 동화를 듣고 느낀 점을 이야기 나눈다. 5. 동화 속 눈사람 만들기를 안내한다. 6. 작별 인사를 나눈 후, 대화방을 나간다.	미리 배부한 준비물 확인
참여방법	1. ZOOM 회의를 개설하여 부모에게 안내한다. 2. 회의 시간 전에 플랫폼에 접속한다. 3. 구성원 접속 여부를 확인한 후, 수업을 시작한다. 4. 수업을 마친 후, 회의 나가기를 한다.	인터넷 환경 점검
평가		

꿀팁

ZOOM으로 쌍방향 원격수업을 할 때는 모니터를 통해 모두 동시에 볼 수 있도록 10명 이하의 인원이 참여하면 좋아요. 한꺼번에 너무 많은 인원이 접속하여 만나면 쉽게 말하고 듣기가 어렵거든요. 그리고 유아가 바로 수행할 수 있는 활동을 계획하여 실시간 공유하면 효과적이랍니다.

2. 오프라인 수업 참관 및 참여

영유아교육기관에서는 부모가 자녀 교육에 대한 이해와 관심을 증진하도록 다양한 부모참여 기회를 제공한다. 부모는 기관에서 실시하는 행사나 회의 등에 참여하여 자녀의 기관 생활에 대한 이해를 증진하고, 기관과 협력하여 부모로서 자녀양육에 대한 역량을 높인다. 기관의 오프라인 교육 활동 참관 및 참여 종류로는 부모 참여 수업, 자원인사로서 참여, 의사결정자로서 참여 등이 있다.

가. 수업 참관 및 참여

영유아교육기관에서는 여러 가지 교육활동에 부모가 참관 및 참여할 수 있는 기회를 제공한다. 부모는 기관에서 운영하는 교육활동에 참여하여 자녀의 생활 모습을 참관하거나 부모가 직접 참여해봄으로써 자녀를 더 잘 이해하게 되고, 부모로서의 유능감을 기른다.

1) 장점

- 자녀의 기관 생활 모습 관찰을 통해 자녀를 더 이해하게 됨으로써 자녀양육을 위한 부모역량을 증진한다.
- 부모는 자녀의 유치원생활 모습 전반에 대한 이해를 증진한다.
- 기관에 대해 신뢰를 높인다.
- 부모의 협력을 보다 쉽게 이끌어낼 수 있다.

2) 단점

- 기관에서는 의도하지 않은 것까지 부모에게 공개될 수도 있는 부담을 갖는다.
- 짧은 시간 동안 참관한 내용으로 전체를 규정짓는 오류를 범할 수도 있다.
- 부모 공개 수업 준비 과정이 교사의 업무 과중이 될 수 있다.

3) 유의점

- 기관에서는 유아의 일상적인 생활 모습이 잘 반영될 수 있도록 공개 수업을 준비하여 부모가 자녀의 기관 생활을 잘 이해하도록 참관 방법을 미리 안내한다.

4) 수업 참관 및 참여 사례

가) 공개 수업 참관 및 참여

기관에서 부모를 대상으로 하는 공개 수업의 종류는 다양하다. 종류로는 교실에서 전체 부모를 대상으로 하는 여러 가지 수업과 아빠를 대상으로 하는 수업 등의 형태가 있다. 부모는 이러한 활동에 참여와 참관을 통해 기관과 협력하여 교육공동체로서의 역할을 한다.

◈ 공개 수업 참관 및 참여 안내문 예

가족의 날 안내

학부모님, 안녕하십니까?

화사한 꽃향기가 가득하고 산천의 초목들이 나날이 푸르름을 더해가는 계절에 부모님 댁내 행복이 가득하시기를 기원합니다. 우리 유치원을 늘 지원하고 응원해 주시는 부모님께 감사드립니다.

우리 유아들은 신학기가 지나며 점차적으로 유치원에 잘 적응하여 즐거운 마음으로 유치원 생활을 해 나가고 있습니다. 날마다 웃음소리가 끊이지 않으며, 밝고 맑게 잘 자라나고 있습니다.

5월 29일(금)에는 부모님을 초청하여 유아들의 유치원에서의 생활 모습을 공개하고자 '가족의 날'을 개최합니다. '가족의 날'에는 공개 수업 참관과 부모 참여 수업을 진행합니다. 공개 수업 참관과 참여 수업을 통해 유치원 생활을 열심히 하고 있는 자녀의 모습을 기쁘게 지켜봐 주시고 격려해 주시기 바랍니다.

아래 표의 일정을 참고하시어 참석 여부를 5월 15일(금)까지 알리미로 회신해 주십시오. 감사합니다.

〈가족의 날(5월 29일) 일정〉

구분	시간(소요시간)	내용	장소	비고
공개 수업 참관 및 참여 수업	9:00 ~ 10:10 (70분)	*공개 수업 참관 *학부모 참여 수업	각 교실	

※ 행사당일 등원은 평소와 같이 9:00까지 부모님과 함께 등원합니다.

◈ 참관 · 참여 수업 안내 및 체크리스트 예

참관·참여 수업 안내 및 체크리스트

반 이름	미소반	시기	2020년 5월 29일 금요일	활동시간	9:00~10:10
생활주제	동 · 식물과 자연	주제	동 · 식물과 우리 생활	활동명	고마운 동물
활동도표	• 동물이 우리 생활에 주는 고마움을 안다. • 부모님과 함께 신체활동에 즐겁게 참여한다.				
교육고정 관련요소	• 신체운동 · 건강: 신체활동 즐기기–신체 움직임을 조절한다. • 자연탐구: 자연과 더불어 살기–주변의 동식물에 관심을 가진다. • 의사소통: 듣기와 말하기–자신의 경험, 느낌, 생각을 말한다. • 예술경험: 창의적으로 표현하기–신체나 도구를 활용하여 움직임과 춤으로 자유롭게 표현한다.				

시간	활동 과정	활동 내용
09:00~ 09:25	학부모 참관 수업	'고마운 동물' 공개 수업
09:25~ 10:1C	학부모 참여 수업	1. 동물 가면 꾸미기 2. 부모님과 동물 가면 쓰고 포크댄스하기 3. 활동 후, 느낀 점 이야기 나누기 4. 부모님께 감사의 마음 전하기

※ 자녀의 교육활동을 관찰하신 후, 아래 표에 기록해 주시기 바랍니다.
본 안내서는 기록을 하신 후에 준비된 바구니에 넣어주세요.

자녀 관찰 체크리스트

유아명:

관찰항목	관찰내용	평정척도		
		상	중	하
수업참여도 및 흥미도	① 전체적인 활동과정에 흥미를 가지고 집중하며 참여한다.			
	② 자신의 생각을 상황에 맞게 말이나 행동으로 표현한다.			
	③ 동화 듣기 및 신체표현, 수수께끼 활동에 흥미를 보이며 즐거워한다.			
	④ 신체표현 및 수수께끼 활동에 적극적으로 참여한다.			
수업태도	① 교사의 이야기를 바른 태도로 주의깊게 듣는다.			
	② 친구의 표현활동에 관심을 보인다.			
	③ 안전약속을 잘 지킨다.			
	④ 다른 친구의 활동을 방해하지 않고 배려한다.			
느낀 점				

꿀팁

학부모 공개 수업일에는 교사와 유아, 부모의 동선을 모두 고려해서 사전 준비를 해야 해요. 수업 중 발생할 수 있는 다양한 상황도 예측하여 어떻게 대처할지 미리 생각해 두면 당황하지 않고 유연하게 대처할 수 있어서 좋아요. 예를 들면 부모가 오지 않아 우는 유아, 잘하던 활동을 갑자기 부끄러워서 하기 어려워하는 유아, 친구와 다툰 유아 등의 일들이 일어날 수도 있답니다. 이러한 내용을 부모에게 사전에 공지하면 부모는 자녀와 다른 유아들을 더 잘 이해하며 수업 참관을 할 수 있답니다.

◈ 아빠 참여 수업 안내 예

스스로 좋은 아빠가 되도록 도와주는 '아빠 학교'

학부모님, 안녕하십니까?

봄 향기의 설렘과 함께 새 봄맞이로 분주한 3월입니다. 우리 아이들의 마음에도 봄 새싹이 돋아나듯 학부모님 가정이 새로운 기운과 희망으로 가득하기를 소망합니다. 다가오는 4월 14일(금)에는 우리 유아 가족들이 모두 함께하는 '아빠와 함께하는 놀이 교실'을 개최하고자 합니다. 모두가 한 마음으로 의미 있는 시간을 보낼 수 있게 되길 기대합니다. 아래 내용을 참고하셔서 참여 여부를 3월 27일 금요일까지 회신하여 주시기 바랍니다.

일시	2020. 4. 10. (금) 18:30~20:30
주제	함께 놀이하는 최고의 아빠 되기
장소	체육관
대상	유아 및 아버지(엄마 및 가족도 참여 가능합니다.)
프로그램내용	1. 자존감과 집중력 향상놀이 2. 양육에 관한 질의응답시간(양육, 훈육, 놀이, 교육 등)
준비물	2L 빈 페트병 2개
강사	아버지와 자녀의 놀이수업 분야의 전문 강사

꿀팁

아빠 참여가 빛날 수 있는 프로그램을 선정하면 좋아요. 예를 들어, 아빠 참여 놀이로 목공놀이나 거친 신체활동, 구성물 조립하기 등을 하면 아빠들도 자녀와 함께 즐겁게 참여할 수 있어요. 육아에 아빠 참여를 격려하기 위한 행사이지만 요즘과 같이 가정의 형태가 다양할 경우 아빠 참여 대신 가족 참여로 운영해도 좋아요.

나) 가족 운동회

영유아교육기관에서는 유아의 가족을 초대하여 운동회를 개최하기도 한다. 가족 운동회를 개최함으로써 기관은 가정의 화합을 지원할 수 있다. 운동회는 기관의 구성원과 유아만 참여하는 소규모 운동회로 운영할 수도 있고, 체육 전문 업체의 도움을 받아 유아 가족까지 모두 참여하는 좀 더 큰 규모로 운영할 수도 있다. 기관 구성원만으로 진행하는 소규모 운동회를 개최할 경우에는 진행자와 준비물을 기관에서 자체적으로 준비해야 한다. 체육 전문 업체의 도움을 받아 운영할 경우, 대행업체에서 제시하는 다양한 체육프로그램을 기관이 선택할 수 있고, 전문 진행자의 도움을 받아 운영할 수 있다. 전자인 경우 기관 종사자의 부담이 큰 반면 저렴한 비용으로 운영할 수 있으며, 후자인 경우에는 유아 및 부모 관리를 수월하게 할 수 있지만 비용 부담이 클 수 있다.

◈ 가족 운동회 안내 예

가족 한마당 운동회 참여 안내

학부모님, 안녕하십니까?

하늘은 높고 산이 울긋불긋 물드는 계절인 10월에 학부모님 댁내 평안을 기원드립니다. 우리 유아들은 날마다 유치원에서 즐겁게 생활하며, 하루하루 바르게 성장하고 있습니다. 학부모님의 끊임없는 자녀 사랑과 관심에 감사드립니다.

10월 22일(목)에는 '가족 한마당 운동회'를 개최할 예정입니다. 바쁘시더라도 잠시 시간을 내시어 잊지 못할 즐거운 추억을 만들어 가시길 바랍니다. '가족 한마당 운동회'는 외부 체육 프로그램에 따라 유아와 가족이 함께 어우러져 즐거운 신체 게임을 즐기는 행사입니다. 학부모님의 많은 관심과 참여를 부탁드립니다.

아래 일정을 참고하시어 참여 여부를 10월 16일 금요일까지 알리미로 회신하여 주시기 바랍니다.

- **일시:** 2020. 10. 22. (목). 10:00 ~ 12:00
- **장소:** 체육관 (2층)
- **대상:** 우리 유치원 유아 가족 누구나

순서	종목	대상	비고
1	50m 장애물 달리기	유아	당일 상황에 따라 프로그램이 변경될 수도 있습니다.
2	판 뒤집기	유아, 어머니	
3	꼬리뺏기	유아, 아버지	
4	지구를 굴려라	유아, 어머니, 아버지	
5	볼풀공 농구	유아, 아버지	
6	월드컵을 내 손 안에	유아, 어머니,	
7	특급열차	아버지	
8	구름위로 걸어요	유아, 어머니, 아버지	
9	후프야후프야	유아, 어머니, 아버지	
10	에어봉 달리기	유아, 어머니,	
11	줄다리기	유아, 어머니, 아버지	
12	바통릴레이	유아, 어머니, 아버지	

꿀팁

운동회 프로그램을 준비할 때 유아, 아빠, 엄마, 조부모, 형제, 자매 등을 대상으로 할 수 있는 게임으로 분류해서 준비하면 모두가 다 참여할 수 있어서 좋아요. 부모와 유아는 대근육 게임에 참여함으로써 안전사고 발생확률이 높아질 수 있으므로 준비운동을 반드시 실시하고, 안전한 운동회 프로그램으로 준비해야 해요. 그리고 작은 선물이라도 여러 개 준비해서 경품으로 나눠주면 더 신나게 운동회를 즐길 수 있답니다.

다) 가족 숲 체험

영유아교육기관에서는 부모 지원을 위해 가족 숲 체험 행사를 개최하기도 한다. 가족 숲 체험은 유아 및 부모가 참여하기 쉬운 장소를 선택하여 숲 체험 전문가와 함께 진행하기도 하고, 교사가 주도하여 운영하기도 한다. 숲 체험 장소는 가족의 접근 용이성과 주차 공간 확보, 숲 체험을 위한 안전성, 체험할 수 있는 요소 등을 고려하여 선택하여야 한다. 가족 숲 체험은 무더운 여름과 추운 겨울을 피하여 봄과 가을에 숲의 정취를 느끼며 실시하는 것이 좋다. 단, 기관 외부에서 실시하는 체험 활동이므로 발생할 수 있는 다양한 안전사고를 미리 예측하여 구급약품을 충분히 준비하고, 가까운 병원 위치를 알아둘 필요가 있다.

◈ 가족 숲 나들이 행사 안내 예

가족 숲 나들이 안내

학부모님, 안녕하십니까?

높고 푸른 하늘과 신선한 가을바람이 국화꽃 향기를 전해오는 아름다운 계절을 맞이하여 학부모님 댁내에 평안을 기원합니다. 세상의 아름다움만을 간직한 사랑스런 우리 유아들의 모습과 가족의 따뜻한 마음을 담아 가을의 풍경을 느낄 수 있는 가족 숲 나들이를 개최하고자 합니다. 가족 숲 나들이는 우리 원 인근에 있는 산에서 숲 해설가와 함께 진행합니다. 다양한 숲의 생태를 알아보고 즐거운 게임도 하며 유익한 시간을 보내려고 합니다. 가족 모두 함께 참여하여 행복한 시간을 만들며, 소중한 추억을 공유하게 되길 바랍니다. 자세한 일정을 아래 표와 같이 안내드리니, 참고하시어 참여 여부를 10월 8일 목요일까지 회신하여 주시기 바랍니다.

아 래

일시	장소	대상	프로그램 내용	프로그램 진행 강사
2020.10.30. (토) 10:00 ~ 12:00	아름다운숲 (방문자센터 옆의 음수대 앞 잔디광장)	우리 유치원 유아와 가족	1. 인사하기 및 숲체조 2. 가을나무와 열매 3. 가을길을 걸어요 4. 자연물 작품 만들기 1(나뭇잎 액자) 5. 자연물 작품 만들기 2(가을 열매 왕관) 6. 숲대문놀이 7. 도토리를 굴려라	자연숲 해설 강사 10명
※ 프로그램은 당일 상황에 따라 놀이의 종류, 수 및 순서가 바뀔 수 있습니다.				

꿀팁

숲 체험 장소 선정은 기관과 부모가 수월하게 참여할 수 있는 곳이 좋아요. 특히 어린 유아들이 함께 참여하는 공간이므로 완만한 동산이나 인근 공원의 숲도 활동하기에 좋아요. 그리고 부대시설로 주차장이나 화장실은 필수 조건이랍니다. 숲 체험을 하면 갈증이 많이 나고 체력소모가 많으므로 음료를 준비하거나 세척 사과와 같이 수분이 많은 과일 또는 초콜릿 등을 준비하면 좋아요.

나. 자원인사로 참여

부모는 자녀를 보낸 기관에 여러 가지 형태의 자원인사로 참여한다. 영유아교육기관에서는 부모의 재능기부를 받거나 다양한 기관 행사의 자원봉사자[2]로 도움을 받는다. 재능기부 및 자원봉사자 참여에 대한 계획 수립을 위해 기관 오리엔테이션 진행 시, 참여 여부에 대한 사전 조사를 실시한다. 부모는 재능을 기부할 수 있거나 자원봉사 가능 여부에 대한 의사표현을 하고, 기관과 협의하여 자원인사로 참여한다.

1) 장점

- 기관과 가정의 긴밀한 협력을 통해 교육의 효과를 증진한다.
- 부모가 가진 자원과 역량을 활용함으로써 유아는 보다 폭넓은 교육적 경험을 할 수 있다.

2) 단점

- 부모의 협력을 이끌어내고 진행하는 과정 자체가 교사에게는 업무 과중이 될 수 있다.
- 참여가 어려운 부모는 심리적 부담을 가질 수 있다.
- 참여하지 못하는 부모의 자녀는 의기소침해질 수 있다.

2) 학부모 자원봉사자 모집은 학기 초에 전체 부모를 대상으로 한 후, 부모의 도움이 필요할 때에는 그중에서 특정 행사에 참여하고 싶은 부모의 자원을 다시 받아 진행한다.

3) 유의점

- 부모 자원인사 참여가 오히려 효과적인 교육 활동 진행에 저해되는 요소가 될 수 있으므로 사전 계획 수립 시, 교육 목표와 활동 방법, 활동 자료 등을 구체적으로 의논하고 준비한다.
- 참여가 어려운 부모의 자녀를 위해 자원인사 부모를 자녀 학급이 아닌 다른 학급으로 배정하여 활동을 진행할 수 있다.

4) 자원인사 참여 사례

◈ 1일 학부모 선생님[3]으로 참여: 초대 가정통신문 예

> **1일 학부모 선생님 초대**
>
> 학부모님, 안녕하십니까?
>
> 산들거리는 코스모스가 가을의 정취를 풍기며, 풍요로움을 전하는 아름다운 계절입니다. 학부모님 댁내 가을이 풍성하길 바랍니다.
>
> 지난 1학기에 실시하였던 '1일 학부모 선생님' 행사는 기관과 가정의 협력적 교육활동으로 유아의 참여와 흥미 및 교육적 효과가 높았습니다. 따라서 2학기에도 다양한 전문 분야에 종사하시는 부모님을 모시고 '1일 학부모 선생님' 교육 행사를 추진하고자 합니다. 유아들과 함께 나눌 수 있는 것이라면 무엇이든 환영합니다. 아래 일정을 살펴보시고 유아들을 위한 '재능기부 자원봉사'에 학부모님의 많은 관심과 참여 부탁드립니다.
>
> 아 래
>
> - 수업 일시: 2020년 11월 27일 금요일 10~ 12시(1시간 정도)
> - 활동 주제: 유아의 발달과 흥미에 적합한 다양한 자유 주제
> - 활동 예시: 요리활동, 미술놀이(칼라밀가루점토놀이, 다양한 작품 만들기 등), 신체활동(전래놀이, 게임 등), 음률활동(노래, 춤추기 등), 과학놀이, 부모님 합동 공연(연극, 뮤지컬 등), 기타 부모님 직업과 연계된 활동 분야 등
> - 활동 대상: 만 3, 4, 5세 유아
> - 지원 자격: 유아를 사랑하는 우리 유치원 학부모님 누구나
> - 지원 기간: 2020년 11월 13일 금요일까지

3) '1일 학부모 선생님'이란 하루의 정해진 시간 동안 학부모가 선생님으로 참여하여 직접 수업을 진행하는 것으로 부모의 전공, 특기, 취미 등에 따라 다양하게 참여할 수 있다.

꿀팁

'1일 학부모 선생님' 행사는 유아가 부모의 직업과 연관된 다양한 체험을 할 수 있어서 유익해요. 기관이나 학급 오리엔테이션 날에 사전 조사를 하여 자원인사를 모집하고 연간 계획을 수립하여 진행하면 효과적이에요. 활동을 마친 후에 유아들이 부모의 노고에 감사드리는 마음을 그림편지로 전달하게 되면 교육 효과는 몇 배가 된답니다.

◈ 물놀이 행사 계획(자원봉사자 역할 포함) 예

물놀이 행사 계획

1. 일시(장소): 2020. 7. 9. (목) 9:30 ~ 11:00 (유치원 앞마당)

2. 목적

가. 안전하고 즐거운 물놀이를 자유롭게 경험한다.
나. 여름철 물놀이를 통해 계절에 알맞은 놀이방법을 안다.

3. 방침

가. 찾아오는 현장학습을 진행하기 위해 사전 역할 분담 및 준비를 철저히 한다.
나. 개인의 역량에 적절한 역할분담을 통하여 시간과 노력을 효율적으로 활용한다.
다. 체험활동 이용 시간을 학급별로 균등하게 배분한다.
라. 다양한 활동 시 교직원이 함께 참여하여 원활한 체험이 되도록 한다.
마. 안전 및 원활한 진행을 위해 학급별 3인의 학부모 자원봉사자 지원을 받는다.

4. 사전 계획

순번	내용	담당
1	체험학습 총괄 기획	김사랑
2	체험학습 사전준비 및 행사장 정리	전체교직원
3	물놀이 안전 및 간식제공, 수영복 갈아입기	전체 교직원 및 학부모 자원봉사자 10인

5. 당일 연령별 행사장(활동실) 이용 시간

활동명	활동자료	활동 시간	비고
자유물놀이	물놀이 풀장 2개, 슬라이딩 미끄럼틀 등	30분	• 업체 안전요원 2명 • 각 학급 3인의 학부모 자원봉사자 지원 • 물놀이하기 전 준비운동 하기
낚시놀이	미니풀장 1개, 낚시대, 물고기 모형 등	30분	
어묵탕 먹기	어묵탕 재료, 그릇 등	30분	

6. 자원봉사자역할

역할	내용	인원 수	비고
안전 요원	전반적인 유아 안전지도		
놀이 지도	물놀이 안전 및 물총놀이 지도		
간식 지도	어묵탕 제공 및 정리		(10시부터 제공) 새싹반→샘물반→햇살반
낚시 놀이	낚시놀이 시, 놀이지도 및 도구 관리		
수영복 착·탈의	수영복 입기 및 수영을 마친 후, 평상복 갈아입기 지도	학부모자원봉사자 및 전체 교직원	여자탈의실: 햇살반(뒷문 이용) 남자탈의실: 숲속반(유치원 현관이용)

7. 평가

꿀팁

물놀이 행사는 물을 이용한 놀이이므로 안전 지도가 매우 중요한 활동이에요. 부모 자원봉사자와 안전 지도 내용을 구체적으로 사전에 계획하며 의견을 나누는 것이 꼭 필요해요. 물놀이는 유아의 체온을 떨어뜨릴 수 있으므로 어묵탕 같은 따뜻한 국물 음식을 준비하면 더 즐거운 물놀이 체험을 할 수 있답니다.

◈ 벼룩시장 놀이 계획 예

벼룩시장 놀이 행사 계획

1. 일시(장소): 2020. 6. 12.(금) 10:00 ~ 11:20 (강당)

2. 목적

가. 벼룩시장 놀이의 의미를 알고 물건을 사고 파는 경험을 한다.
나. 물건의 소중함을 알고 아껴 쓰고, 나눠 쓰고, 바꿔 쓰기의 체험을 한다.

3. 방침

가. 벼룩시장 놀이를 위해 사전 역할 분담 및 준비를 철저히 한다.
나. 개인의 역량에 적합한 역할분담을 통하여 시간과 노력을 효율적으로 활용한다.
다. 벼룩시장 이용 시간을 학급별로 균등하게 배분한다.
라. 벼룩시장 놀이 시 자원봉사자가 함께 참여하여 원활한 시장놀이가 되도록 한다.
마. 벼룩시장 놀이를 위한 물건은 유아 가정의 기증품으로 한다.
바. 벼룩시장 놀이를 위한 물건 중 떡볶이, 음료수, 과자류는 유치원 예산에서 구입하여 제공한다. (떡볶이는 학부모 자원봉사자가 판매)
사. 물건을 살 때 필요한 돈은 유치원에서 만들어 유아들에게 균등하게 배분한다.

4. 사전 계획

순번	내용	담당
1	체험학습 총괄 기획	김사랑
2	기증 물품 분류 및 행사장 정리	유치원교직원 및 자원봉사자

5. 당일 연령별 행사장(활동실) 이용 시간

<table>
<tr><th>학급명</th><th>물건 구매 시간</th><th>물품 판매 시간</th><th>비고</th></tr>
<tr><td>새싹반</td><td>10:00~10:30</td><td>–</td><td rowspan="4">활동실 이용시간은 학급당 30분씩
(단, 물건을 파는 학급은 추가 이용)
• 만 3, 4세는 물건 구입만 하고 만 5세는 물건을 파는 경험으로 확장하여 진행함
• 물건을 파는 사람: 만 5세 유아
• 떡볶이 파는 사람: 학부모 자원봉사자</td></tr>
<tr><td>샘물반</td><td>10:30~11:00</td><td>–</td></tr>
<tr><td rowspan="2">햇살반</td><td rowspan="2">11:00~11:30</td><td>10:00~10:30</td></tr>
<tr><td>10:30~11:00</td></tr>
</table>

6. 평가

꿀팁

벼룩시장 놀이는 물품을 모으기 위해 가정의 도움이 반드시 필요한 활동이에요. 따라서 1~2개월 정도 충분히 준비할 수 있는 기간을 정하고 가정에 사전 공지를 해서 물품을 기증 받으면 좋아요. 기증 받은 물품은 종류별로 분류하고 가격을 정한 후, 가격표를 붙여 놓아요. 가격은 유아들이 스스로 사고팔기 적당한 단위와 금액으로 해야 해요. 자원봉사자인 부모는 떡볶이 같은 음식을 만들고 나누어 주는 역할을 하면 보다 수월하게 행사를 운영할 수 있답니다.

3. 의사결정자로서 참여

부모는 영유아교육기관 운영에 필요한 중요한 결정에 대한 심의 및 자문을 하는 의사결정자로서 참여한다. 기관에서는 투명하고 효율적인 기관 운영을 위해 사전에 부모의 동의를 구한다. 부모는 기관 운영위원회 위원, 학부모회 위원 등의 형태로 의사결정에 참여할 수 있다.

가. 기관 운영위원회 위원으로 참여

부모는 유아교육기관의 운영 위원으로 참여하여 교육과 운영의 제반 사항에 대한 의사결정 과정에 관여한다.

1) 장점

- 기관 운영에 부모의 의견을 반영함으로써 부모의 관심과 참여가 높아진다.
- 기관 운영에 대한 부모의 이해와 협력을 이끌어낼 수 있다.

2) 단점

- 기관에서의 업무처리 절차에 시간과 노력이 더 필요하다.
- 부모의 의견수렴 과정이 기관과 대립될 수도 있다.

3) 유의점

- 기관 운영에 대한 부모의 원활한 협력과 지원을 받기 위해 부모 의견에 대한 존중과 이해가 필요하다.

4) 기관 운영위원회 위원 참여 사례

◈ 평가관리위원 추천안 예

2020 교원능력개발평가 평가관리위원 추천(안)

1. 목적: 공정하고 효율적인 유치원 교원능력개발평가 운영

2. 근거: 참사랑유치원 평가관리위원회 운영 규정 (2020. 09. 개정)
제3조(구성) ① 위원회는 위원장 1명을 포함하여 총 5명의 위원으로 구성한다.
② 위원회는 교원 2명, 학부모 3명으로 구성하되 교원위원의 경우 원감 1명은 당연직 위원으로 한다.
③ 학부모 위원은 유치원운영위원회의 추천을 받아 유치원장이 위촉한다.

3. 평가관리위원의 역할
가. 유치원의 교원능력개발평가의 실시 및 운영에 필요한 제반사항 심의
나. 심의사항
제4조(기능) ① 위원회는 다음 각 호의 사항을 심의한다.
가. 소속 교원에 대한 교원능력개발평가 등의 운영계획
나. 소속 교원에 대한 교원능력개발평가 등의 구체적인 평가대상자 및 평가참여자, 평가내용 · 방법 · 절차 · 시기
다. 교원 평가/학부모 만족도 조사 문항 및 평가 양식의 선정에 관한 사항
라. 평가 종류별, 평가 대상자별, 평가 영역별 평가참여자 구성에 관한 사항
마. 교원능력개발평가의 결과에 대한 소속 교원의 원자료 열람요청에 관한 사항
바. 교원능력개발평가 결과에 따른 능력개발 지원 계획 및 연수 대상자 선정 · 추천에 관한 사항
사. 교원능력개발평가 결과 보고서
아. 기타 평가의 관리를 위하여 유치원장이 필요하다고 인정하는 사항
② 위원회는 제1항에서 제시한 사항의 심의 외에 다음 각 호의 역할을 수행한다.
가. 교원능력개발평가와 관련한 유치원 구성원들의 의견 수렴
나. 수업 개선 및 생활지도 여건 개선과 관련한 유치원 구성원의 지원 요구 수렴
다. 기타 교원능력개발평가와 관련하여 유치원장이 필요하다고 인정하는 역할

4. 2020 교원능력개발평가 평가관리위원 추천 명단

연번	학부모 성명	유아		비고
		성명	학급명	
1	양수림	김아름	만 3세 하늘반	
2	참부모	윤서영	만 4세 푸른반	
3	이현정	한송이	만 5세 햇살반	

나. 학부모회 위원으로 참여[4)]

학부모를 대표하여 회장, 부회장, 위원 등으로 구성된 학부모회 조직에 참여하여 교육공동체 일원으로서 기관 및 학급의 교육활동 전반의 원활한 운영을 위해 협력한다. 학부모회는 의사결정자로서의 참여보다는 교육과정 및 행사 운영과 관련하여 조력자로서의 역할에 더 많은 비중을 두고 활동하는 것이 특징이다. 기관에서는 학부모회와 소통하며 유아를 위한 다양한 활동에 부모의 협력을 이끌어내어 보다 내실 있는 운영을 할 수 있다.

4) 의사결정자로 참여의 장점, 단점, 유의점은 모두 같아 여기서는 생략함.

◈ 학부모회 위원 참여 사례(학부모회 규정 예)

[유치원학부모회 규정]

제1조(목적) 학부모회는 푸른소나무유치원 부모가 교육공동체의 일원으로 교육활동에 참여하여 유치원교육 발전에 이바지함을 목적으로 한다.

제2조(명칭) 학부모회의 명칭은'푸른소나무유치원 학부모회'라 한다.

제3조(기능) 학부모회는 유치원교육 발전을 위하여 다음 각 호의 사항을 수행한다.

① 유치원 운영에 대한 의견제시 및 유치원교육 모니터링
② 학부모 자원봉사 등 유치원교육 활동 참여 · 지원
③ 자녀교육 역량강화를 위한 학부모교육
④ 지역사회와 연계한 비영리 교육사업
⑤ 그 밖에 유치원 사업 중 학부모 의견 수렴이 필요한 사항

제4조(조직) 학부모회 조직은 다음과 같다.

① 본 학부모회는 회장을 포함한 4인 이하의 위원으로 구성한다.
② 위원은 학급대표 3인과 유치원운영위원 1인을 포함하여 총 4명 이하로 구성한다.
③ 회장은 위원 중에서 민주적 절차에 의해 선출된 자로 한다(학부모대표 회의는 각 학급대표 3인과 유치원운영위원으로 구성한 회의임).
④ 간사는 유치원 부장으로 한다.
⑤ 서기는 행정지원사로 한다.
⑥ 학부모회 위원은 유치원 운영위원 및 제반 위원직을 겸할 수 있다.

제5조(위원의 임기)

① 위원의 임기는 선출일 다음 날부터 다음 학년도까지로 한다.
② 회장 및 위원은 1회에 한하여 중임할 수 있다.
③ 학부모회 위원의 임기는 1년이다.

제6조(위원의 직무)

① 회장은 학부모회를 대표하고 학부모회의 업무를 총괄한다.
② 간사와 서기는 실무를 총괄하며, 회무 및 회의 내용을 기록한다.

제7조(학부모회의 의결사항 등) 학부모회는 다음 각 호의 사항을 의결한다.

① 학부모회 활동 계획 수립
② 학부모회 회장 선출
③ 유치원 운영에 있어서 유아들과 직접 관련 있는 사항으로 학부모의 의견수렴이 필요한 사항

꿀팁

운영위원회와 학부모회에서는 기관의 대소사를 의논하고 결정하는 일을 해요. 기관의 여러 일들에 대해 부모와 사전에 의논하고 결정하게 되면 부모의 관심과 협조를 얻게 되어 기관 운영이 더욱 원활하게 이루어질 수 있어서 좋아요. 회의 때마다 학급 부모들의 관심사나 건의 사항, 근황에 대한 담소를 나누면 학급 및 기관 운영에 많은 도움이 된답니다.

참고문헌

참고 사이트

http://www.kongju.kg.kr/home/

https://www.ssif.or.kr/

https://home.ebs.co.kr/livehome/main

https://www.zoom.us/

저자소개

지옥정 이화여자대학교와 동 대학원에서 유아교육 전공으로 학사와 석사학위, 한국교원대학교에서 교육과정 전공으로 박사학위를 받았다. 방문교수로 미국 University of Illinois에서 '프로젝트 접근법'을, 호주 Queensland University of Technology에서 '지속가능성을 위한 유아교육(ECEfS)'을 연구하였다. 최근 관심 분야는 '프로젝트 접근법을 활용한 ECEfS'와 '부모-자녀 관계'이다. 현재 한국교통대학교 유아교육과 명예교수로 재직 중이다.

권이정 이화여자대학교와 동 대학원에서 유아교육 전공으로 학사와 석사학위, 미국 The University of Texas at Austin에서 Curriculum & Instruction 전공으로 박사학위를 받았다. 최근 관심 분야는 '유아 반편견 및 다문화교육', '유아 사회성 증진', '현대 사회에서의 부모교육 내용 및 방법'이며, 현재 공주대학교 유아교육과 교수와 공주대학교 사범대학 부설 유치원장으로 재직 중이다.

정재은 덕성여자대학교에서 유아교육 전공으로 학사학위, 미국 The Ohio State University에서 석사학위, 중앙대학교에서 유아교육 전공으로 박사학위를 받았다. 최근 관심분야는 '유아놀이' '가족유형에 따른 부모교육', '유아교사교육'이며, 현재 동양대학교 유아교육과 교수로 재직 중이다.

최미순 한국방송통신대학교에서 유아교육 전공으로 학사학위, 성신여자대학교에서 유아교육 전공으로 석사와 박사학위를 받았다. 최근 관심 분야는 '유아교육 가정연계 방안 및 숲체험을 통한 자연친화 유아 놀이 활성화 방안'이며 현재 서울상지초등학교병설 유치원 부장 교사로 재직 중이다.

제2판
지속가능한 사회를 위한

부모교육

초 판 1쇄 발행 2021년 2월 25일
제2판 4쇄 발행 2024년 8월 23일

지 은 이 | 지옥정 · 권이정 · 정재은 · 최미순
펴 낸 이 | 김기섭
편 집 인 | 이윤미
펴 낸 곳 | 창지사 www.changjisa.com
08589 서울시 금천구 가산디지털 1로 83 파트너스타워 1차 9층
전화(02) 719-2211~3
팩스(02) 701-9386
등 록 | 1977년 4월 28일 · 제1-421호

ISBN 978-89-426-1464-6 (93370)

값 23,000원